U0915431

伟大的叛逆

中国新金融变革史

洪偌馨　董云峰——著

ZHEJIANG UNIVERSITY PRESS
浙江大学出版社

序

自1985年由五道口研究生院毕业进入央行，我在金融行业已经度过了35个年头。这期间，从央行到商业银行，再到中国银联，之后到证券公司，从宏观政策研究，到微观金融实务，我经历了不同的金融生态。

放在历史的长河里，35年不过是短暂一瞬，但于中国而言，这些年仅仅在金融领域所发生的变化，已经不是沧海桑田所能形容。遥想20世纪80年代，我们的金融业还处在相当初级的阶段，金融电子化刚刚起步，金融普及程度和金融业务水平与发达国家差距非常明显。而得益于社会经济持续发展以及对信息技术的积极应用，如今我国金融业的面貌早已焕然一新，大型金融机构的排名进入世界前列，移动支付与金融科技甚至在全球范围内都处于领先地位。

我们这一代的金融人是幸运的，在一个以和平发展为主基调的时代里，我们能够亲历科技创新和社会变革的历史，密集地见证金融领域许多新生事物，甚至一些重大金融事件的产生。如同本书作者所言，“我们有幸经历了历史的拐点，在很短的时间内见证了令人眼花缭乱的变革”。

读史使人明智。更多的记录和反思，有助于我们更好地理解过去、把握当下、面向未来。一直以来，我都期待能有更多人出来记录当代波澜壮阔的金融变革。我也一直认为，当代金融领域之所以能够发生一系列重大变革，其重要推手无疑来自信息技术的发展、互联网的普及和金融科技的创新应用。诸如商业银行如何从传统的信贷机构演变为无所不能的综合性金融服务企业，迈向全能银行的通途；电子支付的兴起，如何迅速地以无所不在的移动支付，历史性地改变人们现金购物的行为方式；信用卡如何从边缘业务变成商业银行的核心业务；等等。当下金融科技的创新发展，商业银行等金融机构通过提供标准API接口，从而转型为多维度的金融服务开放平台；货币、支付、金融以物联网和区块链底层内置功能的方式，嵌入数字经济各个行业的经营模式之中，使数字金融与数字经济融为一体，从而进一步模糊金融与科技、金融与电商的边界，甚至可能重新定义金融与金融机构。

我手上拿到的这部书稿，主要记录的是2013年之后中国新金融的发展历程，围绕业务创新、市场格局和监管变化，覆盖了移动支付、互联网金融、消费金融、数字货币、信用卡、大数据风控等领域，涉及当代新金融潮起潮落的方方面面，并且将金融机构、互联网公司以及新兴创业公司的快速演变，置于同一个大舞台上进行考察，为我们理解数字化时代的新金融变局提供了一个全景式的视角。

令人欣慰的是，两位年轻的80后作者，对历史、对传统、对当代的金融创新变革现实，有着足够的兴趣、激情和敬意。他们既肯定了2013年以来以科技驱动的新金融变革与创新，又看到了2013年之前金融机构以及金融市场基础设施所取得的进步之于当下的意义，没有将二者割裂乃至对立开来。历史有偶然性，更有必然性，而金融创新也好，社会变革也罢，往往是一个连续性的过程。两位作者都出身财经类记者，他们以记者的纪实视角和财经媒体的写作方式，观察、记录新时代的金融变迁，这当然区别于金融史学家注重求证的学术研究方式及其金融史学专著。难能可贵的是，他们能在事件发生的第一时间，做出与时代同步的全景式记录，这本身就将成为珍贵的金融历史文献资料，或许这正是他们书写这本书的初衷之一。

谈及新金融，就不能不提到互联网金融，这两个概念本身相差不大，数字化时代的新金融已经很难脱离互联网而独立存在。而互联网金融这个概念的正式形成，始于2012年8月，在当时由中国金融四十人论坛举行的内部研讨会上，谢平发表了那份关于互联网金融模式的开创性研究报告。彼时我有幸作为两个点评嘉宾之一发言，我点评发言的最后一句话是："互联网技术和平台经济改变现代商业文明的同时，实际上已经在改变金融服务的商业模式。未来的金融大潮谁来主导？这是个值得我们深思的问题。"沿着这个问题，我在2013年出版的《金融e时代》一书中，表达了对数字化时代金融新趋势的思考与预见。值得庆幸的是，回过头看，我在那本书中所表达的许多观点如今并没有过时，而两位年轻作者对新金融兴起以来的发展回顾，让我们清晰地看到了这一逻辑展望的现实印证。

是的，20世纪80年代以来，科技对金融的持续影响真实地经历了三大阶段：初期，科技作为工具推进银行业务处理效率的提升；中期，科技推动金融机构服务和产品的创新；如今，由科技催生的新金融普遍兴起，传统金融全面变革。

这本书的如实记录，也印证了我早前坚持的另一观点：科技可以驱动金融创新，但金融不可能被科技所替代，会被市场淘汰的是那些不能与时俱进的机构。

的确，信息行业和金融行业本质上是"同源"的，它们有着相同的"数字"基因，这两个最有生机和活力的行业从而被紧密联系在了一起。这种"同源"还意味着金融与科技的互动、融合，但金融归金融、科技归科技，二者依然各有天地。

关于我所提出的网络时代金融业"得账户者得天下"之说，这本书所呈现的不少发展案例，都在反复印证账户在数字经济中的特殊地位和价值：账户作为人们经济活动的起点和归宿，谁拥有了客户账户，谁也就掌握了客户资源和业务基础。过去几年里，一些互联网公司以第三方支付为起点，已经在这场账户的争夺中取得了重大优势，也一度令主流金融机构倍感压力。如今，这些金融新业态的业务已经从数字金融走向更广阔的生活服务，而这一切的基石正是账户。

诚然，作为新金融时代的亲历者，在阅读本书的过程中，重温两位作者所记录的许多金融创新过程中的各种鲜活事件，每件都历历在目，成功者拓展了新金融的展业空间，失败者则令人感慨良多。

零售金融是中国金融业近 20 年来最为生机勃发的领域，也是这本书着墨甚多的一个部分。我一直相信，信息技术赋予了零售金融更多生机、活力和灵气，推动零售业务实现从"丑小鸭"到"白天鹅"的逆袭，已经使它由商业银行边缘化的配角成长为长袖善舞的主角。

柯达、诺基亚等昔日巨人由盛转衰的故事，似乎已成为商学院逢课必讲的经典案例。是的，它们曾经何其强盛，但一旦落后于时代大潮，就会被市场毫不留情地淘汰；反过来，我们看到松下、苹果等公司，它们初创时也曾渺小低微，却因以创新引领需求而蓬勃绽放，这是顺从市场法则的天道酬勤。

如今，金融新业态不断涌现，而工行、招行等老牌商业银行同样通过变革创新变得更加强大，未来它们之间的竞争与碰撞会更加精彩。至于最终的结果，我依然相信，谁能够顺势而为、勇于创新，谁就能拥有未来。

招商银行前常务副行长

中国银联首任董事长兼总裁

国泰君安证券前董事长

目录

2015—2017年

五 P2P浮生若梦

六 变脸与和解

七 消金风云

八 IPO悲喜录

2018 年至今

九 大象之舞

十 往何处去

十一 时间的玫瑰

后记：致一场伟大的“叛逆”

第一章

引子

天又黎明！黑沉沉的危崖后面，看不见的太阳在金色的天空升起。快要倒下来的克利斯朵夫终于到了彼岸。于是他对孩子说：『咱们到了！唉，你多重啊！孩子，你究竟是谁呢？』孩子回答说：『我是即将到来的日子。』

——罗曼·罗兰《约翰·克里斯朵夫》

一代人努力缔造的金融科技传奇，终究还是成为下一代人习以为常的环境。这是每一代人都必须接受的残酷。没有人永远屹立潮头，但总有人正乘风破浪。

一

1991年初冬，美国人伊瑟尔·森卓维克，从纽约，经旧金山、香港、天津，一路辗转到了北京。

那时纽约到北京还没有直飞的航班。森卓维克在20多年后回忆起这次北京之旅：

“北京机场很小，和我想象中中国首都机场应有的规模相去甚远。央行派人接机，进京的道路为双向两车道，路上几乎没有民用车辆。倒是有不少卡车、自行车和驴车。出租车很少。进京途中，路边堆着小山高的大白菜。看来正值收获季节，北京市民少不得要冬储大白菜。”①

森卓维克的身份是纽约联储银行执行副总裁，作为美联储代表，接受中国人民银行的邀请，加入国际顾问专家组（IAP），支持中国现代化支付系统

① 沈联涛，《金融、发展和改革》，中信出版社，2014年3月。

（CNAPS）的开发建设。

CNAPS 是改革开放以来最重要的金融基础设施项目，是为商业银行之间和商业银行与央行之间的支付业务提供资金清算的系统，是中国金融市场的核心支付系统。

在当时，中国的支付系统还处在四分五裂的状态，以同城现金交易和低效的跨行异地直面交易为主，异地支付的结算能拖上 30 天，大笔资金要被冻结待结算。

直到 1990 年年底，整个金融系统已安装的大中型电子计算机仅有 130 余台，小型机及超级微机 1600 余台，ATM 不过 400 余台——当时美国银行业 ATM 总数超过 8 万台。①

那时候银行柜台大多还处于手工阶段，除了算盘和钢笔，就是成堆的账本；在券商营业部，堆满了人工来不及处理的股票交易单据，要等交易所收市后逐笔汇总对账结算，动辄要忙到午夜。

相形之下，一些发达国家和地区已经实现了互联互通的实时结算。诸如美联储的实时全额结算系统 Fedwire 早在 1970 年就实施了，德国和日本的系统分别于 1987 年、1988 年实施，英国和中国香港的系统也在 1996 年实现了落地。

没有现代化的支付系统，就无法支撑一个现代化的金融体系，也无法真正发挥中央银行的功能。从 20 世纪 80 年代末开始，央行着手设计新的支付体系。

与森卓维克一同加入的专家组成员，来自英格兰银行、德意志联邦银行、日本银行和中国香港金融管理局，他们正是这些国家和地区的现代化实时全额结算系统的设计者和实施者。

专家组主席是时任央行副行长的陈元。他能说一口流利的英文，是 CNAPS 项目中方人员和国际专家之间的重要纽带。包括 CNAPS 在内的中国金融电子化建设，则贯穿了陈元在央行任职的 10 年，也是他最重要的成就之一。

1992 年，在引入世界银行的技术和资金援助之后，央行正式启动 CNAPS 项目。在 20 世纪 90 年代，世行每年对中国的援助贷款高达数十亿美元。

世行方面负责该项目的是金融发展部高级经理沈联涛，他在项目启动不久后赴港，先后出任香港金管局副总裁、香港证监会主席，后来还成了中国银监

① 陈天晴，《中国金融科技：三十年前》，中治研https://mp.weixin.qq.com/s/bjVl9rr9xhJEZmQuA-JmVw。

会（后与保监会整合为银保监会）[①] 首席顾问。沈联涛是马来西亚人，父亲沈芷人是一名传奇华商，早年与邓小平等同批赴法留学。

1994 年，央行就 CNAPS 的建设实施进行国际招标，最终，中标方为日本 NTT DATA 公司，而项目的建设直到 1996 年才动工。

为加快脚步，2000 年年底，央行改变战略，决定“调整定位、借鉴吸收、完善需求、以我为主，加快中国现代化支付系统建设”。

此后，大、小额支付系统的项目承接方换成了国内的一家软件公司，央行清算总中心则派技术人员全程参与，学习掌握支付系统的设计开发方法和经验。

2002 年 10 月 8 日，大额支付系统成功建成上线，标志着中国现代化支付系统时代的来临；此后清算总中心又相继建成了小额批量支付系统、全国支票影像交换系统、境内外币支付系统、电子商业汇票系统、网上支付跨行清算系统。

它们所构成的中国现代化支付系统，奠定了后来中国移动支付以及金融科技引领全球的基石。

二

当代中国的金融科技建设，不可能绕开央行金电系统。

最早可以追溯到 1957 年成立的中国人民银行核算工厂，其业务是从事全国手工联行对账工作。

1970 年，核算工厂一度迁至四川省旺苍县，直到 1975 年迁回北京，也是从那一年起，央行在北京、上海等地同时启动了“全国大中城市银行核算试验工程”。

在 20 世纪 80 年代初，银行业开始了联机实时处理的尝试，最早在上海南京路一条街的 6 家储蓄所进行联网。这一时期，随着改革开放的到来，来自国外的先进计算机系统和技术，逐渐被大规模引进、吸收和推广。

1984 年，央行将核算工厂改为电子计算中心。

随着政府机构改革的推进，1988 年 8 月，央行宣布成立中国金融电脑公司，独立经营、独立核算、自负盈亏，主要任务是从事中国人民银行电子化项目的

①2018 年3 月，根据第十三届全国人民代表大会第一次会议批准的国务院机构改革方案，将中国银行业监督管理委员会和中国保险监督管理委员会的职责整合，组建中国银行保险监督管理委员会，简称“银保监会”，一行三会变为一行两会。正文为避免误解，还是统一称银监会。

规划、建设、管理、协调工作。

建立现代化的支付系统，需要依托现代化的通信网络，指望地面通信线路解决金融系统的全国联网问题并不现实。1989 年 5 月，中央批准人民银行建设中国金融卫星通信网。

这一任务落在了 1990 年 5 月成立的央行清算总中心肩上，同时推进的还有电子联行系统。

全国金融卫星通信网以北京沙河为主站，在全国各地建设小站。如今的清算总中心主任贝劲松是那段历史的亲历者：

“当时主站周围都是农田，交通很不便利，需步行 3 公里才能搭乘公交车到城里。由于时间紧、任务重，大家只能在沙河单位食堂用餐，睡在集体宿舍。建设卫星小站的任务更加艰巨，建站技术人员要转战全国各地，不分春夏寒暑，拿着罗盘、带着频谱仪，到达目的地后马上架天线、找卫星、调试室内单元，效率最高时一天可建一个卫星小站。”①

1990 年 6 月，央行将中国金融电脑公司正式更名为中国金融电子化公司，金电公司由此而来，原电子计算中心则被成建制并入。

金电公司独揽全局的情形没有持续多久。1991 年，央行决定成立科技司，剥离金电公司的政府职能；之后又将清算总中心剥离了出去。

从此，金电公司主要承担电子化项目建设与实施、电子化资金管理等职能；清算总中心则专门负责支付清算系统的建设、运行、维护和管理。

科技司最初的名字是金融科技司，筹备组负责人叫印甫盛，他还是首任清算总中心主任，此前则担任金电公司总经理助理。

印甫盛是那个时代的风云人物。他早年曾在辽宁省朝阳柴油机厂做技术员，在 1984 年参与创办了四通公司——中国最早的民营科技公司，也是新浪网（四通利方）的源头。

1992 年，在央行金融科技司的努力下，金融科技进步奖被纳入国家科技进步奖系列；当年 10 月，金融科技司召开了中国金融科学技术委员会成立大会。

在太平洋对岸，1992 年，美国参议员阿尔·戈尔提出信息高速公路法案；1993 年 9 月，克林顿就任美国总统后不久，正式推出跨世纪的“国家信息基础设施”工程计划，俗称“信息高速公路”战略。

中国决策层同样对新兴技术表现出了极高的重视度。1993 年 6 月 1 日，

① 贝劲松，《科技队伍助力支付清算行稳致远》，《中国金融》，2018 年12 月。

时任国家主席的江泽民来到央行清算总中心进行实地考察调研，并发表了《实现金融管理电子化》的重要讲话。陪同考察的陈元在多年后回忆道：

“他把金融支付发展政策摆到国家经济政策和宏观调控的重要位置，提出构建非现金支付体系、大力发展银行卡、建设全国统一的银行卡市场等设想。他指出，金融电子化是实现我国金融管理上的一次革命性变革，既有利于社会主义市场经济建设，也有利于法制建设、制度建设和反腐败斗争。金融电子化建设的最大阻力不是技术障碍，而是思想认识不到位、不统一。”①

这次考察之后没过几天，刚刚挂牌重组的电子工业部召开全国电子工业电视电话会议，提出在全国组织实施涉及国民经济信息化的金桥、金卡和金关工程，即中国金融科技进程中至关重要的“三金工程”。

其中，金卡工程是一场涉及各类卡基应用的社会信息系统工程，其目标是建立一个跨系统、跨地区、跨世纪的电子货币系统，在当时全国400个城市基本普及金融卡的应用。它的出现大大推动了中国银行卡的跨行联网通用，并为后来银联的诞生铺平了道路。

三

我们将时间拉回到1993年年初的中国。当央行的金电系统以北京为大本营披荆斩棘之时，在改革开放最前沿的广东，同样掀起了轰轰烈烈的金融科技热潮。

当时，刚刚履新招商银行副行长不久的万建华，有一天饭后散步，在蛇口商业大街看到了一台当时还很罕见的ATM（自动取款机），却惊奇地发现ATM显示屏上蒙着厚重的灰尘，银行卡插卡口则挂着零星的蛛丝。

这一幕给万建华留下了深刻印象。他在后来出版的《金融e时代》一书中写道：

“它独立一隅，基本上沦为一个尴尬的摆设。作为银行管理人员，我们在心里也打了一个很大的问号——究竟会有多少人使用这个‘自动’的‘取钱机器’呢？”②

在创办银联之前，万建华在招行工作了8年，是招行早期金融科技战略的

① 陈元，《重温江泽民同志〈实现金融管理电子化〉有感》，《人民日报》，2013年4月11日。

② 万建华，《金融e时代》，中信出版社，2013年5月。

主要推动者。

万建华与招行的缘分颇深。1986 年，还在央行任职的万建华，抱着金融改革的热情，提议并参与推动了招商银行的组建。1993 年初，万建华从澳大利亚留学归来，接受招行首任行长王世桢的邀请出任副行长，之后升任常务副行长。

那会儿，招行还只是一家地方小银行，但对科技却有着非比寻常的重视。

一个被老招行人津津乐道的细节是，创立初期的招行经费有限，办公楼都是租借的，却不惜重金建起了规模可观的培训中心和电脑中心。

也就是从 1993 年开始，在王世桢、万建华等人的带领下，招行踏上了快速崛起之路，并在中国金融科技发展史上留下了浓墨重彩的一笔。

1995 年，招行提出“科技兴行”战略，并率先推出了集本外币、定期活期、多储种、多币种、多功能服务于一身的“一卡通”。

1999 年，招行启动了国内第一个网上银行体系“一网通”，全国所有分行同时推出了网上个人银行、网上企业银行、网上支付、网上商城、网上证券的五大业务种类。

2000 年，招行又很早推出“手机银行”服务，通过全球通 GSM 网络，用户可以在手机界面直接完成各种金融理财业务。

从那个时候起，招行就初步确定了将虚拟银行发展成为客户服务主要渠道的思路，而同期其他银行根本还没有将虚拟银行上升到战略高度。

同一时期，在与深圳隔海相望的珠海，工商银行在那里搭建了一条更加硬核的金融科技创新之路。

工行在当时与招行所面临的痛点并不一样。招行主要针对经营地域有限、网点数量不足的痛点，通过产品和模式创新，以虚拟银行实现弯道超车；而工行这种国有大行的挑战则在于，网点遍布城乡、人员规模庞大、管理难度很高，工行迫切需要搭建起一整套的现代化银行系统，实现集中统一的数字化管理。

为打造自主研发能力，1996 年 6 月 29 日，工行正式成立软件开发中心，来自各地的行内科技精英齐聚珠海，组建了一支数十人的小团队，总行科技部副主任纪梅丽出任软件开发中心总经理，开启了一段金融科技创业史。

1997 年，工行软件开发中心启动了“CB2000 系统”的开发，这是工行自主研发的超大规模银行应用软件系统，在当时是一个历史性的创举。

1999 年，工行启动数据大集中工程，也就是“9991 工程”，这同样是中国金融系统数据集中的开创性工程。尔后工行建成了具有国际先进水平的南、北数据处理中心，实现了全行经营数据的集中。

工行软件开发中心由此在金融业声名远扬，其所在的珠海唐家湾，则一度成为中国金融科技重镇，多位领导人曾莅临考察。

这一时期，姜建清在上海滩声名日盛，是工行内部公认的帅才。1999 年 6 月，姜建清从上海被调入北京，不久后正式成为掌门人。而在 20 年前他初进银行业之时，他的想法是做一名电工。

鲜为人知的是，姜建清曾于 1994—1995 年在哥伦比亚大学做访问学者，当时正值美国互联网大爆发，早期的互联网金融创新随之兴起。这段并不算太长的留洋经历，深深影响了姜建清，也影响了“宇宙行”的航向。

四

当金融圈在信息化、电子化的道路上奔跑的时候，中国互联网行业尚处在萌芽期。

直到 1994 年 4 月，一条带宽 64K 的国际专线，宣告中国成为第 77 个全功能接入互联网的国家。

1995 年，从中科院下海创业的张树新与丈夫来到硅谷，第一次接触到 E-mail、BBS，回国后旋即找银行借款创办“瀛海威”，它被公认为是中国第一家互联网公司。

为了向公众推介互联网，张树新在中关村南大街零公里处竖立了一块著名的广告牌：“中国人离信息高速公路还有多远？向北 1500 米。”瀛海威因此声名大噪，却也给很多出租车司机造成了困扰，他们不知道“信息高速公路”究竟是哪里的一条路。

也是在这一年，作为杭州市优秀青年教师的马云，因为一次翻译任务去了美国西海岸，偶然间接触到了互联网的新世界。回国后，马云很快从杭州电子工业学院辞职，凑足 2 万元准备创业。

与同时代其他互联网创业者不同，马云从一开始就想着通过互联网做生意。在连续数年的摸索和折腾之后，马云终于看清了属于自己的使命。

1999 年 2 月 20 日，在杭州湖畔花园风荷院 16 幢 1 单元 202 室，马云对围着他的十多个合伙人说：“我们要做一个中国人创办的世界上最伟大的互联网公司。”不久后阿里巴巴网站上线，其口号是“让天下没有难做的生意”。

在这群合伙人里，有一位在浙江财经大学当过老师的女性——彭蕾，她的加入纯属偶然，她因为丈夫孙彤宇（后来的淘宝网创始 CEO）一路追随马云，从学校辞职入伙成了“随军家属”。

至于后来的蚂蚁金服[①]CEO 胡晓明，那会儿还在建设银行湖州分行上班，与科技圈尚无交集。

同样在瀛海威横空出世的 1995 年，在距离杭州 150 多公里的宁波，丁磊不顾家人的强烈反对，辞去了宁波市电信局的工作，南下来到广州，进入一家外资软件公司，两年后他创立了网易。

在丁磊创业风生水起之际，他的一个名叫马化腾的网友终于按捺不住，离开了效力多年的通信公司，于 1998 年与同学张志东一起注册了深圳腾讯计算机系统有限公司，之后又吸纳了三位股东：曾李青、许晨晔、陈一丹。

彼时，张小龙独立开发的电子邮件客户端软件 Foxmail 已经颇有人气。但这个免费软件并没有解决张小龙的财务窘境，他差点开价 15 万元将其卖给了当时的金山软件 CEO 雷军。

那一年《相约一九九八》响彻街头巷尾，刘强东离开外企，拿着 1.2 万元积蓄扎进中关村，租了一个小柜台开始创业——售卖刻录机和光碟。这个柜台名叫“京东多媒体”，这便是“京东商城”的前身。

而 BAT 的另一位主角李彦宏，那会儿正在硅谷的一家搜索引擎公司工作，他并不安于稳定、优渥的生活状态，反而满脑子想着回国创业。1999 年，李彦宏带着自己的专利技术启程回国，筹建百度。

对中国互联网行业而言，那是一段筚路蓝缕的岁月，而时代最终没有辜负这群年轻人的理想与热血。

那时候他们未曾想过，科技与金融之间，将会上演如此激烈而深入的碰撞。

不过，在互联网发展更领先的大洋彼岸，微软创始人比尔·盖茨早在 1994 年就发出过预言，他在接受《新闻周刊》采访时将银行比作恐龙，认为银行客户将在未来流失到其他高科技金融服务提供商。这应该是最早的关于科技企业颠覆金融行业的言论。

对此，美国银行家协会主席沃特·道兹发表观点称，“银行面临的最大挑战不是被兼并，而是银行能否跟上现代信息技术的发展，未来的信息技术将决定美国银行的命运”。

1995 年，比尔·盖茨登上《福布斯》全球亿万富翁排行榜榜首，成为信

①2020 年6 月，蚂蚁金服更名为蚂蚁科技集团，因统一原则，正文依旧使用蚂蚁金服。

息革命的最佳代言人。同年，美国安全第一网络银行（Security First Network Bank）诞生了，这是最早的互联网银行雏形。

五

在新千年即将到来之际，互联网浪潮愈演愈烈，促使金融业深度思考科技革命的影响。

“这是一个对金融服务业极富挑战性的时代。不仅如此，我们将目睹一股持久的强风席卷而来，或创造，或毁灭。在这等变革面前，我们在市场、服务、技术等领域都毫无退路可走。”①

在1999年年末出版的《美国银行业的科技革命》一书开头，姜建清引用了刊登在《银行家》杂志上的这段话。彼时，刚刚执掌工行的姜建清还完成了他的博士论文《金融高科技的发展及其深层影响研究》。

也是这一年，在招行内部的一次培训中，万建华发表了题为“21世纪初叶商业银行的发展趋势及策略”的演讲，他在开篇提到：

“对银行业而言，信息技术的发展已经并继续以前所未有的广度和深度产生着意义深远的影响，在信息技术的推动下，全球商业银行正经历一个激动人心的时代。”②

但在当时，流传最广的依然是比尔·盖茨的“恐龙论”。人们普遍认为这是世界首富大放厥词罢了。那时网上银行浪潮席卷全球，金融机构看上去掌控了金融科技的主导权。

但有极少数人真正听了进去，其中之一便是王世桢的继任者马蔚华，他从1999年起做了14年的招行行长。马蔚华后来见到盖茨本人还戏称，那句预言让他十几年没有睡好觉。

万建华从招行走向了更广阔的天地。2001年，他领衔受命，从深圳回到阔别8年的北京，负责组建中国银联，担任筹备组组长。

彼时，正值互联网泡沫破灭，科技行业哀鸿遍野。新浪、网易和搜狐上市不久就遭遇血崩，而成立不久的阿里和腾讯，更是经受着生死考验。

最艰难的时候，阿里的账面资金只能维持半年多，马云被迫收缩业务并大

① 姜建清，《美国银行业的科技革命》，上海财经大学出版社，1999年11月。

② 万建华，《金融e时代》，中信出版社，2013年5月。

量裁员，几乎所有的海外员工都被裁掉了；而马化腾几乎走投无路，差点把开发出的 OICQ 软件以 60 万元的价格卖给深圳电信数据局。

但这些互联网公司最终活了过来，借着中国经济起飞的大势，成长为参天大树。

尤其是阿里和腾讯，更是跻身全球前十的互联网巨头，并且以支付为起点，一步步踏上新金融舞台的中央。

在此期间，工行在股改上市之后登上全球银行业王座，招行成长为有着“零售之王”美誉的全国性银行，银联更是崛起为同 VISA 和万事达分庭抗礼的卡组织巨头。

这些金融机构都足够优秀，但面对阿里、腾讯们的闯入，一度无力招架，至今依然焦虑。好在，大象起舞仍然可期。

对姜建清、万建华和马蔚华们来说，他们曾开创了一个黄金时代，最后却不得不见证新生势力揭竿而起。

一代人努力缔造的金融科技传奇，终究还是成为下一代人习以为常的环境。

这是每一代人都必须接受的残酷。没有人永远屹立潮头，但总有人正乘风破浪。

一个比过往任何时代都要精彩、盛大的新金融时代降临了。

附录大事记

附：新金融创世记

- 1957 年，中国人民银行成立核算工厂。
- 1984 年，央行将核算工厂改为电子计算中心。
- 1985 年 3 月，中国银行发行境内第一张信用卡。
- 1987 年 4 月，首家股份制银行招商银行成立。
- 1988 年 3 月，首家股份制保险企业平安保险成立。
- 1988 年 8 月，央行成立中国金融电脑公司。
- 1989 年 5 月，中央批准中国人民银行建设中国金融卫星通信专用网。

- 1990 年 5 月，央行清算总中心成立。
- 1993 年 6 月，国务院启动金卡工程，全面拉开金融电子化序幕。
- 1995 年，汽车消费贷款在中国落地。
- 1998 年 4 月，招商银行推出“一网通”服务，为国内首家推出网上银行业务的银行。
- 1999 年 9 月，工行启动数据大集中工程，这一工程成为中国金融系统数据集中的开创性工程。
- 2002 年 3 月，中国银联成立。
- 2002 年 10 月，央行大额支付系统上线。
- 2003 年 10 月 18 日，淘宝网首次推出支付宝服务。
- 2003 年，中国信用卡元年。
- 2004 年 1 月，国有商业银行启动股份制改革。
- 2005 年 8 月，平安信保成立，首创“保证保险 + 银行贷款”的业务模式。
- 2006 年 3 月，中国人民银行设立征信中心。
- 2007 年 6 月，拍拍贷成立，为国内首家 P2P 网贷平台。
- 2009 年 1 月，比特币诞生。
- 2009 年，阿里巴巴集团信用金融部成立。
- 2010 年 6 月，阿里小贷成立，为国内首家互联网小贷公司。
- 2010 年 7 月，农行在沪港两地上市，国有商业银行股改收官。
- 2012 年 4 月，中投公司原副总经理谢平首次公开提出“互联网金融”这一概念。
- 2013 年 6 月，余额宝问世。
- 2013 年 8 月，微信支付诞生。
- 2013 年 8 月，国泰君安证券实现首单网上证券账户开户。
- 2013 年 11 月，众安在线开业，为国内首家互联网保险公司。
- 2013 年 11 月，阿里巴巴率先推出金融云服务。
- 2014 年 2 月，京东白条上线，为国内第一款互联网消费金融产品。
- 2014 年 10 月，蚂蚁金服成立。
- 2014 年 12 月，深圳前海微众银行成立，为中国第一家互联网银行。
- 2015 年 12 月，宜人贷在美国上市，为中国互联网金融第一股。
- 2016 年 3 月，中国互联网金融协会成立。
- 2017 年 8 月，网联清算有限公司成立。
- 2018 年 3 月，百行征信成立。
- 2020 年 6 月，蚂蚁金服更名为蚂蚁科技。

第二章

前夜：一个国家的起飞

法国革命创造了大量派生的、次要的事物，但它只不过使主要事物的萌芽进一步发展；这些萌芽在革命以前便已存在。

——阿历克西·德·托克维尔《旧制度与大革命》

巧合的是，移动互联网的兴起与中国的全面崛起，几乎是同步的。大部分中国人直接跨过了PC（个人计算机）时代，大步迈进移动互联网时代。中国的移动互联网后发先至，走在了世界前列，中国的经济与社会更因此加速前进。移动互联网成就了中国人，中国人也成就了移动互联网，并以基于移动互联网的新经济、新金融惊艳了世界。

2007年1月22日，《时代周刊》杂志的封面上用了一幅血红色的图片来展示中国：

一个巨大的五星照耀在万里长城之上，金光闪闪，投下万丈光芒，并配上了金黄色的标题——“中国，一个新王朝的开端”。

这组封面文章通过《时代周刊》驻北京、曼谷、巴黎以及非洲多个城市共12名记者的联合采访报道，为读者勾勒出了“中国世纪来临”的画面：中国的经济和外交实力持续上升，海外投资和对全球天然资源的需求左右了世界经济，美国的相对力量则在下滑……

在该期封面的右上角，印着由乔布斯刚刚发布的初代iPhone。

历史就是如此巧合。中国的全面崛起，与移动互联网的崛起，几乎是同步的。

《时代周刊》这组报道的缘起，很可能是此前不久在中国热播的电视纪录片《大国崛起》。

这部纪录片由中央电视台出品，共12集，记录了葡萄牙、西班牙、荷兰、英国、法国、德国、日本、俄罗斯、美国等9个国家相继崛起的过程，并总结了国家崛起的历史。鉴于央视的特殊地位，该片在国际上引发了热议。

时任中央电视台台长赵化勇声称，《大国崛起》是电视工作者用自己的视角辨析大国兴衰，对当前中国在世界格局中的位置和面临的任务进行思考后的一次表达。[①]

在改革开放即将30周年之际，中国人是时候正视崛起这一事实了。

2007，这是一个狂奔与进击的年份。

国家统计局数据显示，2007年中国国内生产总值（GDP）增长率达到14.2%，为历史最高水平，至今仍未被超越。

在外贸领域，全年货物进出口总额21738亿美元，比上年增长23.5%。其中，货物出口12180亿美元，货物进口9558亿美元，贸易顺差达到创纪录的2622亿美元。

2007年4月18日零时，中国实施第6次铁路大提速。在多年开行快速列车并引进外国动车组做高速列车的基础上，出现了中国品牌高速列车CRH，并首次开行时速200公里及以上的城际铁路动车组，一只脚迈进了高铁时代。

那是一段令所有人都倍感亢奋的岁月：正值2008年金融危机爆发前夕，全球流动性泛滥，热钱汹涌，泡沫四起。

在国内，A股迎来了最疯狂的一年。2007年10月16日上午10点03分，上证指数在群情激奋中登顶6124点的历史高位，当时的人们高唱着《死了都不卖》，一度以为10000点不是梦。

楼市从这一年开启了暴涨模式，热点城市涨幅创下了历史新高。2007年下半年，中国房价涨幅连续6个月创下实施月度统计后的最高水平的纪录。

趁着火热的市场行情，中国互联网公司在2007年掀起了又一个上市潮，阿里巴巴、巨人、完美时空、金山和网龙，都登陆了资本市场。

这一年，腾讯、百度、阿里巴巴市值先后超过100亿美元，BAT阵营形成，并且跻身全球最大互联网企业之列。

不管从任何一个方面来看，这都是一个正在起飞的国家。不管是增长、繁荣，还是泡沫、乱象，都是奇迹的一部分，毕竟它跑得太快了，太快了。

① 赵化勇，《让历史照亮未来的行程》，《光明日报》，2006年11月21日。

膨胀年代

2008 年全球金融危机爆发，并没有改变这个国家蓬勃向前的步伐。

为了应对金融危机，中国政府推出“四万亿”刺激政策，中国的金融、基建、楼市都迎来了一轮“大跃进”，经济增长继续引领全球。

在流动性盛宴之下，中国金融业步入了一个黄金发展时期。

金融机构资产规模与盈利能力快速提升，尤其是工、农、中、建四家国有大行从曾经的破产边缘一路逆袭，跻身全球最大银行的行列。金融机构的网点越来越精致、洋气，金融从业者的收入也水涨船高，金融专业成为最受年轻人追捧的专业。

房地产全面金融化，股票市场与债券市场大幅扩容，财富管理市场呈现全面开花之势，越来越多中国人完成了从储户到投资者的转变，这是一个金融业全面繁盛的时期。

移动互联网迅速普及，很快变成了人们生活和工作的一部分。虽然金融机构在渠道上实现了“触网”，但相比移动互联网在零售、社交等领域的革命性影响，金融行业仍旧按照既往的轨道和姿势前行，并且稳如泰山。

这是中国金融业的一段“黄金年代”。然而，一个日渐膨胀的行业，一群身处舒适区的从业者，如何能自我革新呢？唯有民间力量的挑战与新兴技术的驱动，才能推动一场新金融浪潮的到来。

金融启蒙运动

无所谓心在疼
用情真陷得深恨得狠
只愿有一天能看到
再次涨回来
死了都不卖
无所谓掉下来或摘牌
我相信有未来

这是 2007 年夏天一首流行歌曲的歌词，它的名字叫《死了都不卖》。

最早，一位叫龚凯杰的股民，他将信乐团的《死了都要爱》改成了《死了都不卖》，在网络上红极一时。之后不久，某唱片公司火速推出了一张名为《死了都不卖》的股歌专集，受到许多股民的喜爱，并冲到了当时的无线音乐下载榜前列。

除了《死了都不卖》，这张专辑里面还有另外三首歌：《一万点》《股神传说》和《股市奇迹——中国股民之歌》。对唱《一万点》的两位歌手称，希望通过这首歌，“3 年内把上证指数唱上 10000 点！大家都来发财！”

然后，就没有然后了。

2007 年的这场牛市，导火索是 2005 年的股权分置改革，但更像是股市压抑多年之后的一次大爆发。而其实深层次的原因在于，2001 年中国加入 WTO 之后，中国经济开始起飞，货币总量迅速膨胀，居民收入快速上升。

2007 年 10 月 16 日，A 股市场仅用了 12 个月时间，就从 1653 点暴涨至 6124 点。这一年 A 股涨幅名列全球各主要资本市场之首，IPO 融资一举超过了纽约与伦敦等国际金融中心。

这一年，中国股民新开账户接近 4000 万，A 股总账户数超过 1.1 亿户。[①]借助互联网传播渠道，股市成为全民话题。

在这波牛市中，中国工商银行超过花旗集团成了全球市值最高的银行，中国铝业超过美国铝业成为全球最大的铝业公司，中石油市值超过埃克森美孚成为全球最大的石油公司……转眼间，如梦似幻，中国人站在了世界之巅。

然而，一切虚幻终将破灭。

从 2007 年 10 月 17 日到 2008 年 10 月 28 日，沪指从 6124 点跌到 1664 点，跌幅达到 73%。从天堂到地狱，也不过 1 年时间。时至今日，很多经历过那段岁月的股民，都还没从阴影中走出来。

尽管如此，这场大牛市对中国的金融体系仍旧影响深远，也永久性地改变了国人的金融理财观念。

这是中国历史上第一次全民炒股时代，也是一场金融启蒙运动。越来越多的人在感受到资本市场财富效应的同时，也意识到了通胀的存在与投资的重要性，对于资产保值增值的渴求日渐强烈。

“你可以跑不过刘翔，但你不能跑不过 CPI” 成了年度流行语。

存款大搬家的序幕就此拉开了，银行理财、公募基金、信托等资管产品都

---

① 中国证券登记结算公司，《中国证券登记结算统计年鉴2007》，http://www.chinaclear.cn/old_files/1213777409636.pdf。

得到了快速发展，大资管时代浩浩汤汤而来。同一时间，中国楼市开始登上“神坛”，并逐渐成为主宰无数人命运沉浮的关键。

经过这次牛市，中国证券行业完成了一场大收割。中国证券协会数据显示，2007 年，国内 106 家证券公司净利润 1306.62 亿元，同比暴涨 413.25%。这一纪录直到 2015 年大牛市才被刷新。

对公募基金行业来说，它们在 2007 年完成了原始积累。这一年，公募基金整体规模一口气冲破了 1 万亿、2 万亿和 3 万亿三道关口，达到 32756 亿元。同样，直到 2015 年，这一纪录才被打破。

其后，2008 年的股灾则迫使决策层改变重股轻债的观念，推动了中国资本市场的进步。由于股市融资功能逐渐衰竭，决策层不得不重视起债券融资，从而为债市大发展创造了历史性机遇。

以 2007 年 9 月成立的银行间市场交易商协会为契机，央行以自律监管的形式，发起了一场债市革命。在短短几年间，债市规模从 2006 年不到 10 万亿元发展到 2012 年的 26 万亿元，并且公司信用债规模飙升，成为社会融资的重要组成部分。

银行的盛世

“企业利润那么低，银行利润那么高，所以我们有时候利润太高了，自己都不好意思公布。”

2011 年 12 月，民生银行行长洪崎在出席“2011 环球企业家高峰论坛”时，发表了上述言论，很快引爆网络，也将中国银行业推到了舆论的风口浪尖。

平心而论，洪崎没有说错什么，只不过太直接了。官方数据显示，这一年，中国银行业金融机构实现税后利润 1.25 万亿元，同比增长 39.3%。

要说洪崎得意忘形，不小心说出了真心话，也是合理的。2011 年，民生银行资产总额、负债总额双双跨过 2 万亿元大关，实现了标志性的突破；同时实现归属于母公司股东的净利润 279.2 亿元，同比增长 58.81%。

英国《银行家》杂志发布的年度排行榜亦显示，2011 年，中国银行业利润几乎占全球银行业总利润的 1/3，2007 年这一比例仅为 4%。工商银行、建设银行和中国银行成为全球最赚钱的三家银行。

古语有云，三十年河东，三十年河西。在当代中国，用不了这么久。

就在 2002 年年底，四大行的账面不良贷款一度高达 2.1 万亿元，不良贷款率达到 25%，远高于 5% 的国际风险水平，加上透明度不够，一时猜疑四起，一些境外媒体和国际评级机构纷纷做出中国的四大银行在技术上已经破产的判断。

为了拯救银行业，从20世纪90年代末起，中国政府发行特别国债对商业银行进行注资，成立四大资产管理公司接收不良资产，同时启动了股份制改革，面向全球引进战略投资者，再之后是上市。

借助2005年到2007年的资本市场行情，到2007年时，除了农业银行，工商银行、建设银行、中国银行和交通银行等国有商业银行都完成了A+H上市，招商银行、中信银行等股份制银行也都登陆了资本市场。

不仅如此，这一年商业银行业绩暴涨，诸如工商银行全年净利润增幅达到了65.9%，招行和中信银行的盈利增长则超过了100%。

如果说2008年股灾的到来，让券商和公募基金陷入了发展的低潮期，那么对于银行业来说，“黄金时代”才刚刚拉开大幕。

这一年秋天，全球金融危机全面爆发，中国政府于当年11月推出了进一步扩大内需、促进经济平稳较快增长的十项措施，也就是“四万亿计划”，主要举措是通过大规模的基建投资带动经济，与之配套的则是要求加大金融对经济增长的支持力度。

据银保监会数据，5年时间，中国银行业总资产从2007年的53.12万亿元增长到2012年的133.62万亿元；同期，中国的广义货币（M2）总量更是从10.34万亿元增长到97.41万亿元。

当然，这种货币狂飙并非中国所独有，而是金融危机后各国普遍实施货币宽松政策的结果。

最终，这场金融危机并没有成为击垮中国银行业的炸弹，反倒开启了一段前所未有的盛世。从盈利情况来看，2007—2012年，银行业金融机构的税后利润从4467.3亿元增长到15115.5亿元。

在2013年7月发布的英国《银行家》全球1000家大银行排名榜单上，按照一级资本排名，工商银行居全球银行首位，这也是该榜单出炉近100年来亚洲银行首次登顶。

作为中国银行业的翘楚，“宇宙行”名副其实。2012年，工商银行全年实现净利润2386.91亿元，继续成为全球最赚钱的银行，同时是全球第一大存款银行、亚太地区最大的信用卡银行，境外经营机构分布在39个国家和地区。

这大概是中国银行业最光辉的岁月。在利率管制之下，信贷投放狂飙突进，利差收入汹涌而来，银行们躺着赚钱，世上没有比这更舒服的生意了。以至于，洪崎发出了“不好意思”的感慨。

天下“怨”银行业久矣，人们太需要一场变革了。

渐进式变革

“尽管在过去的一年里我们取得了不俗的业绩，但两个和我同姓的年轻朋友的成绩让我丝毫不敢有一点沾沾自喜。他们创造的两个数据深深地震撼了我，一个是阿里巴巴集团‘双 11’的单天销售额达到人民币 191 亿元，另一个是腾讯的微信用户数突破 3 亿。”

2013 年 3 月，中国平安集团的掌门人马明哲在 2012 年财报中如是说。

那时，马明哲即将步入花甲之年，距离他创办平安保险也有 25 年了。尽管如此，他依然是中国金融业最能“折腾”也是最具前瞻性的领袖之一。

他敏感地察觉到了时代风向的变化，也隐隐感受到了阿里巴巴和腾讯两大科技巨头的威胁。马明哲说，“这些数据让我深信中国个人消费市场的巨大潜力，也让我深信新科技正在深刻地改变着这个世界的商业规则和模式”[①]。

关于马明哲对前沿科技的关注，有很多传说，诸如亚马逊刚刚起步不久他就在琢磨为什么市值那么高，2004 年马明哲宁可漫游也要让高管使用黑莓手机办公，还有 2009 年去银保监会开会他就开始使用 iPad 拍照做记录等等。

平安集团的民营背景以及马明哲的长期领导，确保了这家公司有着稳定的战略和灵活的机制。这种迥异于绝大多数金融机构的特质，让平安在综合金融和金融科技等方面走得更快、更远。

鲜为人知的是，平安是中国金融电商的先驱。早在 2000 年 8 月，平安自建了电子商务网站 PA18.com，为国内最早的在线金融产品超市。虽然这一项目虎头蛇尾，不久后宣告失败，但是在当时，就连阿里巴巴都还在初创期，淘宝网直到 2003 年才诞生，不得不感佩马明哲在战略上的前瞻性。

2008 年，为推进综合金融战略，平安“一账通”上线，确立了“一个客户，一个账户，多个产品，一站式服务”体系；同时，平安组建了平安科技、平安数据科技、平安渠道发展和平安财富通。

2010 年，平安寿险与平安科技联手，在业内首次推出了金领移动展业（MIT）模式，利用 3G 技术，将电子建议书、后台远程实时核保、实时承保无缝衔接在一起，可以半小时内一次性完成所有销售环节。

2012 年，陆金所上线，是最早由金融机构推出的网络投融资平台；同年，

① 中国平安2012 年年报。

平安集团借鉴海外创新投资和孵化模式，成立“平安创新投资基金”。

整体上而言，平安集团的这些探索，一度代表了中国金融业在金融科技领域所能到达的最高处。但是，归根到底，这一切并没有实现革命性的成就，更多是渐进式变革。

这是金融科技领域永远的悖论。金融是一个强调稳定性、持续性和安全性的行业，与科技领域崇尚的颠覆、突破存在天然的冲突。这注定了金融机构很难放开手脚去自我革命，终究还是要在确保金融业务平稳发展的前提下，以渐进式的方式去探索新的可能性。

放眼整个金融业，唯一能与平安相提并论的创新者，就是总部同样在深圳的招商银行了。

与平安类似，招行在过去 30 多年来，领导层高度稳定，至今不过经历了三任行长，从王世桢、马蔚华到田惠宇，确保了其战略的稳定性和延续性。

这家银行在 1995 年就提出了“科技兴行”战略，并率先推出了集本外币、定期活期、多储种、多币种、多功能服务于一身的“一卡通”；1999 年，招行启动了国内第一个网上银行体系“一网通”；2000 年，招行又很早推出了“手机银行”服务。

21 世纪以来，招行的电子银行业务一直走在行业前列。2008 年，其零售电子渠道综合柜面替代率达 77.45%，公司电子渠道综合柜面替代率为 42.51%。也就是说，12 年前，招行就基本实现了大部分业务的线上化。

2010 年，招行在国内率先推出了 iPhone 版手机银行，很快冲到了苹果应用市场财务类软件排行榜前列。

2012 年，招行依托“水泥 + 鼠标 + 拇指”移动互联网时代业务发展模式，提出了“移动金融生活一站式开放平台”的手机银行设计理念，与联通合作，推出了全终端模式和 SIM 卡模式的手机钱包，实现了真正意义上的“3G 手机支付”。

这一年，招行公布的业绩数据显示，零售电子渠道综合柜面替代率达 90.66%，网上企业银行交易结算替代率达 88.47%。

不仅是招行，在股改上市之后，大中型商业银行的电子银行业务都得到了快速发展，电子银行逐渐成为交易主渠道。

2012 年 9 月，当时的“一行三会”联合出台了《金融业发展和改革“十二五”规划》，其中有关金融科技的相关阐述极少，主要在第八章第四节“提升金融信息化水平”：

以科技手段促进金融服务与管理创新，提高金融信息化水平。完善金融业信息安全防护体系，大幅提升信息系统抵御风险能力。推广电子交易，不断提升金融业电子渠道交易替代率。建设金融信息化标准体系，推进信息化标准检测认证。全面实施银行卡芯片化迁移工作。建立适应新时期外汇管理改革需要的信息化体系。

如今，当我们回望这段文字，很难想象，仅仅 9 个月之后，随着余额宝一声炮响，中国的互联网金融时代降临了。

或许这再一次表明了，那些革命性的变化，往往不是规划而来的，而是由市场力量所造就的结果。

草根金融之春

在主流金融行业恣意勃发的同时，另一股来自民间的力量也开始萌动。

民间金融又被广泛定义为非正规金融，过去大多被认为是游离于正规金融体系之外的其他金融活动，或未被纳入金融监管的资金融通活动。

如果从早期的票号、钱庄、典当算起，中国出现规模化的金融活动已有数千年。而在这个过程中，私营经济的发展、民间资本的参与都是推动金融体系发展的关键力量。

尽管随着历史的发展，尤其是新中国成立以后，民间金融的主体形态和业务模式发生了许多转变，但对于整个金融体系来说，这股民间的力量一直都扮演着至关重要的角色。

伴随着 2007 年中国经济的腾飞，民营经济活跃、消费需求旺盛、电商生态崛起，这些都为民间金融的再次爆发做了铺垫。

这一阶段，一方面，民间力量从体系之外向内努力，希望完成“阳光化”的蜕变；另一方面，监管部门也从体制之内向外拓展，开始推动金融体系的多样化发展。与此同时，一股新的互联网力量也开始在民间崛起。

它们不仅继续扮演了“补充者”的角色，覆盖主流金融机构难以服务到的群体，更多时候它们还起到了“鲶鱼”的作用，开始刺激和推动传统金融行业的变革。

只是，在 2013 年之前，这些活跃于民间的金融力量远没有预想到，有一天会站到新金融的舞台上，与传统金融机构和互联网巨头同台竞技。

民间力量

2014 年西南财经大学发布的一份《中国民间金融发展报告》显示，改革开放以来，中国的民间金融活动日趋活跃，1978—2008 年，中国非正规金融市场贷款规模以年均 17.8% 的增速快速崛起。

随着中国金融体系外延的扩展和类型的丰富，民间金融的界定变得越来越模糊。

一方面，大量生于“草根”甚至“地下”的民间金融有了进一步阳光化、规范化发展的需求，希望从金融体系之外向内转型。而另一方面，监管部门也希望从体制之内向外拓展，开始尝试用更多市场化、多元化的手段推动普惠金融的发展。

于是，主流金融体系开闸扩编，民间资本有了被纳入“正规军”的渠道。比如，央行主导推动的小额贷款公司、银监会主导推动的村镇银行等新兴机构开始涌现，再加上已有的融资担保公司，新的民间金融力量开始崛起。

2005 年 10 月，小额贷款公司在山西、四川、贵州、内蒙古、陕西五省（区）开始试点，由人民银行进行业务指导；此外，根据规定，试点以外的其他省政府，也可自行组织尝试，所以，包括深圳在内的一些民营经济发达的区域也出现了小贷公司。

中国的小额贷款公司最早是作为农村地区增量改革的内容之一，带着“有效配置金融资源、改善农村地区金融服务”的任务而问世的。因此，诞生初期，它在经营范围、杠杆比例、融资来源、贷款类型等方面都有严格的限制。

在央行试水小贷公司的同时，“门禁森严”的银行业也被创新撕开了一道口子。

2006 年，银监会发布《关于调整放宽农村地区银行业金融机构准入政策，更好支持社会主义新农村建设的若干意见》，提出在湖北、四川、吉林等 6 个省（区）设立村镇银行试点。

在当时，这份文件最重要的突破在于两项“放开”：一是对所有社会资本放开，境内外银行资本、产业资本、民间资本都可以到农村地区投资、收购、新设银行业金融机构；二是对所有金融机构放开。

并且，村镇银行的出现大大降低了设立一家银行的门槛，不仅调低了注册资本，还取消了营运资金的限制。在县（市）和乡（镇）设立的村镇银行，其注册资本分别不得低于人民币 300 万元、100 万元。

对比后来的民营银行，尽管文件中没有提及注册资本门槛，但从实际设立的情况来看，基本不低于10亿元。同时，对于投资入股的民营企业也有诸多要求，例如，最近3个会计年度需连续盈利、年终分配后净资产达到总资产30%以上等。

不仅如此，在村镇银行的各项监管指标上，例如，存款准备金率、利率、支付清算等均做了相应调整。诸如村镇银行的存款准备金率是比照当地农村信用社 11% 左右的标准执行。

现在来看，诞生于十多年前的村镇银行无疑是一个极为大胆的创新。它不仅打开了中国银行业市场的大门，使民资和外资低门槛进入银行市场，还在机制和模式上做了诸多重要的突破和尝试。

在分别经历 3 年小范围试点之后，小贷公司和村镇银行迅速进入了发展的快车道。

2008 年小额贷款公司结束五省试点，正式在全国范围内铺开，银监会和央行联合印发了《关于小额贷款公司试点的指导意见》，小贷行业开始快速扩容。

同样，村镇银行在结束试点后，银监会于 2009 年 7 月 23 日发布《新型农村金融机构 2009 年—2011 年总体工作安排》，宣布 3 年内将在全国设立 1293 家新型农村金融机构。其中，村镇银行占到了 1027 家。

也是在这一年，担保行业迎来一次重要的转折点。

因为角色特殊，从 1993 年第一家担保公司出现以来，其主管部门曾轮换过多次。从最早的央行，到财政部、经贸委，再到发改委、工信部等，先后在不同时间段里主管过担保行业。直到 2009 年，融资性担保业务部级联席会组建①，担保业的主管部门就此落定，这个行业也由此开启一轮真正的发展。

至此，民间资本迎来了一次大规模“转正”的机会，除了身份上的转变，业务上也有了更大的空间。在监管的指引下，这些引入了大量民间资本的新兴机构开始了新的商业化探索之路。

一个不可忽略的细节是，在小贷公司和村镇银行这两类新兴机构起步阶段，外资企业和国际机构起到了相当大的推动作用。

在小贷行业发展初期，新加坡淡马锡公司、法国美兴集团、国际金融公司、日本永旺集团等数十家机构开始在中国内地设立小贷公司。它们带来了更为标准化、规范化的运营模式，并开启了无抵押的小额信用贷款市场。

在村镇银行方面的情况也类似。尽管从股东结构来看，不少国有大行、股

① 根据国务院印发《关于进一步明确融资性担保业务监管职责的通知》，由银监会牵头，发改委、工信部、财政部、商务部、人民银行、工商总局、国务院法制办联合组建融资性担保业务部级联席会。

份行、城商行、农商行等皆有布局，参与的民营企业更是不在少数，但外资机构在推动村镇银行发展的过程中扮演了至关重要的角色。

例如，建设银行牵手西班牙桑坦德银行（后者目前已基本退出村镇银行），中国银行联合淡马锡下属的富登金融控股公司，批量设立村镇银行。此外，汇丰银行、澳洲联邦银行、德国复兴信贷银行等外资机构也先后入局，投身到村镇银行的发展中。

在这波"西学东渐"的大潮里，一些更成熟、更领先的信贷技术和管理模式被带入中国市场。

以小贷公司为例，在试点初期，本土机构大都还是以抵押贷款为主，展业方式效率较低。但这一批外资小贷公司，主要提供的是 30 万元以下无抵押、无担保的信用贷款，包括个人消费贷款，以及针对个体工商户和小企业主的经营性贷款。

典型模式为：线下"铁军"密集扫街、扫楼获客，上传数据，经过标准化的风控体系、自动化的审批模块后放款。在此模式下，不仅大大提高了运营效率，降低了风控成本，还让小贷公司的规模化发展成为可能。

村镇银行的情况也非常相似，尽管相当大一部分村镇银行并没有走出差异化的发展方式（定位和角色跟农信社变得十分相似），但还有一部分村镇银行因为有外资机构介入，并采取了批量化发展的方式，所以在管理和运营上有了不小的突破。

事后来看，这也可看作这类民间金融力量的第一波数字化变革，初代金融科技的应用不仅大大降低了它们的展业成本、提高了效率，还让小额信贷的规模化发展和小微金融服务的"下沉"成为可能。

更重要的是，为这些民间金融机构的"互联网化"发展埋下了伏笔。

新的势力

就在一部分民间金融积极"转正"的同时，一股新生力量开始在民间崛起。

2007 年 6 月，上海拍拍贷金融信息服务有限公司[①] 在上海注册成立。几位创始人参考了孟加拉国的格莱珉银行模式，再结合自己的计算机专业背景和互联网创业的经历，开始摸索一套有别于中国传统民间借贷的新思路——熟人借

①2019 年11 月5 日，上海拍拍贷金融信息服务有限公司（以下简称为"拍拍贷"）更名为"信也科技"。

贷的线上版。

按照最初的设计，拍拍贷希望把线下的熟人关系搬到线上，再引入格莱珉银行的五人联保模式，通过这种人际关系网络控制违约风险。但后来发现此路不通，拍拍贷便转向了更为开放的平台模式。

在平台模式下，有借款需求的客户提交个人信息、借款用途之后，拍拍贷会审核资料的真实性并判定其风险高低，然后将审核后的信息发布在平台上。与此同时，有投资需求的用户则可以从中挑选借款人，自行决定把钱借给谁。

无独有偶，同样受到格莱珉银行模式启发的还有另一家总部位于北京的公司——中国宜信集团有限公司。

早于拍拍贷一年成立的宜信也在民间借贷的基础上找到了一种新的发展路径——债权转让模式，即创始人唐宁以个人身份放贷给需要资金的客户，然后再将其个人债权转让给有投资需求的出借人，出借人投资到期，宜信公司再帮助出借人寻找下家回购债权或者唐宁再把债权回购。

宜信和拍拍贷创新的业务模式被认为是中国 P2P 的雏形，彼时 P2P 在全球范围内也仅仅处于起步阶段。但如果单从它们初期的模式和构想来看，这更像是民间借贷的线上版或升级版。

这两家公司试图利用新的技术和思路让民间借贷业务更加透明和高效，并打破了熟人网络和区域限制，大大扩展了业务的边界。

与大家传统印象里的民间放贷人不同，宜信和拍拍贷的创始人们都是名校毕业的职场精英，并且与互联网有着很深的交集。他们代表了新一代的民间金融力量：受过良好教育、专业能力过硬、有着国际视野……

并且，更难得的是，这两家公司的创始团队都是当时少有兼具互联网、金融专业背景和国际视野的一群人。

例如，拍拍贷的创始人张俊、顾少丰毕业于上海交通大学通信工程专业。在创业前，前者在微软全球技术中心做工程师，管着上百人的团队（也有特许金融分析师认证——CFA 二级）；而后者则在微软全球技术中心工作多年，第一次创业后更成为中国 Web 2.0 时代的代表人物。在做拍拍贷之前，顾少丰创立的播客聚合平台——菠萝网，还被评为 2006 年中国互联网 Web 2.0 百强企业。

宜信的创始人唐宁同样有着华丽的履历，他高中毕业后保送北京大学数学系，大三作为交换生赴美国南方大学就读经济学专业，一毕业便进入华尔街的顶级投行工作。2000 年回国后，唐宁加入了北大师兄创办的亚信科技，担任战略投资兼并购总监。

这家于2000年在美国纳斯达克上市的公司算是最早在美上市的中国"互联网概念股"，也是中国信息化发展进程中重要的推动者。1995年亚信科技将Internet引入中国，承建了中国第一个互联网骨干网络ChinaNet，推动了很多互联网企业的崛起，今天中国大约70%的因特网信息，都是在亚信构建的网络上传输。

不仅如此,这里走出了很多对互联网行业影响深远的创业者、投资人。例如，亚信科技的创始人田溯宁(2006年创建宽带资本)和丁健(后加盟金沙江创投)，还有现在华兴资本的创始人包凡也曾在亚信供职多年。唐宁也是在这里认识了达内科技的创始人——韩少云，当时他是亚信科技软件事业部的副总工程师。

离开亚信科技后，唐宁做天使投资人参投了不少互联网领域的初创企业，北京达内科技有限公司（现为达内时代科技集团有限公司）就是其中之一。这家做IT职业教育起家的公司于2014年上市，不仅为他赚取了千倍回报，更重要的是推动了宜信的创立。唐宁正是在调研达内科技的时候发现，很多学员难以承担学费压力，所以开始为他们提供学费贷款，进而成立了宜信。

所以，与P2P行业后来野蛮生长的境况不同，当它在中国初生、萌芽的时候，最早进入这个行业的人大都有着互联网或金融业的从业背景，还有相当大一批在国外生活、工作多年的人，他们带着国外市场成熟的经验和模式回来，希望进行"本土化"的落地。

所以，在早期的一些P2P网贷平台上我们能看到不少技术和模式创新。例如，拍拍贷初期一直坚持纯线上模式，并很早便开始尝试构建模型，用数字化的风控方式替代人工审核。还有宜信的宜人贷和信而富也是行业里比较早建立风险分级体系的P2P网贷平台。

更重要的是，正是这群人的入局，让一些专业的投资人、顶级的风投机构开始关注这个新兴的领域。

例如，2005年便成立的上海信而富企业管理有限公司，其创始人王征宇是美国芝加哥伊州大学统计学博士，回国前他已在美国消费信贷风险管理领域浸淫了十多年，先后供职于Sears和Grey MDS等公司，合作客户遍及全球最顶尖的商业银行、信贷公司。

带着信贷风险管理专家的头衔，王征宇2001年回国创立的第一家公司——首航财务管理顾问有限公司，主要业务是为国内银行提供消费信贷和信用卡解决方案，不少国有大行、股份行都曾是首航财务的客户。

有着光鲜履历和海归背景的信而富团队自然也得到了资本的青睐，在首航时期，公司于 2005 年和 2007 年先后完成了规模 300 万美元和 2100 万美元的两轮融资；2010 年开始转向 P2P 模式之后，信而富也陆续获得了包括 Broadline Capital、瑞银投资银行（UBS Investment Bank）等机构的投资。

宜信和拍拍贷也一直在融资上顺风顺水，成为了最早一批获得顶级投资机构支持的 P2P 网贷平台。

其中，前者在成立后不久便获得了凯鹏华盈的一笔投资，后来进入的还有 IDG、摩根士丹利等全球知名的投资机构。拍拍贷更是因为连续获得红杉资本的三轮投资而声名大噪，除了红杉之外，其背后也不乏光速中国、联想控股等明星资本的身影。

回头来看，那是一个充满理想主义情怀的阶段，一群已经带上精英标签的专业人士放弃了外企的高薪和稳定的生活，投身到一个全新的领域，希望打开一片新的天地。

线下受挫

这一边，民间金融的线上化如火如荼；另一边，传统的优势领域——线下市场也愈发活跃。

2011 年 6 月 23 日，张化桥坐上了从香港九龙开往广州的直达快车，这位前瑞银中国区投行部副总经理、连续 4 年被《亚洲货币》评为“最佳中国分析师”的人即将到任他的新岗位——广州花都万穗小额贷款公司董事长。

突然从外资投行的 Banker 变成了一个“放高利贷的人”，张化桥的这次转型在当时的香港金融圈引起了不小的震动。在当时的香港媒体眼中，内地的小额贷款公司与香港遍地开花的财务公司并无二致，它们都是“高利贷”的代名词。

当这位个性张扬的前知名分析师决定投身小贷事业的时候，中国人民银行数据显示，中国的小贷公司已有 3366 家，贷款余额 2875 亿元（截至 2011 年 6 月末），而那时距离小贷公司正式在全国范围内铺开试点不过 3 年时间。

张化桥看到了中国消费金融和小微信贷市场的巨大潜力，以及民间金融规范化、规模化发展的时代机遇。除了全职投身到小贷行业，他也是最早关注 P2P 模式的人之一。后来，他以投资人、顾问和独立董事等身份参与过不少 P2P 网贷平台的发展。

但让张化桥始料未及的是，这次创业远比他想象的要艰难得多。

一方面的压力来自监管，尽管经过前几年的试水，监管部门对于民间金融和类金融机构（小贷公司、担保公司）的包容度高了许多，但在金融整体受到强监管的环境下，创新的空间和尺度仍非常有限。另一方面的压力则来自市场，非常不巧的是，张化桥赶上了民间金融市场危机频发的一段时间。

2012年，受宏观经济波动、房产调控政策等因素影响，潜滋暗长多年的民间金融风险加速暴露。从北边的鄂尔多斯，到民间借贷发达的温州，再到中小微企业聚集的珠三角等地，无一幸免。与民营经济关联紧密的小贷公司、担保公司以及部分商业银行，都受到了不同程度的波及。

尤其，相较于小贷公司成立时间更长、历史遗留问题较多的担保行业，成了这波危机中受到冲击最早、也是最大的一个行业。

2012年2月，中担投资信用担保有限公司、华鼎担保有限公司和广东创富融资担保有限公司三家民营担保公司，先后爆发风险事件。事后发现，这三家在当地排名靠前的领军企业一直违规操作，以投资理财为名改变企业的贷款用途，最后资金链断裂、企业崩盘。作为民营担保公司中的明星企业，这几家公司接连出事成了引爆担保业危局的导火索之一。

与小贷公司不同，融资性担保公司的杠杆率更高，且资金来自商业银行。以中担为例，出事前，它的在保余额超过30亿元，涉及近20家银行和300多家企业。

事发不久，民营担保机构的业务一度被商业银行“一刀切”，全行业业务量急剧萎缩，行业危机开始加速蔓延。蜡烛两头烧，在银担合作收缩的同时，民间金融危机也加速暴露了一些中小微企业的贷款风险。

来自融资性担保业务监管部际联席会议办公室的数据显示，截至2012年年末，全国担保代偿余额250亿元，代偿率飙升至1.3%。而2011年全国担保机构代偿率平均为0.42%，2010年仅为0.16%。

而在保余额方面，2012年年末，全国融资性担保行业在保余额21704亿元，同比增加2584亿元，增长13.5%，增速开始放缓。而在北京、广东、浙江等担保机构较多的地区，新增融资担保额甚至首现负增长。

除了大批持牌的融资性担保公司陷入发展的泥潭中，更大的风险则在大量“野生”担保公司中集聚。到2012年年末，随着民间金融危机发酵，一大批违规经营的担保公司轰然倒塌，大量经营不善的融资性担保公司开始转型或退出。

在线下遭遇重创之后，一大批苦无出路的民营担保公司抓住了P2P发展的机遇，开始向线上转移。在中国式P2P以“线上＋线下”为主流的模式下，担保公司的介入也让初登舞台的网络借贷平台获得了巨大的助力。

随着 P2P 开启“大跃进”式的发展，越来越多的担保公司以不同方式参与其中：有些是以合作模式，为 P2P 网贷平台的资产提供担保；有些则直接参与设立了 P2P 网贷平台，其中不乏一些国有担保公司。

但在现实操作中，担保公司很难对 P2P 资产进行逐一尽调和风控，而 P2P 网贷平台其实也很难确保担保公司的承保能力。但为了各自的需求，这种合作模式依然快速发展起来。

跟担保公司一样，大批小贷公司也赶上了这趟“上网”的顺风车。

当时，一方面，中国互联网生态日渐成熟，电商平台、线上交易已经发展多年，互联网上借贷相关的数据、技术和需求都已准备就绪。互联网小额贷款公司就是在这样的背景下，被“创造”出来了。

而另一方面，小贷公司深耕线下市场多年，其不管是资产类型，还是客户群体都与 P2P 的定位高度重合，所以一部分公司直接拓展了线上平台，一部分公司则通过与 P2P 网贷平台合作将自己的资产标的放上了网。

就这样，民间金融的线下收缩与线上市场的蓬勃发展完成了一次交接。

万物归“移”

如今，对于每一个人而言，移动互联网的重要性，怎么强调都不为过。智能手机已然成为一个不可或缺的“身体器官”。被重塑的不只是人类社会，而且是人类本身。

巧合的是，移动互联网的兴起与中国的全面崛起，几乎是同步的。大部分中国人直接跨过了 PC 时代，大步迈进移动互联网时代，中国的移动互联网后发先至，走在了世界前列，中国的经济与社会更因此加速前进。

移动互联网成就了中国人，中国人也成就了移动互联网，并以基于移动互联网的新经济、新金融惊艳了世界。

我们有幸经历了历史的拐点，在很短的时间内见证了令人眼花缭乱的变革。

重新发明互联网

“今天，苹果将重新发明电话。”

2007 年 1 月 9 日上午，在美国旧金山莫斯康中心举行的 Macworld 大会上，苹果创始人史蒂夫·乔布斯迎来了他一生中最重要的时刻。

这一次，他还是穿着标志性的黑色圆领羊毛衫、Levi’s 蓝色牛仔裤、New Balance 运动鞋。

大概 9 点 40 分，在介绍完 Apple TV 之后，乔布斯在场边喝完一口水，徐徐回到舞台中央，开始进入正题：

“每隔一段时间，就会出现革命性的产品，然后改变一切。”

乔布斯提到，1984 年，苹果推出 Macintosh 电脑，改变了整个计算机产业；2001 年，苹果推出 iPod，不仅改变了人们听音乐的方式，还改变了整个音乐产业。

“今天，我们将推出三款革命性的产品。第一个是宽屏触控式 iPod，第二个是革命性的手机，第三个是突破性的互联网通信设备。”

他将这段话重复了一遍，接着说道：“你们明白了吗？这不是三台独立的设备，而是一台设备，我们称它为 iPhone。”

在此起彼伏的欢呼和掌声之中，乔布斯通过现场大屏幕，向世人展示了第一代 iPhone。

为了这一刻，乔布斯在之前几天里彩排过数百次；直到彩排的最后一天，断网、死机、黑屏等 bug 依然无法避免。不过，乔布斯坚持现场演示，这令苹果公司上下倍感焦虑。

事实上，乔布斯在发布会上拿着的样机，是一部缺陷重重的问题手机，他需要按照工程师们所设定的顺序，依次展示 iPhone 的功能，避免触发 bug；甚至于样机屏幕上显示的“满格”信号并不真实，而是专门设定的结果。

好在上天眷顾着这位偏执的完美主义者，给了 iPhone 一场完美的初次亮相。

这场发布会在硅谷引起了轰动。得益于绝佳的保密工作，iPhone 的横空出世犹如一颗超级炸弹。

这是一场手机革命。实体键盘没有了，翻盖没有了，有的是一块大屏幕，一套全新的操作系统，你要做的是用手指触碰、滑动，随心所欲。

当乔布斯在莫斯康中心展示 iPhone 的时候，正在前往会议室路上的安卓创始人安迪 · 鲁宾震惊了，他立刻让司机停靠在路边，在车上看完了整个网络直播。

在此之前，谷歌正在秘密开发安卓系统，计划推出一款革命性的手机产品。这场发布会结束之后，谷歌意识到，一切要重新开始了。

不过，那会儿绝大多数人还没有意识到 iPhone 的出现意味着什么。

被“打脸”最惨的是微软 CEO 史蒂夫 · 鲍尔默。他在这场发布会后不久接受《今日美国》采访时说：“500 美元买个手机？这是这个星球上最贵的手机。”

“也许苹果会赚很多钱。但如果你认真地去看看已经售出的 13 亿部手机，我更希望我们的软件能在其中占据 60%、70% 或 80% 的份额，而苹果的机会只有 2% 或 3%。”鲍尔默称。

相形之下，黑莓的高管们要平和得多，他们对 iPhone 赞叹不已，但并不认为危机将至，正如其联合首席执行官吉姆·鲍尔斯利所言，“没关系，我们不会受到影响”。

是啊，在 2007 年，手机市场的天下还属于诺基亚、摩托罗拉和黑莓们。

尤其是诺基亚，自 1996 年起，这家公司已经连续多年占据全球手机市场的头把交椅，在智能手机市场的份额更是接近半壁江山，是一个超级霸权。

当时，在手机操作系统方面，形成了四股主要势力：诺基亚主导的 Symbian（塞班）、黑莓的主导的 BB OS、微软的 Windows Mobile 以及 Palm 开发的 Palm OS。

哪怕初代 iPhone 惊艳至极，但在此之前，苹果从未涉足手机业务，更要面对上述巨头的挑战。人们有太多的理由不看好乔布斯所说的革命。

这些手机行业早期的王者，最终被自己的轻视和傲慢毁掉了。只有最早感受到暴击的谷歌，最终以开源的安卓系统实现了自我救赎。

2007 年 6 月 29 日，iPhone 在美国正式发售，这一年 iPhone 售出了 139 万部。在看似不起眼的数字背后，历史的车轮滚滚而来。

一些媒体将 iPhone 誉为“上帝手机”。经历过功能机时代的人们，很难忘怀初次接触 iPhone 时的那种惊艳，就像人类第一次发现了火。

这把火一发不可收拾。2008 年全年，iPhone 销售量达到 1163 万部，之后是 2073 万部、3999 万部，在乔布斯去世的 2011 年，这一数字达到了 7229 万部，到 2015 年这一数字达到了创纪录的 2.5 亿部。

在此期间，2010 年问世的 iPhone 4，标志着 iPhone 产品走向成熟，这既是 iPhone 风靡世界的开端，也是苹果公司登顶全球的标志性产品。

以诺基亚为代表的老牌巨头们节节败退，在功能机的支撑下，它们在销量上的优势延续了数年，然而大势已去。

2013 年 9 月 3 日，微软宣布将以约 71.7 亿美元收购诺基亚手机业务，以及大批专利组合。在当时的记者发布会上，诺基亚神话的缔造者、CEO 约玛·奥利拉一声叹息：

“我们并没有做错什么，但不知为什么，我们输了。”

iPhone 的成功将苹果推向了巅峰。2010 年苹果的市值超过微软，2013 年更是超越石油巨头埃克森美孚，成为全球市值最高的公司。

回过头看，iPhone 令整个智能手机行业推倒重来，并将人类社会加速带入了移动互联网时代。

从这个意义上来说，乔布斯不只是重新发明了手机，而是重新发明了互联网。

移动互联网爆发

2007 年年初，中国互联网络信息中心（CNNIC）发布的第 19 次中国互联网络发展状况统计报告显示，截至 2006 年 12 月 31 日，中国共有上网计算机约 5940 万台，上网用户约 1.37 亿人，使用手机上网的网民人数为 1700 万人。

随着智能手机的普及，这一格局迅速被改变。一年后，CNNIC 发布的数据显示，截至 2007 年 12 月，中国网民数量达到 2.1 亿人。从接入方式上看，宽带网民数达到 1.63 亿人，手机网民数达到 5040 万人。

从 2008 年开始，中国逐渐进入 3G 时代，这推动了手机上网的全面爆发。到这一年结束，中国互联网普及率达到 22.6%，超过全球平均水平；网民规模达到 2.98 亿人，其中手机网民数量首次破亿，达到 11760 万人。①

仅一年之后，2009 年年末，中国网民规模已达 3.84 亿，全年手机网民激增 1.2 亿，规模达到 2.33 亿人，占整体网民的 60.8%。②

移动互联网时代的到来，需要智能手机的成熟和移动网络的升级，更离不开一个繁茂的应用生态。

苹果公司又一次扮演了引领者。2010 年 6 月，苹果将“iPhone OS”改名为“iOS”。当年 10 月，iOS 平台的应用程序突破 30 万个，一年后这一数字达到了 50 万个，数十万乃至上百万的 iOS 开发者涌现出来，并创造了规模可观的收入。

另一边，2010 年 10 月，谷歌宣布获得官方数字认证的安卓应用数量达到了 10 万个；2011 年第一季度，安卓系统在全球的市场份额首次超过塞班系统。

在中国，2007 年之后的很长一段时间里，WAP 上网依然是主流，由运营商控制的手机报是最受欢迎的产品。直到 2009 年，日渐衰败的移动梦网都还拥有高达 9000 万的用户。

① 中国互联网络信息中心（CNNIC），《第23 次中国互联网络发展状况统计报告》。

② 中国互联网络信息中心（CNNIC），《第25 次中国互联网络发展状况统计报告》。

随着 iPhone 4、iPhone 4S 在中国的大卖，以及一大批安卓机的涌现，加上 3G 网络的逐渐普及、手机应用种类的丰富，智能手机变得越来越有用、有趣，而这又反过来推动了智能手机走入寻常百姓家。

2011 年前后，移动互联网已然成势。中国人使用最多的 QQ、淘宝和微博等互联网产品，在手机端的应用渐趋成熟。从用户体验来说，很多移动端的产品甚至优于网页版。

终于，一个风起云涌的移动互联网时代到来了。其中，一个最具里程碑意义的事件便是微信的诞生。

微信的鼻祖是加拿大的聊天应用 Kik，这个 App 于 2010 年 10 月上线，短短 15 天就收获了 100 万用户，在科技圈引起了大量关注，其中一个人便是腾讯广州研发部总经理张小龙。

有天晚上，正在琢磨 Kik 的张小龙终于忍不住，给腾讯创始人马化腾写了封邮件："每个时代都有划时代的产品，我们应顺应移动互联网趋势，开发移动社交软件。"马化腾回了四个字：马上就做。

"整个过程就是一两个小时，突然搭错了一个神经，写了这个邮件，就开始了。"张小龙后来回忆说。[①]

2010 年 11 月 20 日，腾讯微信正式立项，由张小龙负责。但事实上，为了逼出微信，腾讯内部有三个团队同时在做。马化腾对此的解释是，"做微信，是因为我们看到了一点点不同。我们当时很紧张，腾讯内部有三个团队同时在做，都叫微信，谁赢了就上谁的"[②]。

2011 年 1 月 21 日，微信 1.0 版本发布，起初仅支持 iPhone，而且打着"测试版"的口号，仅有四个功能：设置头像和微信名、发送信息、发送图片以及导入通信录。

继微信之后，快手（那时候叫 GIF 快手）和陌陌也在 2011 年上线了。次年，今日头条、快的打车、滴滴打车先后问世。从新闻、电商、游戏到金融，各类 App 全面开花。

2012 年，中国移动端用户规模超过了 PC 端；美国社交媒体巨头 Facebook 提出一切以移动端为先；老牌的手机巨头诺基亚被三星赶超，结束了长达多年

---

① 《"独裁"的张小龙和他的微信帝国诞生记》，《博客天下》，https://www.tmtpost.com/62285.html。

② 朱帝，《马化腾香港大学演讲：没有一家强龙打得赢地头蛇》，https://www.sohu.com/a/17337980_114819。

的霸主地位，这也宣告了功能机时代落幕，智能手机开始全面占领我们的生活。

移动互联网的红利全面爆发，一个全新的商业时代正式开启，而属于微信的奇迹也刚刚拉开序幕。

腾讯官方数据统计显示，2011年年底，微信用户达到5000万，2012年3月即突破1亿，当年9月达到2亿，2013年年初迈过3亿大关。

“微信即手机”很快成了现实，这是对微信之于移动互联网统治力的生动概括。在另一个维度上，微信极大地推动了移动互联网的下沉，并惠及了市场上几乎所有的玩家。

微信帮助腾讯拿到了移动互联网时代最具分量的一张“船票”。就像iPhone的出现改变了安卓的发展轨迹，微信的强势崛起最终影响了支付宝的命运走向。这是后话了。

作为“微信之父”，张小龙跟他的偶像乔布斯一样，登上了神坛。从某个角度上来看，他们共同加速了中国移动互联网的历史进程。

2012年12月底，中国网民规模达到5.64亿，其中手机网民数量为4.2亿，手机成为不折不扣的第一大上网终端。在这场全球移动互联网的竞赛中，中国人冲到了第一线，不再是跟随者。

2013年2月5日，微信4.5版本发布，启动页面的底图是个只有0和1的黑暗世界，被一团动态的火焰点亮。页面中下部有两个选项，一个是“直接进入微信”，另一个则是“听一首老歌”——崔健的《一无所有》。

在一次采访中，当媒体问起张小龙“为什么要选择这首歌”时，他笑了笑反问：“你觉得是为什么？”

而当被问到“微信是什么”的时候，张小龙一样会把这个问题抛给对方。

“你如何使用微信，决定了微信对你而言，它到底是什么。”张小龙说道。①

初探新金融

移动互联网的发展彻底打破了线上和线下的界限，上网不再受到时间和地点的限制。新的流量红利开始爆发，一个全新的商业世界也向世人开启了大门。而与此同时，新的金融产品和服务也在这个快速崛起的商业生态中获得了发展的养分。

嗅觉灵敏的阿里巴巴早早地捕捉到了移动互联网潮起的信号。2008年2

① 以上出自2013年2月《商业价值》杂志和极客公园对张小龙的采访。

月 27 日，支付宝正式发布移动电子商务战略，以手机版淘宝网为起点切入手机支付业务。

彼时，距离支付宝拆分独立已过去 4 年。

这种担保交易机制的出现，在互联网世界重构了信任机制，这成为包括电商在内的虚拟经济发展的关键推手。直到今天，C2C 的担保交易[①]模式依然是淘宝网安身立命的基石。

支付宝这个虚拟账户体系的出现是阿里巴巴发展历程中一个重要的里程碑，更成为后来蚂蚁金服发展的关键一环。它不仅带来了支付效率的提升，更重要的价值在于沉淀和积累了海量的交易数据，为切入其他金融服务打下了重要的基础。

到 2008 年年初时，支付宝用户已超过 6000 万，服务范围也扩展到了淘宝之外，并占据了当时中国第三方电子支付市场的半壁江山。但对比全球其他很多国家和地区，中国的电子支付、移动支付市场才刚刚起步。

在 2007 年年末，中国的电子支付（包括第三方网上支付、电话支付、手机支付）交易规模不过千亿元。其中，支付宝就占据了 50% 的市场份额。

没曾想，传统通信业、金融业巨头们难以啃下的一块硬骨头，被电商起家的阿里巴巴和社交软件巨头腾讯以另一种截然不同的方式攻克。借助移动互联网崛起的契机，这些互联网巨头跨过边界，杀入移动支付市场，打了大家一个措手不及。

事后来看，移动支付的普及除了基础设施的发展（例如，3G 网络、智能手机）之外，应用场景的扩展才是那一剂关键的“催化剂”。

2008 年 10 月，支付宝宣布正式进入公共事业性缴费市场，通过支付宝能够在网上缴纳水、电、煤以及通信费等日常费用。随后，包括亚马逊、京东商城、携程、艺龙等独立 B2C 平台也与之合作，接入了支付宝。

短短一年之后，支付宝用户便实现翻番，超过 2 亿人。到 2009 年年末，支付宝外部商家已经增长到 46 万家，全年交易额 2871 亿元，占到了第三方支付市场份额的 49.8%。

而从移动端的发展来看，更具有里程碑意义的事件则是 2010 年 11 月支付宝启动的“聚生活”战略，支付宝开始从“缴费服务”向“整合生活资源”战

① 在买家下单后，先将钱打入一个由银行托管的第三方账户（淘宝网在银行的对公账户），淘宝网收到买家的付款信息后，通知卖家发货，在买家收到货物并确认货物与描述相符时，淘宝网才会将钱打给卖家。

略转型，聚拢了水电煤缴费、信用卡还款、缴纳学费等场景。

这是支付宝从担保交易产品到移动支付工具转型过程中的重要节点，也是增强用户黏性、打造消费场景的关键一役。而后多年里，场景对于移动支付的爆发更是起到了决定性的作用。

除了技术和商业发展的因素，在当时，更直接推动移动支付快速崛起的力量无疑是监管的包容姿态和第三方支付牌照的发放。

2011 年 5 月，中国人民银行正式发放首批第三方支付牌照，包括支付宝、财付通、银联商务等后来移动支付市场的主力军皆在其中。同年，三大运营商也纷纷成立了移动支付公司。到当年底，央行已经发放了三批共 101 张第三方支付牌照。

第三方支付牌照的发放重新改写了移动支付市场的格局。一大批参与者入局，开始搅动风云。

艾瑞咨询数据显示，截至 2012 年年底，中国移动支付行业年度交易规模达 1511.4 亿元，同比增长 89.2%，整体呈现爆发式的增长态势。一个全新的金融时代迎面而来，而移动支付成为那把打开新世界的钥匙。

如果说网络支付是随着互联网生态发展结出的其中一颗果实，那么随着这片生态的繁茂，越来越多的金融需求被唤醒。

比如，随着支付宝的发展，为了进一步优化支付体验和结算效率，快捷支付、默认代扣等功能陆续出现；为了推动小微商家发展，缓解他们的资金周转问题，针对卖家的金融服务也陆续上线……

2007 年 6 月，阿里巴巴与建行在杭州西湖国宾馆举行了网络联保贷款产品——"e 贷通"的首次放贷发布，这也是网络小贷的雏形。随后，阿里巴巴与工商银行、浦东发展银行、招商银行以及各地方城市商业银行相继展开合作，网络联保贷款呈现出星火燎原之势。

但阿里巴巴与商业银行之间的蜜月期并没有持续太久。

当时，根据银监会和央行的标准，1000 万元授信以内的贷款基本都可以被称为小微贷款。但阿里巴巴平台上的主要需求是在 100 万元以内的贷款，授信额度、目标客群的差异决定了风控方式、理念甚至系统上的差异。而阿里巴巴推行的这套完全基于线上的作业流程和倚赖大数据的风控理念，还难以被当时的商业银行所接受。

2009年的一天，时任阿里金融负责人的胡晓明[①]带着团队从北京与银行的会面中铩羽而归，他思来想去做出了一个决定：自己干。

同一年，阿里巴巴集团信用金融部（简称“阿里金融”）成立。这个定位于解决小微企业融资难题的部门在成立时基本是个“空壳子”，胡晓明带着十几个员工开始了“内部创业”。没有产品、没有系统，甚至没有技术人员。

“那时候就靠刷脸，找这个部门借个开发，跟那个部门借个数据分析，借个UED（user experience design，用户体验设计）……”就这样凑出了一个团队。[②]

彼时，以阿里巴巴为代表的电商快速崛起。以此为土壤，大量生于互联网时代的小微企业喷薄而出，仅阿里的平台上就聚集了3700万家中小企业，对于金融的需求强烈。

2010年，阿里（浙江）小贷（即浙江阿里巴巴小额贷款股份有限公司，也是第一家网络小贷公司）成立，此后的两三年，阿里（重庆）小贷、苏宁（重庆）小贷、京东小贷、腾讯财付通小贷等接连落地，一大批头部互联网公司利用自身的数据和技术优势杀入金融服务领域。

互联网公司涉足金融业务背后的逻辑并不难理解，互联网公司沉淀的海量数据成为当代商业世界最重要的战略资源，是连接一切的基础。金融工具是围绕商业活动、经济发展而存在的，新的数字经济必然需要新的数字金融服务。

在后来很长一段时间里，新经济与新金融都是相互依存、相互推进着向前的。

只是当时，这些从互联网业务中生长出来的金融服务才刚刚萌芽，它们并没有完全准备好接受市场考验。

---

① 胡晓明2014年11月出任阿里云总裁，2018年11月回归蚂蚁金服出任总裁，2019年12月任蚂蚁金服CEO。

② 蓝狮子，《无微不至——网商银行普惠金融之路》。

第三章 元年的诞生

这新的天空回首望去：
旧世界雨雪下在大海上。
此刻曙光中，岩石抬起头来一起向上看去。
——海子《弥赛亚》

当我们回望2013年，余额宝与比特币是无法绕过去的两大关键词，它们的出现和爆发，让这一年无可争议地被定义为互联网金融元年。不管是余额宝还是比特币，它们意味着科技的力量、非金融的力量开始在金融领域掀起狂风暴雨，而且这一进程一旦开启便不可逆。从此，科技之于金融，有了全然不同的意义，金融科技很快从边缘走向中心，成为一门显学。

2013年，余额宝一声炮响，撬开了新世界的大门。

这只互联网货币基金产品的诞生是一个破旧立新的过程——不仅是产品体验上的创新，还有落地过程中技术、理念乃至监管方面的突破。

余额宝的出现重新定义了支付宝的外延与内涵，让这个支付工具兼具了支付加理财的功能，而后又拓展到了更广阔的领域。

它无意间站在了时代的分水岭上。积蓄多年的民间金融力量、商业创新力量，伴随着移动互联网大潮的翻涌一起被推到了世人的面前，而余额宝恰好成了那个“创世者”。

中国互联网金融元年由此而来。而比特币的爆发，令这个元年变得更加名副其实。

在我们看来，余额宝与比特币的最大历史贡献，恰恰在于推动了思想观念层面的裂变。

尤其是比特币，作为去中心化的产物，它在观念层面的冲击是巨大的，代表了一种货币理想，甚至是社会理想，既契合了人们对现有金融体系的无力感，又迎合了人们对移动互联网突飞猛进的亢奋情绪。

与余额宝不同，比特币诞生于金融危机爆发后的 2008 年年末，并在 2013 年因塞浦路斯银行危机彻底被引爆，从而开启了一场全球性的数字货币与区块链浪潮。

不管是余额宝还是比特币，它们都意味着科技的力量开始在金融领域掀起狂风暴雨，而且这一进程一旦开启便不可逆。

余额宝奇迹

2013 年的初夏，两个被形势逼到墙角的团队联手上演了一出绝地反击。用了半年的开发期，克服了监管、系统、流程、体验上的种种困难，一款兼具了余额理财和支付消费功能的互联网产品——余额宝，应运而生。

它的出现不仅缓解了当时支付宝沉淀资金的难题，也稳固了当时随着快捷支付发展而有所削弱的账户属性。更重要的是，它重新定义了支付宝的外延与内涵。

余额宝在无意间成为唤醒大众理财意识、推进利率市场化进程、重塑理财行业格局的关键角色。更重要的是，它大大加速了互联网与金融业融合的进程。

从横空出世，到快速膨胀，再到戴上紧箍咒，最后向金融机构开放……余额宝恰好诞生在了旧秩序与新世界的分水岭上，而它的每一步都成为时代沉浮的缩影。

横空出世

2013 年 7 月 1 日 10:01，时任支付宝公关总监的陈亮在新浪微博上转发了一个 @ 支付宝的帖子——《一个互联网金融的奇迹》。

> “18 天，仅仅只有 18 天。余额宝这个新生儿在诞生至今的 18 天里，累计用户已经突破 250 万，截至 6 月 30 日 24 点的存量转入资金规模达到 57 亿元（含周四 15 点后至周日已申购未确定的金额）。”

余额宝背后实质上是一款兼具了理财（货币基金）+ 支付（实时消费）功能的产品。当支付宝用户将余额转入余额宝后，实际购买了天弘基金管理的增利宝货币市场基金。

因为T+0的产品设计，转账当日即可获得收益，转出也可当日到账。不仅如此，余额宝内的资金还可以随时用于网购支付，完美结合了用户对于收益性、流动性的要求。

凭借理财加支付的双重功能，以及零费率、低门槛、7×24小时的便捷服务，余额宝上市6天，用户数便突破百万。到陈亮转发帖子时，余额宝的用户数已经超过2012年国内用户数最多的前十大货币基金的客户数总和。

如果稍微了解一下货币基金的历史数据就知道，“奇迹”这个词用在这里并不夸张。

要知道，根据中国基金业协会的数据，截至2013年6月，国内市场上共有73只货币基金，净值总额为3039亿元，占整个公募基金的12%。而当时，距离中国第一只货币基金的推出已经过去了10年时间。

很快，中国货币基金的数据便被余额宝不断刷新。

上线3个月，余额宝背后的天弘增利宝已经一跃成为中国最大的一只货币基金。来自支付宝和天弘基金方面的数据显示，到2013年年末时，天弘基金的投资账户数为4303万户，规模已达1853亿元。等到余额宝上线一周之际，这两个数字已经变为1亿用户、5742亿元规模。

余额宝的爆发式增长让所有人都始料未及。也许是命运的巧合，被称为“理财神器”的余额宝神奇地“撞上”了中国资金市场前所未有的紧缺时期。

回头来看，2013年的那个夏天，充满了魔幻色彩。

2013年6月20日，这是疯狂的一天，足以载入中国银行间市场史册。当日，银行间隔夜回购利率最高达到史无前例的30%，7天回购利率最高达到28%。在此之前的几年里，这两项利率长期在3%以下徘徊。

这是余额宝上线的第7天，资金市场已经饱受“钱荒”的炙烤两周了。

2013年6月6日，农业发展银行在银行间市场发行的一只短期国债流标，嗅觉灵敏的交易员们已经觉察到了异样，焦虑和不安的情绪开始在市场中蔓延。当日，上海银行间同业拆放利率全面攀升，隔夜利率异常大涨135.9个基点至5.98%，隔夜回购利率一度暴涨至10%。

随后在6月19日，国务院总理李克强主持召开国务院常务会议，会议要求把稳健的货币政策坚持住、发挥好，合理保持货币总量，这被市场解读为宽松预期彻底被浇灭。而在外围市场，美联储主席伯南克发表讲话，勾勒出了退出量化宽松政策的时间表，这亦加剧了流动性紧绷的预期。

最终，酝酿了多日的悲观情绪集中喷发，出现了前面所谓“载入史册”的一天。当时流传甚广的一首交易员版《江城子》反映出了当时市场上的悲壮情绪。

你发央票我发狂，闹钱荒，债满仓。隔夜难求，抛券最心伤。烧香哭求逆回购，几时有？问周郎。一念头寸就发慌，天苍苍，野茫茫。黑白照片，怕要挂上墙。垂死病中惊坐起，西北望，跪央行。

那段时间，为了获得更充裕的流动性，金融机构纷纷提高了资金利率。而余额宝的资产组合中，银行协议存款和结算备付金[①]占到了逾 9 成的比例，间接成为这场“钱荒”的受益者。

再加上，货币基金不受银行存款利率的限制，也没有缴交存款准备金的要求。更低的运营成本使得余额宝的收益率也就比一般的银行存款要高上不少，年化收益率一度高达 6.763%。

就这样，极致的产品体验撞上极端的市场行情，它们碰撞出的火花点燃了那个夏天，也照亮了一个新的世界。

无心插柳

放在今天，怎么强调余额宝之于蚂蚁金服、之于中国新金融行业的意义都不为过。但回到几年前，它的出现却充满了偶然性。

2011 年时，已经在支付市场牢牢占据龙头位置的支付宝随着用户的增多而陷入了“成长的烦恼”。虚拟账户沉淀资金日益增多，支付宝希望找到办法来缓解备付金的压力。

因为当时央行已经开始就支付机构的客户备付金存管办法征求意见。按照计划，支付机构要按照备付金银行账户利息的 10% 计提风险准备金。这一计划一旦推行，将对支付机构的流动性带来不小的压力。

还有更重要的一个考量在于用户。因为监管规定，沉淀在支付宝备付金银行账上的资金利息无法分给用户，这也让用户的账户价值并没有得到充分的体现。

这是商业生态进化过程中的必经阶段：创新往往源自对用户需求的满足和业务痛点的改善。但到了数字经济时代，实现这个目标变得愈发复杂。尤其，

① 结算备付金是指结算参与人根据规定，存放在其资金交收账户中用于证券交易及非交易结算的资金。资金交收账户即结算备付金账户。

当跨行业、跨领域的融合愈发频繁，业务的创新需要考虑更多维的因素。

那么，回到 2012 年的支付宝，如何能够同时实现控制备付金规模、保持快捷支付的发展以及提升支付宝的账户价值等多重目标？

一开始，支付宝保险事业群的一个小团队被分配到了这个任务。因为当时大家能想到最直接的解决方案是把这部分资金交给保险公司做资产管理。但支付宝账户金额小、流动性高的属性与保险公司长期、稳定的投资风格大相径庭，这个方案无疾而终。

后来，这个小团队把银行、券商、基金等金融机构走了个遍，现有的金融产品和解决方案也论证了一圈，却并没有找到适合的解决方案。

就在小团队为备付金问题四处奔走、一筹莫展的同时，淘宝新事业部迎来了一位新总监——祖国明，他入职后的第一个任务是探索淘宝的理财业务，希望可以搭建一个线上的理财产品销售频道。

一个偶然的契机，祖国明联系上了他相识多年的老友——刚刚加入天弘基金担任首席市场官的周晓明。这位首席市场官深知，互联网渠道是让这家行业排名靠后的基金公司逆风翻盘的唯一希望。所以两人一拍即合，开始探索如何在互联网的世界打开一个基金销售的新渠道。

尽管现在网销基金已经是件稀松平常的小事，动动手指、两三个步骤就可以完成。但在当时，受到政策的制约，要在淘宝上卖基金变成了一项不可能完成的任务。天弘基金和淘宝网的这次试水，一度搁浅。

但幸运的是，祖国明和周晓明前期的探索并没有浪费。很快，随着祖国明岗位的变化，双方的合作又有了新的契机。

2012 年 4 月，祖国明从淘宝新事业部转到了支付宝，负责基金团队。当时，支付宝正在申请基金第三方支付牌照。这个在 2012 年才刚刚开闸的牌照可以让第三方支付公司介入基金的申购和赎回业务中，正好打破了他在淘宝新事业部时所面临的瓶颈。

带着新的思路，祖国明也加入到支付宝备付金和账户价值的解决方案探索中。

因为既要保证支付宝的用户利益，又要注重用户体验，从流动性和安全性考虑，货币基金成为不二之选。事实上，支付公司与货币基金结合也早有先例。那就是在线支付巨头 PayPal 在创立的第二年便设立的 PayPal 货币市场基金。

这个集合了申购门槛低、操作便利等特点的 PayPal 货币市场基金让支付账户上的大量沉淀资金产生了一定的收益，虽然没有具备余额宝实时支付的功能，但在当时已是不小的突破。巅峰时，PayPal 基金的规模一度接近 10 亿美元。[①]

尽管后来因为美国长期的低利率环境，PayPal 基金的收益持续在低位徘徊，规模也在不断缩减，并于 2011 年被关闭。但 PayPal 早期能顺利从众多支付公司中脱颖而出，这个产品可以说功劳不小。

2012 年 5 月，支付宝正式获得基金支付牌照，这让“货币基金 + 支付功能”的产品构想有了落地的可能。而天弘基金提出的 T+0 方案，既解决了传统货币基金产品流动性的问题，又让支付的便利性得以保障。双方一拍即合。

余额宝的诞生是一个破旧立新的过程——不仅是产品体验上的创新，还有其落地过程中技术、理念乃至监管方面的突破。而参与其中的人当时并未预料到，这款产品上线后所引发的一连串效应。

漩涡中心

克服了重重困难的余额宝刚一上线便被拖进了漩涡中心。

2013 年 6 月 21 日，在证监会例行发布会上，新闻发言人回答记者有关余额宝的提问时表示，该产品有部分基金销售支付结算账户并未向监管部门备案，也未向监管部门提交监督银行的监督协议，违反了有关规定。

本就备受关注的余额宝更如烈火烹油，当天下午央视新闻频道便播出了一则快讯称，余额宝违反了《证券投资基金销售管理办法》和《证券投资基金销售结算资金管理暂行规定》的部分规定，业务可能被叫停。

尽管这次“备案门”危机伴随着备案材料的补交很快便得以平息，但随着余额宝影响力的扩大，越来越多的争议声随之出现。

“余额宝所冲击的是中国全社会的融资成本，冲击的是整个中国的经济安全。”2014 年 2 月 21 日，央视证券资讯频道执行总编辑兼首席新闻评论员钮文新在其署名文章《取缔余额宝》中痛斥道。他的言辞颇为激烈，那句流传甚广的“余额宝是趴在银行身上的‘吸血鬼’”，便是出自这篇评论。

钮文新指责余额宝没有创造价值，而是拉高了全社会的经济成本并从中渔利。“它们通过向公众输送一点点蝇头小利，为自己赢得了巨额利润，同时让全社会为之买单。”甚至对监管，他也丝毫不留情面地说道，“中国金融监管当局居然对余额宝这样的‘金融寄生虫’无动于衷。”

一石激起千层浪。

① 《PayPal 货币基金是如何倒掉的？》，《21 世纪经济报道》，2015 年3 月12 日。

如果说之前的矛盾还只是集中在产品设计本身——因为余额宝作为一款创新型货币基金的确在很多方面突破了既有的规则——那么这篇《取缔余额宝》则是将这种矛盾上升到了影响社会经济成本和金融秩序稳定的层面，并通过央视的影响力将这种质疑快速推到了公众面前。

尽管钮文新的观点有些极端，但也确实代表了市场上相当一部分人的观点。尤其，直指“宝宝类”产品和资金价格上涨的关联，更是激化了“钱荒”之后的一些市场情绪，也让支付宝与银行们之间的关系变得微妙起来。

客观来说，把当时资金价格上涨的原因推给余额宝显然是有失公允的。首先从时间来看，资金面紧张的情况早在余额宝上线之前便已出现，它只是恰好赶上了这波资金成本上扬的顺风车。再加上，货币基金对风险的容忍度较低，主要投向银行同业存款也是常规做法，并非余额宝所开创。

只是，余额宝的一些特殊设计，比如 T+0 和实时支付消费，让货币基金与活期存款的界限变得模糊。再加上，同业存款无须缴纳存款准备金，使得银行可以给出较高的收益率，它在某种程度上确实享受到了制度红利。

当时，全国人大财经委副主任吴晓灵在谈及余额宝时曾表示，问题的症结不是抑制“宝宝类”产品，而是要解决银行同业市场所存在的制度性问题。这也一语道破了余额宝争议背后，真正深层次的原因。

余额宝之后，各种同类产品层出不穷，进而带动了整个中国开放式货币基金的增长。全市场的货币基金规模在 2013 年 12 月已经增加到 7476 亿元，是余额宝上线之前的两倍，而短短 3 个月之后，这个数字便又翻了一番到 14578 亿元。

除了 BAT（百度、阿里巴巴、腾讯）三大互联网巨头外，各大电商如苏宁易购、京东商城，以及门户网站新浪、网易、凤凰等都成为基金公司争相合作的对象，联合推出了各种“宝宝类”产品。

在这些流量巨头的带动下，中国的开放式货币市场基金总规模同银行各类存款的比率也由 2013 年年初的 0.5% 左右上升到 2014 年 3 月的 1.3%。可以说，这是中国货币基金市场的一次跨越式发展，也让金融业真正意识到了互联网的力量。

一边是天性保守且风险偏好极为审慎的金融业，一边是出身草根又极具颠覆精神的互联网。尽管两者的融合迸发出了电光火石般的轰动效应，但不同的“基因”也注定了这个融合过程的坎坷与未知。

“余额宝从诞生第一天就得到了监管部门的大力指导和有效监管，从诞生至今的264天里，共计得到各种监管43次，平均每6天一次。怎么监管？包含文件备案汇报、现场调研、现场检查等多种形式。从2014年1月至今，央行、证监会、国家审计署等累计来监管了19次。”陈亮在其微博上写道。

从诞生之初，监管部门便对于这个爆款产品格外关注，而关于它的热议则一直延续到隔年的“两会”上，时任人民银行行长的周小川在接受采访时明确表示，余额宝等金融产品肯定不会被取缔，但未来有些政策会更完善一些。这才让“取缔”一说彻底平息了下来。

但无论如何，随着余额宝规模的一路高涨，它应对流动性风险的能力，以及对投资者的风险提示和资金安全保障都变得愈发重要，来自监管、舆论、市场等的压力也变得越来越大。

它就像一条鲶鱼，搅动了沉寂已久的金融市场。

金融机构们不得不开始重新审视自己的产品、服务和渠道，甚至在商业模式和经营理念上也受到了极大的冲击，发展重心从“以产品为中心”逐渐转向“以客户为中心”。

与此同时，大众的理财意识和金融需求被极大地唤醒，互联网技术的广泛应用带来高效而便捷的体验，这大大降低了大众触达金融的门槛。突然之间，巨大的市场潜力被唤醒。

比特币惊雷

与传统上的所谓无政府社区不同，在加密无政府状态中，政府不是暂时被摧毁，而是永久被禁止和永久不必要。

——Wei Dai

没有思想观念的裂变，就很难造就一个新世界。

在我们看来，余额宝与比特币的最大历史贡献，恰恰在于此。2013年，余额宝热潮属于中国，而比特币热潮属于世界，其影响更为广泛。

世人对比特币的了解，大多始于2013年的大牛市。那之后比特币拥有了类似于“数字黄金”的定位，在全球范围内逐渐流行开来。

然而，比特币所蕴藏的力量不止于此。

作为去中心化的产物，比特币在观念层面的冲击是巨大的，它代表了一种货币理想，甚至是社会理想，既契合了人们对现有金融体系的无力感，又迎合了人们对移动互联网突飞猛进的亢奋情绪。

无法否认的是，比特币的诞生和发展，有着深刻的社会经济原因。比特币诞生于金融危机爆发后的2008年年末，并在2013年因塞浦路斯银行危机彻底被引爆，从而开启了一场全球性的数字货币与区块链浪潮。

数字黄金登场

在比特币诞生之初，它是一个极其小众的数字产品，主要在程序员圈子里小范围流行。那时候人们很难预料到它在后来会成为一个市值千亿美元的"数字黄金"。

最早的比特币价格记录出现在2009年10月5日，当时的汇率是1美元=1309.03比特币，也就是1BTC=0.00076392美元。

2010年5月，美国程序员拉斯洛·豪涅茨成为第一个在现实世界中使用比特币的人，当时他用10000个比特币换回了披萨零售店棒约翰的1个披萨优惠券（价值25美元）[①]，这就是著名的"披萨交易"。

之后比特币的价格在跌跌撞撞中逐渐上行，并且在2013年迎来第一次大牛市。这一年，一枚比特币的价格从年初的13美元，一路涨至1147美元，涨幅超过88倍。

有人认为这是一场伟大的货币革命的开端，有人则将其视为当代"郁金香泡沫"[②]。但没有人会料到，比特币第一次大牛市的始作俑者，居然是一个位于地中海东部、面积不足1万平方公里的小国——塞浦路斯。

塞浦路斯于2004年加入欧盟，2008年加入欧元区；2012年6月，受希腊债务减记影响，塞浦路斯陷入财政危机，不得不向欧盟申请救助。欧盟方面愿意提供100亿欧元的援助，但前提是塞浦路斯必须通过对银行账户征税筹集58亿欧元，也就是对储户存款强制收割。

2013年3月16日，塞浦路斯政府宣布，将向该国银行10万欧元以下的储户征收6.75%的存款税，10万欧元以上的储户的税率则是9.9%，均为一次性征税。

这就是震惊世界的塞浦路斯事件，一度引发国际金融市场动荡。尽管最终的存款税方案有所调整，通过存款保险制度豁免了存款10万欧元以下的储户，

---

① 注：相当于1个比特币等值0.008美元。

②17世纪荷兰的郁金香一度在鲜花交易市场上引发异乎寻常的疯狂，郁金香球茎供不应求、价格飞涨，荷兰郁金香市场俨然已变成投机者伸展拳脚的无序的赌池。

很大程度上减少了冲击，但该事件所带来的心理影响早已无可挽回。

对于塞浦路斯银行的大储户而言，他们成为了金融危机的牺牲品：超过10万欧元的存款，37.5%将转为塞浦路斯银行股权，其余部分被冻结——其中约22.5%转为无息存款，剩下的40%继续计息，但是在银行经营状况良好前不会退还本息。

塞浦路斯虽小，但毕竟是隶属于欧盟的发达国家，并且是重要的离岸金融中心。这使得发生在塞浦路斯的这场储蓄税事件，作为一场文明社会的惨案，令人心惊胆战。

英国《每日邮报》讽刺道，“这是一场伟大的欧盟银行抢劫案”。媒体引述一位塞浦路斯人的评价称，“这是政府对我们的一次抢劫，这是我一生中最糟糕的时候，这让我想起了1974年土耳其对塞浦路斯的入侵”。

华尔街投行摩根士丹利当时指出：“征税是个令人担忧的信号，如果其他非欧洲核心国的储户担心自己将来也会面临类似待遇，这可能会产生一系列系统性的后果。”

受塞浦路斯事件的影响，欧元区的其他国家也出现了一些民众挤兑现象。更重要的是，该事件加剧了人们对存款的担忧、对法币的不信任，很多人将目光投向了比特币，接着大量资金的涌入带来了比特币价格的暴涨，这又反过来吸引更多人的加入。

换句话说，恐惧中的人们，将比特币当成了对抗法币的武器。在短短几天之内，比特币的价格从30多美元飙涨到265美元，并且第一次让全球真正注意到了比特币的存在。换句话说，塞浦路斯事件令比特币“出圈”了。

也就是在这个时候，比特币成了媒体报道与社交网络的持续热点，并开始受到各国监管部门与金融机构的密切关注。比特币流量以无法遏止的态势迅速增长，其价格在大起大落中一路向上。

如果说塞浦路斯事件点燃了比特币这把火，而中国用户的蜂拥入场，则让比特币市场呈现燎原之势。于中国人而言，余额宝与比特币带来的冲击形成了共振，使得在2013年下半年，空气中到处弥漫着亢奋与癫狂。

那一年最后两个月里，比特币价格从130美元暴涨到了1200美元，直逼一盎司黄金的价格。在此期间，人民币交易在所有比特币交易量中的占比迅速蹿升，很快达到了2/3，远远超过美元以及其他币种。

事实再清楚不过了，人民币玩家令这场大牛市再起高潮。中国变成了全球比特币交易的主战场。

比特币“数字黄金”的地位从此被确立。而一旦被确立，就很难再被撼动了。实际上，没过多长时间，单个比特币的市场价格就彻底碾压了一盎司黄金。

加密货币的幽灵

自 2013 年以来，比特币的价格在炒作之中大起大落，已然成为这个时代最耀眼的数字资产。

尽管世人对比特币有着诸多的指责和质疑，但比特币的设计初衷并非为了炒作，而是代表了一种货币理想和社会理想。

2008 年 11 月 1 日，一个化名为中本聪的人发表了一篇论文——《比特币：一种点对点式的电子现金系统》（“Bitcoin: A Peer-to-Peer Electronic Cash System”），标志着比特币的问世。

在这篇论文中，中本聪详细描述了如何创建一套去中心化的电子交易体系，且这种体系不需要创建在交易双方相互信任的基础之上。他宣称，“我们需要的是一个基于密码学原理而不是信任的电子支付系统，该系统允许任何有交易意愿的双方能直接交易而不需要一个可信任第三方”。

中本聪提出了一种“通过点对点分布式的时间戳服务器来生成依照时间前后排列并加以记录的电子交易证明，从而解决双重支付问题”。也就是说，所有的历史交易都通过区块的方式记录进账本，这个账本全网公开，保存在每个接入比特币网络的计算机上，这就确保了交易记录的不可篡改，并且摒弃了中心化的管理架构。

这套系统的强大之处在于它在结构上的简洁性，“节点之间的工作大部分是彼此独立的，只需要很少的协同。每个节点都不需要明确自己的身份”。而针对比特币系统可能被攻击的风险，“只要诚实的节点所控制的计算能力的总和，大于有合作关系的攻击者的计算能力的总和，该系统就是安全的”。

2009 年 1 月 3 日，比特币创世区块诞生了。在货币创造机制上，新的比特币需要通过运行软件获得计算结果，最先算出结果的拿到区块奖励，对应一定数量的比特币。这种货币供应机制就是所谓的工作量证明（POW），被形象地称为“挖矿”，而挖矿的人则被称为“矿工”。

永久固定的货币总量，是比特币迥异于法币的核心特征。在比特币刚刚诞生的时候，区块奖励是 50 个比特币，随后比特币就以约每 10 分钟 50 个的速度增长；当总量达到 1050 万时，区块奖励减半为 25 个；当总量达到 1575 万时，区块奖励再减半为 12.5 个；最终总数量将被永久限制在约 2100 万个。

比特币在历史上第一次让加密货币成为了现实。但加密货币的概念并非中本聪首创，而是在 1998 年由 Wei Dai（一般翻译为戴伟）在 cypherpunks 邮件列表中首次描述，暗示了一种新形式的货币概念，它使用去中心化的加密技术来控制其创建和交易。

在《比特币：一种点对点式的电子现金系统》的参考文献中，中本聪将戴伟的论文 b-money[①] 放在了第一位。

与比特币类似，b-money 是一种匿名的、分布式的电子加密货币系统，强调点对点的交易和不可更改的交易记录。在发明比特币的时候，中本聪借鉴了很多戴伟的设计，二人之间还有过邮件交流。

就像人们迄今为止都无法确认中本聪的真实身份一样，对于戴伟，人们也所知甚少。仅有的一些公开资料显示，戴伟是一位很早就活跃在加密技术领域的华裔，毕业于美国华盛顿大学，曾在微软的加密研究小组工作，参与了专用应用密码系统的研究、设计与实现工作。

戴伟在阐述 b-money 时提到：“与传统上的所谓无政府社区不同，在加密无政府状态中，政府不是暂时被摧毁，而是永久被禁止和永久不必要。”

中本聪在比特币系统中完美地实现了这套加密货币的构想，使得比特币成为史上第一次尝试去中心化、不再依赖对中央发行机构信任的货币系统。

自此，加密货币的幽灵在全球活跃起来。而要想深入理解加密货币，很难绕开无政府主义思想和奥地利经济学派。

无政府主义，又译作安那其主义，是一系列政治哲学思想，其目的在于提升个人自由及废除政府当局与所有的政府管理机构。不管戴伟还是中本聪，他们均崇尚自由主义，对政府和银行持怀疑态度。

奥地利经济学派简称“奥派”，他们通常主张减少政府管制、保护私人财产、捍卫个人自由，与占据主流的凯恩斯主义经济学分庭抗礼。以弗里德里希·哈耶克为代表，奥派学者对现代法币体系提出了激烈的批判。

哈耶克曾指出，“历史基本上就是政府制造通货膨胀的过程”[②]。他认为，既然在一般商品、服务市场上自由竞争最有效率，那为什么不能在货币领域引入自由竞争？基于此，哈耶克建议：废除中央银行制度，允许私人发行货币并自由竞争，通过这个竞争过程将会发现最好的货币。

①http://www.weidai.com/bmoney.txt。

② 弗里德里希·冯·哈耶克，《货币的非国家化》，海南出版社，2019 年5 月1 日。

而从凯恩斯学派的视角来看，政府应该积极调控货币总量，用货币政策的松紧来为经济适时地加油或者刹车，因此比特币固定总量这一特征牺牲了可调控性，并且会不可避免地导致通货紧缩，进而伤害整体经济。

对于比特币的批判远不止于此，诸如比特币的“挖矿”机制就饱受诟病，需要耗费庞大的计算力，消耗不菲的能源。著名经济学家保罗·克鲁格曼（Paul R. Krugman）就在《纽约时报》专栏文章中指出，“金银货币最愚蠢的地方是它们的功能是象征性的，但在生产中却需要消耗真实的资源，用纸币取代它们是明智之举。虽然现在是信息技术时代，但比特币却在复制亚当·斯密于 18 世纪所说的愚蠢”。

值得一提的是巴菲特，多年来他从不掩饰自己对比特币的厌恶。2013 年 5 月，在伯克希尔股东大会上，当被问到对待比特币的态度时，巴菲特说：“我们的 490 亿美元资金当中，我们一分钱也没有投到比特币上面。我对比特币成为一种通用货币一点都没有信心。”

几天之后，美国福克斯电视台就比特币问题采访巴菲特、查理·芒格和比尔·盖茨三人。芒格直言不讳：“我觉得比特币就是能害死人的老鼠药，我虽然不懂，但我知道这玩意就是不靠谱。”盖茨相对温和：“我觉得它是技术上的杰作，但它所涉及的领域应当让政府保持主导地位。”巴菲特来了句：“我不了解比特币，但我知道他俩肯定有一个是对的。”

各国监管众生相

无论如何，比特币犹如一记惊雷，引起了各国政府的广泛关注。毕竟，有史以来第一次，我们曾以为稳如泰山的现代法币体系，正在受到挑战。

更要命的是，这套加密货币体系似乎牢不可破，任何一个国家都无法直接消灭比特币，它的本质只是一堆数字，并且依托于点对点的去中心化系统。

比特币由此带来了一个世纪性的监管难题。出于不同的监管制度与社会环境，各国政府对比特币的态度不尽相同。

2012 年 10 月，欧盟央行发布《虚拟货币体制》报告，将比特币定位为“第三类虚拟货币”，可用来购买虚拟或实体的商品和劳务；由于这类虚拟货币不具有法偿货币的性质，因此不受现有法律的监管。该报告还对比特币在信用、流动性、操作和法律等四个方面提出了风险警告。

2013 年 3 月 18 日，作为美国《银行安全法》的执法机构，美国金融犯罪执法网络出台了关于虚拟货币的指导意见，其将虚拟货币定义为“一种在某些情况下扮演货币功能的交换媒介……但是目前还不具有法定货币的地位”。该指导意见还将比特币定义为“可转换的虚拟货币”，即具有真实货币的等价价值或可替代价值，因而在一定程度上需要适用于《银行安全法》。

2013 年夏天，美国政府掀起了一场对比特币的监管高潮：交易平台 bitfloor 和交易机构 Canadian bitcoins 的银行账户被突然关闭；移动支付服务 Dwolla 被责令关闭对比特币交易网站 Mt. Gox 的转账支持；纽约州金融服务部还向大约 20 家从事与比特币相关业务的公司发出了传票。

2013 年 7 月，泰国央行宣布，比特币目前仍属于非法交易，所以相关交易平台必须暂停比特币业务。泰国外汇管理和政策部门投票认为，比特币横跨多个金融业务，但目前该国缺少适用法律和资本管制。泰国成为全球第一个公开封杀比特币的国家。

相形之下，德国对比特币的态度非常友好。2013 年 8 月，德国政府宣布认可比特币的合法性，德国财政部将比特币归类为“货币单位”和“私人资金”。德国政府此举认可了比特币的法律和税收地位，成为全球第一个正式认可比特币合法身份的国家。

同样态度温和的还有新加坡政府，该国税务部门对外宣布，出于征税的考虑，将比特币等同于商品处理。当比特币被出售或者对商品进行支付的时候，需要收取一定赋税。

2013 年 11 月 18 日，美国举行比特币听证会，时任美联储主席的伯南克在信函中表示，美联储无权直接监管比特币，但他认为比特币及其他虚拟货币“可能拥有长远的未来”，并申明“谨慎祝福”的态度。

在中国成为比特币交易的主战场之后，中国政府的态度也就备受关注，并成为主导比特币市场行情的关键因素。

与很多国家不一样的是，中国金融市场尚不够成熟，金融消费者教育更是极其匮乏，导致散户投资依然占据主流，并且投机氛围浓厚。

在此背景下，当比特币被全面“传入”中国，很快引起大量资金涌进比特币市场，从而造就了一场大牛市。而借助社交网络的传播，比特币成为社会热点，一时间颠覆论四起。

2013 年 12 月 3 日，中国人民银行、工业和信息化部、中国银行业监督管理委员会、中国证券监督管理委员会、中国保险监督管理委员会联合印发了《关于防范比特币风险的通知》（银发〔2013〕289 号），以铁腕的姿态否定了比特币的货币地位。

这份文件明确了比特币的性质：比特币不是由货币当局发行，不具有法偿性与强制性等货币属性，并不是真正意义的货币。从性质上看，比特币是一种特定的虚拟商品，不具有与货币等同的法律地位，不能且不应作为货币在市场上流通使用。

在此前提下，监管部门指出，比特币交易作为一种互联网上的商品买卖行为，普通民众在自担风险的前提下拥有参与的自由。

央行则特别强调，社会公众对比特币还缺乏足够了解，一些个人出于跟风或者投机的心理持有、使用和交易比特币，可能带来以下风险：

一是比特币的网络交易平台、过程和规则等都缺乏监管和法律保障，容易产生价格操控和虚假交易等行为，其账户资金安全和清算结算环节也存在风险；

二是比特币价格缺少合理的支撑，其涨跌主要取决于参与者的信心和预期，甚至主要依赖于比特币未来将成为“世界货币”这一假想，容易沦为投机炒作的工具，一旦市场或政策出现风吹草动，就有可能泡沫破裂；

三是比特币交易具有较高的隐蔽性、匿名性和不受地域限制的特点，其资金流向难以监管，为毒品、枪支交易和洗钱等违法犯罪活动提供了便利。

基于此，该文件要求，各金融机构和支付机构不得以比特币为产品或服务定价，不得买卖或作为中央对手买卖比特币，不得承保与比特币相关的保险业务或将比特币纳入保险责任范围，不得直接或间接为客户提供其他与比特币相关的服务。

另外，比特币交易平台应当根据《中华人民共和国电信条例》和《互联网信息服务管理办法》的规定，依法在电信管理机构备案；同时，要求相关机构按照《中华人民共和国反洗钱法》的要求，切实履行客户身份识别、可疑交易报告等法定反洗钱义务，切实防范与比特币相关的洗钱风险。

实际上，早在2011年10月，当时任职于中国人民银行南京分行的洪蜀宁，就在《中国信用卡》杂志上发表了题为“比特币：一种新型货币对金融体系的挑战”的文章，相对系统地介绍了比特币的原理，是体制内最早研究比特币的学者之一。

在这篇文章里，洪蜀宁对政府提出了三点建议：

一、政府和中央银行应正视比特币的存在，主动出击，动用国家巨大的计算能力，抑制私人挖掘的动力，将绝大多数比特币集中在国家手中；

二、研究成立比特币银行，在比特币交易中推行中间机构，以消除其匿名性，使其可以被监管；

三、国际联合发行比特币本位的信用货币，从而促进非主权货币体系的建立。通过这种新型的国际结算货币来挑战美元霸权地位，使国际金融体系更加和谐、稳定。

如今来看，洪蜀宁的建议并不那么切合实际，却点出了中央银行大举介入数字货币的可能性。过去几年里，中国央行一直在推进数字货币项目，并有望成为全球第一个发行数字货币的中央银行。

互联网金融元年

从新金融发展史的角度看，这是宇宙大爆发的一年。

在 2013 年之前，几乎没有人知道"互联网金融"一词。那时候，我们都知道电子银行、网上银行、手机银行，也大概都听过移动支付、电子货币、电商贷款，至于移动金融、网络贷款还有 P2P，不过偶尔会在媒体上出现。

进入 2013 年，余额宝横空出世，比特币红极一时，移动支付战火燃起，P2P 遍地开花，众筹、互联网保险、互联网消费金融等新兴业态都浮出了水面。

更重要的是，它们被作为一个整体，以互联网金融之名，汇聚成为一股浩浩汤汤的潮流。

从这个意义上而言，2013 年被普遍视为互联网金融元年，不仅仅在于余额宝的问世或者比特币的爆发，而是它们引发了全社会在认知和观念上的重大变化。

人们第一次意识到，在现有的银行、保险、证券等金融机构之外，还有一种全新的、基于互联网的金融形态。而金融的未来，或许存在另一种可能性。

自此，政府官员开始正视互联网金融并思考如何监管，学术界的讨论愈演愈烈，金融机构比以往任何时候都意识到了威胁，科技巨头们、草根创业者们跃跃欲试，投资机构亦看到了机会。

没有什么能够阻挡人们对金融"新大陆"的向往。

一切都回不去了。就像人类在发现火之后，就很难再忍受茹毛饮血的时光了。中国金融市场的面貌，很快将焕然一新。

然而，就像本书前面所写到的那样，互联网金融元年并非突然蹦出来的，而是一系列创新与变革引发的质变，是宏观金融一系列因素共同促成的结果，有意或无意、主动或被动。

中国互联网金融时代的到来，是移动互联网快速发展与金融市场基础设施不断完善的结果，有其历史必然性。

定义与争议

到目前为止，我们尚未对互联网金融做出定义。互联网和金融都不是新词，将二者组合起来作为一个概念，却是全新的。

在业内，中国投资有限责任公司（简称“中投公司”）原副总经理谢平被公认为中国的互联网金融之父。

谢平是一位资深的金融监管者与金融家。他曾在中国人民银行担任研究局局长、金融研究所所长以及金融稳定局局长，并兼任中央汇金公司第一任总经理、申银万国证券董事长。2007 年 9 月，中国主权财富基金——中投公司成立，谢平出任副总经理。

2012 年 4 月 7 日，在“中国金融四十人年会”上，谢平首次公开提出了“互联网金融”这一概念。之后，在 2012 年 7 月成稿的论文《互联网金融模式研究》中，谢平与他的学生邹传伟，从支付方式、信息处理和资源配置等角度对互联网金融模式进行了深度剖析。

这篇论文将互联网金融视为有别于商业银行间接融资和资本市场直接融资的第三种金融融资模式：

以互联网为代表的现代信息科技，特别是移动支付、社交网络、搜索引擎和云计算等，将对人类金融模式产生颠覆性影响。可能出现既不同于商业银行间接融资、也不同于资本市场直接融资的第三种金融融资模式，称为“互联网直接融资市场”或“互联网金融模式”。过去 10 年间，类似的颠覆性影响已经发生在图书、音乐、商品零售等多个领域。

在互联网金融模式下，现在金融业的分工和专业化被大大淡化了，被互联网及其相关软件技术替代了；企业家、普通百姓都可以通过互联网进行各种金融交易，风险定价、期限匹配等复杂交易都会大大简化、易于操作；市场参与者更为大众化，互联网金融市场交易所引致出的巨大效益更加普惠于普通老百姓。这也是一种更为民主化，而不是少数专业精英控制的金融模式。

可以看到，尽管谢平对互联网金融的论述主要围绕社会融资而展开，但难能可贵的是，他从一开始就打破了以技术或者渠道去定义互联网金融的藩篱，他强调互联网金融是一种更高效、更普惠并且民主化的金融模式。

《互联网金融模式研究》一文影响深远，之后国内所有关于互联网金融的研究都很难绕开它。谢平和邹传伟后来还因该篇论文获得了 2014 年首届"孙冶方金融创新奖"。

2013 年 6 月 21 日，在余额宝问世后没几天，《人民日报》刊登了一篇采访马云的文章，马云称：未来的金融有两大机会，一个是金融互联网，金融行业走向互联网；第二个是互联网金融，纯粹的外行领导。[①]

在这里，马云将传统金融行业与阿里巴巴等"外行"割裂开来，并提出了金融互联网与互联网金融两个概念。但其实，他真正想强调的是"外行"对金融创新的重大意义，"其实很多行业的创新都是外行进来才引发的。金融行业也需要搅局者，更需要那些外行的人进来进行变革"。

2013 年 7 月，第一财经研究院新金融研究中心发布了国内第一本 P2P 借贷服务行业白皮书，该书在阐述互联网金融这一概念时，在谢平的研究基础上做出了更大胆的猜想。

互联网金融并不是简单的"运用互联网技术的金融"，而是"基于互联网思想的金融"，技术只是作为必要支撑，否则可以称为"科技金融"或者"新技术金融"。互联网的概念是超越计算机技术本身的，它代表着交互、关联、网络和点对点。其中的主语或者核心是参与者，是人，而不是技术。互联网金融是一种新的参与形式，而不是传统金融技术的升级。

什么是互联网金融？每个人作为参与者，都有充分的权利和手段参与到金融活动之中，在信息相对对称中，平等自由地获取金融服务。它的核心是脱媒、去中心化，因互联网技术而超越熟人社会并形成广泛、大量的金融交易。

客观上，数据给金融带来了巨大的变化，也是降低成本和风险的主要手段。但互联网金融不仅仅是数据金融，否则又回到技术层面了。互联网金融引发的交易主体、交易结构上的变化以及潜在的金融民主化，才是具有革命意义的一个论述。而这也是未尝不可期待的。[②]

① 马云，《金融行业需要搅局者》，《人民日报》，2013 年6 月21 日。
② 第一财经新金融研究中心，《中国P2P 借贷服务行业白皮书（2013）》，中国经济出版社，2013。

回过头看，从“运用互联网技术的金融”到“基于互联网思想的金融”，这无疑是理想主义的。但在当时，太多太多的人们都是带着这样的热忱与亢奋看待互联网金融的。

与之类似的论述来自时任中国银行业协会专职副会长的杨再平。他在2013年10月份发表的《互联网金融之我见》一文中提出，互联网金融即运用互联网技术与精神提供系列金融服务的新型金融。

杨再平将互联网金融大致划分为“金融系互联网金融与非金融系互联网金融”，后者包括第三方支付、人人贷（P2P网贷）、众筹等。他强调，只要是基于互联网技术与精神，其所做金融都属于“互联网金融”；金融系与非金融系所做都属互联网金融，且前者是主流。

尽管杨再平依然进行了金融系与非金融系的划分，但还是将二者所做的相关创新都纳入了互联网金融的范畴，并突出了金融机构的主流地位。

当年8月底，在工商银行中期业绩发布会上，时任董事长姜建清在回答媒体提问时表示：“银行是变化的行业，我们不会等待别人来变化我们！ 18年前，银行靠‘互联网＋砖头’战胜了纯粹的互联网银行，这一次相信依靠物流、信息流和资金流，我们也一样创造出新型的互联网金融！”

在体制内，除了杨再平，当时的银监会政策研究局副局长张晓朴同样对互联网金融高度关注。他将自己的一系列思考，汇聚在了2014年年初发表的《互联网金融监管的原则：探索新金融监管范式》中：

近来我国互联网金融发展迅速，正日益成为正规金融的补充，也成为社会各界关注的热点。互联网金融具有开放、共享、平等、普惠、去中心化等特点，是一种更加民主化、而非少数专业精英控制的金融模式，比正规金融机构更加草根化，更加贴近大众，更加注重客户体验。

尽管当前一些舆论对互联网金融的渲染可能夸大了互联网金融的作用和影响，但互联网金融在缓解信息不对称、提高交易效率、优化资源配置、丰富投融资方式等方面的确在不断展现出不俗的、有别于传统金融的表现。这也说明，互联网金融对于经济金融的发展具有潜在的正向附加值，可能是一个具有内在生命力的行业。

互联网金融并没有改变金融的功能和本质。互联网金融创新的是业务技术和经营模式，P2P、余额宝、阿里小贷等基于互联网技术，在交易技术、交易渠道、交易方式和服务主体等方面进行了创新，但其功能仍然主要是资金融通、发现价格、支付清算、风险管理等，并未超越现有金融体系的范畴。

从今天的眼光来看，张晓朴的论述是相当全面和公允了。他没有突出互联网思想和互联网精神，而是将焦点落在了业务技术和经营模式上，并强调“互联网金融并没有改变金融的功能和本质”——这一判断也构成了我国互联网金融监管的基本逻辑。

监管怎么办？

新金融，必然需要新监管。但监管往往滞后于市场发展。

放眼全球，互联网金融都给金融监管部门带来了空前的挑战，其中一些监管难题至今都没有解决。

在混沌初开的 2013 年，互联网金融整体处在监管真空之下。彼时互联网金融风险已经开始暴露，侵害消费者权益的事件屡见报端，尤其是 P2P 网贷平台的风险事件。

第三方数据显示[①]，2013 年共有 75 家 P2P 网贷平台发生风险事件，不乏诈骗、跑路事件。

如今，当我们翻开谢平在 2012 年发布的《互联网金融模式研究》一文，依然会为结尾的这段话而感动：

我们认为，目前以手机银行和 P2P 融资为代表的互联网金融模式为个人提供了新的投融资渠道和便利，满足了普通民众的金融需求，手续简便、方式灵活，是现有银行体系的有益补充，在经济学上有合理性，在发展初期遇到一些问题在所难免，不能因为出现问题就将其扼杀在襁褓之中。互联网金融模式中肯定存在不少技术和商业难题，要有信心找到解决方案，不能因为今天的困难就无视未来的机会。

那时候，他就点出了互联网金融的存在合理性，也就是其社会意义，并且呼吁“不能因为出现问题就将其扼杀在襁褓之中”，“不能因为今天的困难就无视未来的机会”。

① 网贷天眼、和讯网，《2013 年网贷行业年度特刊》，https://www.p2peye.com/portal.php?mod=topic&topicid=1。

于互联网金融而言，谢平的定调开了一个好头。此后不管是监管者还是研究者，无论对互联网金融持保守或是激进态度，整体上都给予了相当程度的鼓励与包容。

2013 年 3 月，在“两会”期间的记者会上，有记者问道：“阿里金融这样一种新型的金融模式，是否会对传统的银行造成压力？”时任央行行长周小川的一番回答善意满满。

周小川指出：“通过这个竞争，最终的结果就是竞争会带来更好的产品和更好的服务。也就是整个金融业会给实体经济，会给各种各样的客户带来更好的产品和更好的服务。这一点也是肯定的。”

谈及监管挑战，周小川说：“这种挑战是客观存在的，重要的是我们要适应这种新的发展和新的科技挑战。”[①] 他认为，不排除有时候这些新的业务模式会出现或大或小的一些风险，或大或小的问题，包括舞弊欺诈等等，也会借这种路径出现。因此监管部门要加快学习步伐，及早地吸取经验教训，同时不断地更新规章制度和监管标准，这样就能使整个金融业保持一个健康的发展方向。

杨再平的《互联网金融之我见》一文，建议将“两系”互联网金融纳入金融监管者的视野，不留监管真空，并适用统一的监管规则。

杨再平认为，互联网金融归根到底也是金融，因此无论是金融系还是非金融系所做，都应当受到监管，而且都应适用统一的监管规则。否则，都做金融，部分不受监管，或监管规则不统一，那就会产生监管套利，且不说不公平，对受到严格监管的那部分金融造成冲击，而且“劣币驱良币”效应发作，注定不可持续。

必须承认的是，他的观点很大程度上代表了当时银行业的呼声。尽管有一定的利益倾向性，但整体上还是中肯的。杨再平说：“互联网金融风险不可小视，‘野蛮生长’、违规‘搅局’不可取，风险管控之最重要‘金融基因’不可缺失。”

在《互联网金融监管的原则：探索新金融监管范式》一文中，张晓朴提出了一套颇具前瞻性的概念性框架，引起了广泛反响。

张晓朴的观点是，对于互联网金融这个“新事物”，金融监管总体上应当体现开放性、包容性、适应性，同时坚持鼓励和规范并重、培育和防险并举，

①《周小川：互联网银行通过竞争会改进传统行业的发展》，人民网，2013年03月13日，http://lianghui.people.com.cn/2013npc/n/2013/0313/c357320-20780799.html。

维护良好的竞争秩序，促进公平竞争，构建包括市场自律、司法干预和外部监管在内的三位一体的安全网，维护金融体系稳健运行。

基于此，张晓朴提出了互联网金融监管的12个原则：

1. 互联网金融监管应体现适当的风险容忍度；
2. 实行动态比例监管；
3. 原则性监管与规则性监管相结合；
4. 防止监管套利，注重监管的一致性；
5. 关注和防范系统性风险；
6. 全范围的数据监测与分析；
7. 严厉打击金融违法犯罪行为；
8. 加强信息披露，强化市场约束；
9. 互联网金融企业与金融监管机构之间应保持良好、顺畅、有建设性的沟通；
10. 加强消费者教育和消费者保护；
11. 强化行业自律；
12. 加强监管协调。

在论文结尾，张晓朴指出，互联网金融作为一个新兴的金融业态，为探索我国金融创新的有效监管模式提供了一个不可多得的机遇。我们不应错过这一良机，但也不能照搬国际经验，应当立足我国金融发展实际情况，把互联网金融作为践行良好金融创新监管理念的试验田，积极探索未来金融监管的新范式。

整体而言，作为一个快速发展的大国，中国金融监管部门对于新生事物的态度还是相对开明的。尽管禁区与红线也不少，但往往都会留出比较充分的创新空间。

附录大事记

附：互联网金融大事记

国际

- 1992 年，E-Trade 证券公司成立，这是全球最早的网络券商，拉开了证券行业电子商务发展的序幕。
- 1995 年 10 月，美国安全第一网络银行（SFNB）正式上线，这是全球第一个真正意义上的网上直销银行。
- 1996 年，一家接受在线住房抵押贷款申请的公司 E-Loan 成立。如今，E-Loan 已经发展为一个借贷产品导航网站，兼具搜索引擎的功能。
- 1997 年，美国花旗银行在互联网上开设站点，开始提供网上银行服务。
- 1999 年 10 月，Confinity 公司推出名为 PayPal 的转账系统，这是世界上最早的第三方支付平台。
- 2000 年，Artist Share.com 成立，它允许艺术家采用“粉丝筹资”的方式资助自己的项目，被公认为全球首家众筹网站。
- 2004 年，加拿大软件开发者瑞恩·富杰尔（Ryan Fugger）发明了用于互联网支付的瑞波支付协议（RipplePay）。
- 2005 年 3 月，Zopa 网站开始在英国伦敦运营，标志着基于网络的 P2P 模式的诞生。
- 2006 年 2 月，美国首家 P2P 网贷平台 Prosper 开始运营。
- 2007 年 4 月，肯尼亚移动运营商 Safaricom 正式推出 M-PESA 业务。M-PESA 是一种虚拟的电子货币，并且是首个由移动通信运营商独立开发和运作、传统商业银行不参与业务运营的一项新型移动支付业务。
- 2007 年 5 月，Lending Club 成立，后来一度成为全球最大、最知名的 P2P 网贷平台。
- 2007 年 9 月，智能理财网站 Mint 上线。它可以通过授权把用户的多个账户信息全部与 Mint 的账户连接起来。
- 2008 年，美国证券交易委员会（SEC）要求所有 P2P 网贷平台必须根据《1933 年证券法案》，把它们的服务注册为证券服务。
- 2009 年 1 月 3 日，“中本聪”发布第一版比特币客户端，“创造”了第一批 50 枚比特币。
- 2009 年 6 月，Twitter 创始人杰克·多西创立移动支付公司 Square，提供了包括 Square 读卡器、Square 钱包、Square 现金、Square 套件和电商平台等多个移动支付产品与服务。

- 2009 年 7 月，BankSimple 启动，后来更名为 Simple。用户可以把他们所有的银行卡、储蓄卡、支票等归入单个 Simple 账户，并用该账户理财。
- 2009 年 9 月，ZestFinance 的前身 ZestCash 成立，是第一家基于机器学习算法的大数据征信公司。
- 2011 年 9 月，谷歌发布基于近场通信（NFC）技术的谷歌钱包。
- 2012 年 3 月，PayPal 推出移动支付服务 PayPal Here，使小型企业能够随时随地接受客户付款。
- 2012 年 5 月，SigFig 上线。它可以自动同步用户分散在各个投资账号上的数据。通过对这些投资数据进行分析，自动诊断用户的投资组合，给出个性化建议。
- 2013 年 6 月，英国竞争和市场管理局（CMA）推出开放银行计划。
- 2013 年 7 月，欧盟委员会宣布对《欧洲支付服务法案》（Payment Service Directive，简称 PSD）进行修订，发布 PSD 2，这成为欧盟国家开放银行的立法基础。
- 2013 年 9 月，英国政府宣布从 2014 年 4 月开始，P2P 行业将受到金融市场行为监管局的监管。

中国

- 1988 年 8 月，央行宣布成立中国金融电脑公司，主要任务是从事人民银行电子化项目的规划、建设、管理、协调工作。
- 1989 年 5 月，中央批准人民银行建设中国金融卫星通信专用网。
- 1991 年，央行决定成立科技司，最早的名字是金融科技司。
- 1992 年，在央行金融科技司的努力下，金融科技进步奖被纳入国家科技进步奖系列；当年 10 月，金融科技司召开了中国金融科学技术委员会成立大会。
- 1993 年 6 月，国务院启动了以发展我国电子货币为目的、以电子货币应用为重点的各类卡基应用系统工程，也就是“金卡工程”。
- 1996 年，中国银行建立了自己的网站，开始通过互联网提供金融服务。
- 1999 年 3 月，易智付公司旗下首信易支付正式运行，是中国首家实现跨银行跨地域提供多种银行卡在线交易的网上支付服务平台。
- 1999 年 9 月，招商银行推出网络银行服务，被认为是国内首家在全国范围内提供网上服务的商业银行。
- 2000 年 5 月，招商银行与中国移动联合推出“手机银行”服务，通过全球通 GSM 网络，用户可以在手机界面直接完成各种金融理财业务。

- 2000 年 7 月，上海环迅电子商务有限公司正式成立，该公司推出的环迅支付与首信易支付是国内最早的第三方支付平台。
- 2000 年 8 月，中国平安推出电子商务网站 PA18，该网站整合了平安在保险、证券、信托投资等领域的线下资源，试图发展成一个网上金融超市。
- 2002 年 5 月，腾讯公司推出 Q 币，成为国内最广为人知的虚拟货币。
- 2004 年 10 月，阿里巴巴集团投资成立支付宝公司。
- 2007 年，阿里巴巴联手建设银行、工商银行推出无抵押的网络联保贷款。
- 2007 年 8 月，中国第一家 P2P 网贷平台拍拍贷在上海成立。
- 2009 年 3 月，光大银行开放式缴费平台正式投产，是银行业里最早将金融服务融入生活、生产场景的尝试之一。
- 2009 年 6 月，杭州财米科技有限公司推出挖财，这是国内最早的移动互联网领域个人财务管理应用。
- 2009 年，阿里巴巴成立信用金融部（简称“阿里金融”）。
- 2010 年 6 月，浙江阿里巴巴小额贷款公司成立，是我国金融行业首个以电子商务行为数据为信用依据的贷款机构，也是第一家网络小贷公司。
- 2010 年 8 月 30 日，央行第二代支付系统“超级网银”正式上线，新建了网上支付跨行清算系统，使各商业银行网银系统互联互通，而跨行转账、支付等业务即可实现实时到账。
- 2011 年 4 月，支付宝联手 10 家银行推出 “快捷支付”，绕开了网银交易额度限制，快捷支付不需要再链接到银行的网关。
- 2011 年 4 月，点名时间成立，为国内最早的互联网众筹平台。
- 2011 年 9 月，平安集团成立上海陆家嘴国际金融资产交易市场股份有限公司（简称“陆金所”），打造网络投融资平台。
- 2012 年 4 月 7 日，在“中国金融四十人年会”上，中投公司原副总经理谢平首次公开提出了“互联网金融”这一概念。
- 2012 年 6 月 28 日，建设银行正式对外推出全流程、综合性电子商务金融服务平台——善融商务。
- 2012 年 8 月，阿里巴巴通过旗下一达通公司推出赊销保（e-Credit Line），实质是阿里巴巴向海外买家提供虚拟信用卡服务。
- 2012 年 11 月 27 日，京东商城与中国银行北京分行签署战略合作协议，上线京东供应链金融服务平台。
- 2012 年 12 月，央行正式发布移动支付系列技术标准，涵盖了应用基础、安全保障、设备、支付应用、联网通用 5 大类 35 项标准，为近场支付普及提供技术规范。
- 2013 年 2 月 28 日，中国保监会正式发布批文，同意筹建由阿里巴巴、腾讯与中国平安共同发起成立的众安在线财产保险公司。

- 2013 年 6 月 13 日，支付宝推出余额增值服务，这项服务被定名为余额宝。阿里巴巴自此正式介入理财领域。
- 2013 年 6 月，中国银联与中国移动合力打造的移动支付平台宣布正式上线。
- 2013 年 7 月 29 日，京东商城宣布，已经成立金融集团，正式进军互联网金融。
- 2013 年 8 月 9 日，中关村互联网金融行业协会成立，这是全国范围内第一家互联网金融的行业组织。
- 2013 年 8 月 13 日，中国互联网协会互联网金融工作委员会在北京成立。
- 2013 年 8 月 27 日，国泰君安证券实现首单网上证券账户开户，成为券商业首家真正落地网上开户业务的公司。
- 2013 年 8 月 29 日，民生电子商务有限责任公司在深圳注册成立。公司发起人为中国民生银行的7家主要非国有股东单位和民生加银资产管理有限公司。
- 2013 年 9 月 18 日，腾讯宣布打通旗下财付通与移动产品微信的应用通道，微信用户可通过微信扫描商户二维码的方式付款。
- 2013 年 9 月，京东、百度旗下的小额贷款公司获批。
- 2013 年 10 月，中国银行开放平台正式投产上线，在国内同业中率先实现向用户提供互联网业界通用的标准化 API 接口及应用商店服务。
- 2013 年 10 月，天弘基金股东内蒙君正披露，阿里巴巴拟出资 11.8 亿元收购天弘基金。
- 2013 年 10 月 28 日，百度理财上线，并与华夏基金联合推出首款理财产品“百发”。
- 2013 年 12 月 4 日，中国人民银行支付司指导下的中国支付清算协会牵头成立互联网金融专业委员会。发起成员包括银行、证券、第三方支付、P2P 网贷等 75 家机构
- 2013 年 11 月 5 日，百度贷款搜索（后改名为百度财富）正式上线，网站内容囊括车贷、房贷、消费贷款、经营贷款和信用卡贷款等 5 类搜索业务。
- 2013 年 12 月 3 日，央行等五部门联合印发《关于防范比特币风险的通知》(银发〔2013〕289 号)，正式否定了比特币的货币地位，拉开了中国政府对数字货币领域的整顿序幕。
- 2013 年 12 月 17 日，网易对外宣布，将正式推出理财平台“网易理财”，随后发布了一款基于货币基金的活期理财“添金计划”。
- 2013 年 12 月 31 日，余额宝规模达到 1853 亿元，客户数达到 4303 万人，创造了货币基金历史上的奇迹。

第四章 支付战争

我们还是最幸福的人。我们爬上了奈波山，山脚下展开着我们不会进去的地带。但我们比那些将来进去的人更能欣赏那风景。凡是下降到平原中去的，就看不见平原的广大与遥远的天边了。

——罗曼·罗兰《约翰·克利斯朵夫》

两大巨头在激烈的竞争中，联手构建了引领世界的移动支付技术、体验和庞大网络，这成为中国新经济、新金融发展的重要根基，更深远地影响了商业市场的格局。

支付宝和微信支付之间的支付战争，是中国移动互联网时代最引人瞩目的商战。

它的背后，是场景之争、生态之争、流量之争，是两大互联网巨头之间的全面战争。

两大巨头在激烈的竞争中，联手构建了引领世界的移动支付技术、移动支付体验和庞大网络，这成为中国新经济、新金融发展的重要根基，更深远地影响了商业市场的格局。

在移动互联网时代，支付被推向了一个前所未有的高度，它作为基础账户、流量入口和数据底层的意义不断凸显，成了互联网巨头在金融、科技赛道对弈的关键。

这场支付巨头的对弈以 2013 年微信支付上线为开局，因微信红包、打车大战的出现进入高潮，再伴随着巨头 O2O 的步伐蔓延至线下。

直到 2016 年年初，这场支付战争的结果便已明晰：两分天下的格局已定，谁也打不倒谁，谁也离不开谁。

从结果来看，中国移动支付市场的两大巨头分庭抗礼、难言高下。就过程而言，支付宝和微信支付，以及它们身后的阿里巴巴和腾讯，两大对手相互成就，完成了一次完美的商业进化。

支付进化

微信支付起航

2012年10月19日，杭州的哥袁海宝载了一位乘客从西湖到萧山机场。下车时，这位乘客用手机支付了车费。这件在如今看来稀松平常的小事，却给当时的袁海宝带去了极大的震撼。

送别乘客后，他兴奋地发了条微博：“已经把乘客顺利送达机场。用支付宝向我支付140元的打车费。史上第一笔用支付宝付车费业务由此开始。有图有真相啊！”①

彼时，尽管移动互联网的发展已经如火如荼，但手机上的功能大都复制于PC端，真正根植于移动土壤的应用才刚刚开始萌芽。而受限于当时的网络环境、智能硬件、用户认知，移动支付还是一件稀罕事儿。

餐饮和出行是大众日常生活中最高频的场景，也是移动支付最理想的切入口。当时，像袁海宝一样的杭州的哥们并没有想到，他们无意间站到了中国移动互联网浪潮的中央。

两年后，同样是打车场景，同样是这批出租车司机，他们参与了一场“打车软件大战”，再一次成为移动支付的“布道者”。

像一粒投入湖面的石子，支付宝在打车场景上的这次“试水”引发了不少媒体的关注。对于这种新型的支付方式，市场上各种惊叹、赞许、质疑的声音扑面而来。

在当时的环境下，不管是司机还是乘客，能熟练使用移动支付的人毕竟还是少数。当涟漪散去，移动支付市场很快又恢复了往日的平静。

然而，湖面之下，暗涌已起。这次算不上太成功的推广事件悄然掀开了中国移动互联网发展进程中最重要的一角。当时身处其中的人们并没有意识到，一场旷日持久的支付战争即将打响。

①《玩微信的出租车司机袁师傅开始尝试支付宝收费》，浙江在线，2012年10月23日。

从支付宝的大本营——杭州，一路向南 1200 多公里，会到达中国的另一个互联网圣地——深圳。与支付宝的母公司阿里巴巴一样，坐落于深圳南山区深南大道 10000 号的腾讯在中国第一波互联网浪潮中胜出，成为了 PC 时代的王者。

不过，比阿里巴巴先行一步，2012 年的腾讯已经凭借微信拿到了通往移动互联网的那张“船票”。这款基于移动端的社交 App 自 2011 年 1 月上线后，仅用了 14 个月用户数便破亿，又过了半年达到 2 亿人，其中有超过 1 亿是日活用户。

微信崛起的速度之快，令人侧目，更令对手不安。

2012 年的微信还没有开始商业化，它的想象空间和增长潜力还远未展开。极其“克制”的张小龙小心地维护着微信的“纯净”生态，他并不急于给这个产品加载太多的功能。

所以，当财付通团队带着支付方案去微信寻求合作时，没有意外地吃了闭门羹。与支付宝一样，2012 年的财付通也在打通移动支付的道路上徘徊。相比已经牢牢占据近 8 成线上支付市场份额的支付宝而言，财付通所面对的形势更为严峻。

抛开财付通与支付宝市场份额的差距不说，从“含金量”来看，财付通的交易量主要来自 B2B 商户，这也与亟待撬动 C 端市场的移动支付目标相距甚远。所以，搭上微信这艘流量的巨舰成了唯一的机会。

10 月下旬的深圳并没有初秋的迹象，潮热的天气让人有些焦灼、烦闷。正当这场由财付通自下而上发起的合作陷入僵局时，转机出现了。

支付宝在杭州打车场景中推行移动支付的热度并没有持续太久，但这则消息却让马化腾嗅到了危机临近的气息。很快，来自腾讯总办的决策传达到了财付通，微信支付项目正式启动。

“破壁者”支付宝

支付的本质是账户资金的划转，不管是 PC 互联网时代，还是移动互联网时代，它的发展都是在安全和便捷之间找寻平衡。

一笔支付业务从发起到完成至少涉及用户、银行、支付公司、商户四方，一条支付指令至少包含我的账户、我的密码、对方账户、支付金额四个信息。从手工填写汇款单据，到一键免密支付，这中间经历了漫长的技术、商业和规则的变革。

2012 年时，中国的网络支付体验已经得到了极大的优化，大家在网购或支付时已经不需要频繁跳转多个页面，或输入冗长的卡号，U 盾也不再是小额支付的必要配件。

这个流程的简化要归功于一种叫作"快捷支付"的功能，它是中国支付行业发展历程中的关键一环，也是移动支付得以繁荣的必要条件。而它的背后推手——支付宝则在担保交易模式之后，再一次重新定义了支付的价值。

与银行的网银支付相比，快捷支付在开通环节省去了持卡人到银行渠道（柜面或者在线）签约的环节。而在开通后，银行也无需对每一笔支付进行验证，只需要根据支付机构提交的指令完成扣款即可。

除了第一次绑卡时需要提供姓名、身份证号码、银行卡号和手机号等信息，一旦绑卡完成，持卡人只需要输入支付密码，或者通过手机校验码便可完成支付。这样一来大大提升了用户体验，也让支付宝的支付成功率得到了大幅的提升。

这道看似并不复杂的步骤背后，实则需要打破不同系统、终端，不同机构、行业之间的壁垒。

单就说服中国数百家商业银行开放快捷支付接口这一项，在当时看来几乎就是一件不可能完成的任务。对于对风险极为敏感的商业银行来说，支付宝不仅要保证快捷支付在技术层面的绝对安全、稳定，还要在商业上实现多方共赢。

所以，从微观角度看，快捷支付大大提升了支付宝的支付成功率。而从宏观角度看，支付宝用商业的力量，构建了一种跨系统平台、跨终端、跨浏览器的支付方式，在无形中打破了中国金融体系中很多看不见的"墙"。①

PC 互联网时代的支付技术被复制到了移动端，快捷支付的出现则大大缩减了移动支付发展的进程，因为相比电脑，人们在小小的手机屏幕上更难忍受频繁的网页跳转和输入冗长的卡号、密码。

解决了技术和体验的问题，移动支付还有用户习惯和使用场景两座高山难以翻越。

整个 2012 年，支付宝都在探索破局之道，除了前面提到在打车等场景"小试身手"，在支付技术上，支付宝也做了诸多尝试，包括扫码支付、声波支付等。

以 2012 年上线的"悦享拍"为例，这是当时支付宝开放给商户的一个小功能，后者可以通过一张二维码完成与线下用户的交互。而用户只需要打开支

① 由曦，《蚂蚁金服》，中信出版社，2017 年。

付宝扫码便可完成支付、获取信息、加入会员等。

事实上，二维码并不是一个新鲜的事物。

20 世纪 90 年代初，日本电装株式会社（Denso Corporation）的子公司 Denso Wave 接到了丰田汽车的一个委托：升级汽车配件的“标签”，便于厂商可以持续追踪和匹配。

产生这个需求的背景是，随着汽车制造业的发展，高精度的配件需要严格保证其产地、质量等，所以每个配件都要打上一个“身份证”，而传统的条形码容量有限，无法承载越来越多的信息。

很快，在 1994 年前后，研发团队便开发出了一种矩阵二维码符号——Quick Response（快速反应码，又称 QR 二维码），它不仅信息容量大、成本低，使用起来也非常方便。

不过，由于二维码的技术门槛并不算高，创始人腾弘原认为其应用范围会较为有限。所以尽管 Denso Wave 公司拥有二维码技术的专利权，但并没有向全社会收费或出售专利。

到 21 世纪初期，二维码技术已经在社交应用、移动营销等领域广泛应用。后来，随着智能手机、3G 网络等基础设施的升级，以及二维码技术本身的迭代，它的商业应用也愈发成熟，并开始扩展到支付等对安全系数要求更高的领域。

张小龙在微信创立初期便提到，人们需要一种介质，让手机可以连接到服务。如果说搜索框是 PC 互联网时代的流量入口，那么移动互联网时代的流量入口可能就在二维码里。

但知易行难。在移动互联网大潮刚刚来临的 2012 年，二维码对于大家来说还太过陌生。尽管支付宝也通过与银泰百货等零售业巨头合作，希望激活更多的移动支付场景，但这种被精心打造出来的消费场景大都活跃于营销活动期间，距离大众的日常生活还有很远的距离。

得账户者得天下

2013 年伊始，支付宝内部的气氛有些压抑。

过去一年，支付宝在移动端的诸多尝试都不算成功，移动支付迟迟未能打开局面。尽管 2012 年双十一，通过手机端完成的支付创下了 900 万笔、共 12 亿元的新高，但只占到当日支付宝总支付笔数的 8.5%。

时任支付宝 CEO 的彭蕾在很多年后回忆起此事仍心有余悸，“突然有一天，当智能手机已经遍布大街小巷，所有人都变成‘低头族’时，我们在手机上有什么？自己突然出了一身冷汗，就好像已经被一个全新的时代抛弃了”。

身处快速更迭的互联网时代，彭蕾深知“慢一拍”的严重后果。

以数字化为基础的移动互联网时代延续了摩尔定律[①]的规则，随着网络技术的发展和应用，效能的提升是指数级的。这也意味着，一个不留神，你便会被商业世界远远地甩在身后。

事实上，支付宝早早地便开始布局移动端，但到2012年年底时，支付宝移动端的日活用户还不足百万。对于一个基础用户已经超过1亿的超级品牌来说，这个成绩显然不甚理想。

彭蕾更是直言，这是继2003年“非典”之后，阿里巴巴遇到的最大挑战。在强烈的危机感之下，支付宝吹响了变革的“集结号”。

2013年，春节假期一结束，支付宝便举行了一场名为“ALL IN 无线”的动员大会。这次战略调整被彭蕾形容为，受到强烈的外部刺激之后产生一种应急的“膝跳反应”。[②]

“ALL IN 无线”大会之后，支付宝的战略重心全面转向移动端。在技术层面，它放弃了声纹支付等其他模式，开始全力推动二维码支付，并加码线下场景的布局。当时，在支付宝内部有种提法是，“人人可用支付宝的前提是处处可用支付宝”。

那个春天，急于在移动支付方面破局的不止支付宝。

正当支付宝举全员之力“ALL IN 无线”时，一个由财付通和微信联合组建的项目组也开始了“背水一战”，他们给自己设立了一个小目标：稳住现有的市场份额，与支付宝的差距不能变得更大。

当时的支付宝和微信支付都还在苦苦探索，并没有意识到自己已经走到了移动支付爆发的前夜。

这一年还发生了另外一件大事：一款叫作余额宝的理财神器席卷市场，它不仅重新定义了支付和账户的价值，也让金融和互联网有了更深层次的交集。

“得账户者得天下。”时任国泰君安证券董事长的万建华在2013年出版的《金融e时代》中用了一整个章节来阐述这个观点。

---

① 摩尔定律是由英特尔创始人之一戈登·摩尔提出来的。其内容为：当价格不变时，集成电路上可容纳的元器件的数目，每隔18~24个月便会增加1倍，性能也将提升1倍。换言之，每1美元所能买到的电脑性能，将每隔18~24个月翻1倍以上。这一定律揭示了信息技术进步的速度。

② 由曦，《蚂蚁金服》，中信出版社，2017年。

在他看来，在信息经济时代，账户不仅是用户联通互联网的身份凭证，还是包括信息价值和货币价值在内的客户所有价值的综合载体。它既是商家、企业同客户交互信息的主要渠道，也是挖掘客户价值的直接渠道。

在古典金融学里，支付是工具，是后台，是基础设施。而移动互联网的普及与新技术的发展，将支付推向了一个前所未有的高度，它作为基础账户、流量入口和数据底层的意义不断凸显。

而对于正在构建独立生态的互联网巨头而言，支付账户不仅是构建实名体系、增强用户黏性的重要基础，也是形成资金流和信息流闭环、沉淀交易数据的必要条件，更是 C 端金融服务以及 B 端科技服务的重要抓手。

所以，越来越多的企业开始重新审视支付的价值，它们以不同的方式进入移动支付的战场。

与阿里巴巴和腾讯比肩的另一家互联网巨头——百度，也在这一年吹响了冲击移动互联网的号角。它砸下 19 亿美元收购 91 无线，后者作为当时市场上最大的第三方应用分发平台，累积用户近 2 亿。而在此前不久，百度也拿下了一张第三方支付牌照，并推出了移动支付产品——百度钱包 SDK。

还有后来时常与马云、马化腾同时出现的“三马”之一——平安集团董事长马明哲，也在这一年的年末宣布要做一款应用于移动支付的产品“电子钱包”。在写给内部员工的邮件中，他用了“颠覆性”“神奇”“奇迹”等词来描述该产品。不久后，这款叫作平安“壹钱包”的产品低调上线。

一个群雄并起的移动支付时代开始了。

微信红包诞生

2013 年 6 月 7 日，知名科技媒体人朱晓鸣（笔名“青龙老贼”）用其微信公众号推送了一篇名为“微信 5.0 即将横‘扫’一切”的文章，透露了正在内测的微信 5.0 版中一些值得关注的变化。

这其中就包括微信支付，还有让腾讯真正打通线上和线下、在移动互联网时代游刃有余的杀手锏“扫一扫”，也将在这版中完成迭代升级。这是微信进化历程中最重要的版本之一，甚至有媒体称其上线是“一切革命开始的前夜”。

微信 5.0 版于 2013 年 8 月 5 日正式发布，微信支付、公众号 / 服务号、扫一扫（除了已有的二维码之外，还增加了扫描条形码、扫描封面、扫描街景、扫描翻译）等日后微信生态中几个最重要的板块皆在这版中悉数亮相。

这个革命性的版本没有让外界失望，微信 5.0 版发布当天，腾讯控股的股价狂飙至 370.8 港元，创下历史新高。港媒对此评价道，"这让人看到微信的企图心，也是张小龙的企图心"。

第一版的微信支付以公众号的形式出现，只有支付功能，没有零钱账户。用完即走，这也源于张小龙极简的产品观，"产品经理必然的选择是做减法，在诸多功能中选取最能解决实际问题的一个"[①]。

此时的支付宝和微信支付，都在移动支付市场的边缘徘徊，还没有找到通往星辰大海的方向。

从增速来看，2013 年中国移动支付市场的那把"火"已经烧起来了。这一年，全国移动支付业务达到 16.74 亿笔，金额 9.64 万亿元，同比分别增长 212.86% 和 317.56%。但对于 13 亿人口的中国市场来说，这个体量还是微乎其微。

支付是典型的双边市场（two-sided market），基本特征包括：1. 两组客户通过一个平台产生互动；2. 而其中一组客户的决策和行为，会影响另外一组客户，并导致平台价值的变化。

就是说，如果没有足够多的用户使用，商家便没有动力接受移动支付这种方式，反之亦然。所以，支付机构必须要找到一个跳板跨过"冷启动"这座大山。

支付宝在 2012 年的诸多尝试，也是希望能够跨越"冷启动"这个阶段。虽然没能达到预期的效果，但大家都清楚这个方向并没有错，答案就在场景里。另一边的微信支付也陷入了同样的困境，眼看 2013 年即将过去，大家依然没有摸到方向。

转眼，春节临近，时任腾讯 CTO 的张志东提出能否在微信上开发电子红包，以支持腾讯每年春节给员工发红包的传统。对于微信支付的团队来说，这个任务并不复杂，因为早在几年前，财付通便在 QQ 上线过红包功能。

广东地区历来有春节"派利是"的风俗，腾讯也承袭了这种红包文化。尤其，每年初八（春节后上班的第一天）员工都要排队去老板那里领红包，随着腾讯员工的增多，每年找马化腾领红包的员工要从他的办公室门口一直排到大楼外。

这个特殊的场景为微信红包的开发提供了灵感，结合微信的特点，升级后的红包产品增加了群红包、随机红包等新功能。这样既增加了收发红包的趣味性，又避免了金额分配不均的尴尬。

没想到，还没正式发布的微信红包很快便"走出"开发团队的办公室，在腾讯内部风靡了起来。

① 张小龙，内部演讲《微信背后的产品观》，2012 年。

意外开局

“偷袭珍珠港”

微信红包的传播速度远远超出了研发团队的想象。

随着春节的临近，仅仅是通过腾讯员工自发的扩散，微信支付的服务器便扩容了好几次以支持突然暴涨的需求。不少媒体也开始关注这个还未正式在微信上亮相的新功能，并不吝于各种溢美之词，而红包的数据也被渲染得神乎其神。

2014 年 1 月 28 日一大早，时任财付通产品总监（后微信支付总经理）的吴毅不得不在自己的腾讯微博上辟谣，“昨晚忙微信红包，没空刷微博，早上起来发现议论纷纷，一些关于微信红包的夸大传闻和数字，实在让我目瞪口呆。微信新年红包其实是小团队 10 来天的顺手之作，我们的目的只是希望能为新年添加一些好友互动的气氛和互发红包的乐趣。时间紧迫，很多细节未优化好，希望试用的朋友们包涵，我们会继续努力改进”。

而此时，距离除夕还有 2 天，距离“新年红包”的图标正式在微信界面亮相还有 7 个小时。

2014 年 1 月 28 日下午 4 点，这个被开发者称为“顺手之作”的功能开始以灰度测试的方式在广州等少数城市陆续开放。有了内测时的插曲，微信支付团队不敢掉以轻心，此时微信支付的服务器相较于最初的规划已经扩容了 10 倍。

微信红包充分发挥了社交应用的裂变价值，在春节这个流量集中的时期，通过抢红包、拼手气等充满节日色彩的设计将流量与场景结合并迸发出了强大的势能。

马化腾曾将微信红包描述为一款“社交金融游戏”，而这六个字也很好地概括了红包产品的本质，道出了它成功的奥义：它以游戏的形式在社交网络上完成了小额资金的交互。

根据后来统计的数据，从除夕到初八这 9 天里，全国有超过 800 万人领取了 4000 万个红包。其中，除夕夜有 482 万人参与到微信红包的收发中，而流量的峰值出现在除夕零点前后，每分钟有 2.5 万个红包被打开。

尽管在今天看来，这个数字还不到微信红包日常数据的零头，但在 6 年前的春节，它如同一声春雷惊醒了沉寂已久的移动支付市场，也惊醒了对手。

“几乎一夜之间，各界都认为支付宝体系会被微信红包全面超越。体验和产品是如何如何得好……确实厉害！此次‘珍珠港偷袭’计划和执行完美。幸好春节很快过去，后面的日子还很长，但确实让我们教训深刻。”时任阿里巴巴董事局主席的马云在其个人“来往”账户上如是说道。

那个春节，支付宝的高管们不得不提前结束假期，纷纷搭乘最近的航班赶回杭州。时任马云特别助理的吴泳铭当时跟家人在夏威夷，因为没有订到航班，于是他直接包下了一架飞机。[①]

作为一个现象级的产品，微信红包在那个春节赚足了人气和口碑。由于发红包和提现均需要绑定银行账户，这也让刚刚上线不久的微信支付以极低的成本打通了最关键的账户绑定环节，有超过3000万用户绑定了银行卡。

微信红包的出现让支付宝如临大敌，但内部也有一些不同的声音认为，当用户的新鲜劲儿一过，并不会真正留存下来。毕竟在此之前，支付宝与财付通已经缠斗多年，但两者的差距并没有缩小。

数据的走向确实也印证了这种质疑。

春节之后，微信红包让微信支付用户一夜之间突破1亿的说法不胫而走，但事实上这个数字被严重夸大了。微信支付的流量在节后开始大幅回落，红包虽带来了一批新用户，但还未形成黏性，看起来只是一把“虚火”。

直到2014年三季度末，根据艾瑞咨询的统计，在中国第三方移动支付的市场份额中，支付宝仍占到82.6%，而包含微信支付的财付通仅占10%。这也意味着，微信红包给微信支付带去的流量红利并没有真正沉淀下来。

不过，微信红包的成功让微信支付团队看到了打开局面的可能，而“红包”的生命力也远比想象中更加强大。在随后两年里，微信支付不断加码在这一场景上的投入，陆续演变出了春晚红包、情人节定制520红包、黄金红包等等。

而从中国移动支付的发展历程来看，微信红包无疑是一个重要的里程碑，它唤醒了广大用户，激励了支付企业，更给刚刚开始萌动的移动支付市场注入了一剂“兴奋剂”。

2014年只是“红包战事”的开端，此后数年，农历春节——这个中国人最重要的传统节日，成了互联网巨头拼抢流量的盛宴。移动支付市场也从那时候开始，正式进入了支付宝和微信支付对弈的双雄时代。

不过，对于一个13亿人口的市场而言，微信红包在那个春节点燃的星火还不足以“燎原”。而这也是命运之手的巧妙之处，正当微信红包的热度开始

---

① 高洪浩，《支付战争：互联网最大战役的落幕》，“晚点LatePost”，2020年5月14日。

退却时，另一个主角又被推向了舞台中央。

打车大战“一掷千金”

2014 年 1 月 5 日，一个名叫滴滴打车的软件接入了微信支付。

“打车”是若干被试炼的支付场景之一，而已经获得腾讯投资的滴滴打车顺势成为微信支付的合作伙伴。它们准备联手推行一场营销活动，通过发放补贴以刺激更多的用户使用打车软件并“绑卡”微信支付。

当时的滴滴打车覆盖了全国 32 个城市，日均约有 35 万单，已经是市场占有率最高的一款打车软件。但消费者还是更习惯于使用现金，选择通过线上支付结算的比例不足 10%。这个交易量对于一款定位 to C 的支付产品来说实在是杯水车薪。很快，这个先于“红包”登录微信的场景便被后者的风头所盖过。

补贴活动上线初期的标准是：每一单给司机和乘客各补贴 10 元，但与春节后微信红包的数据走势一样，外部刺激——补贴一停，数据便迅速回落。项目预算很快就花完了，正当微信支付犹豫是否要追加投入时，它被对手重新拖入了战局。

在微信支付和滴滴打车“牵手”后不久，支付宝也与总部位于杭州的打车软件——快的结盟。2014 年 1 月 26 日，支付宝在 8.0 版本中嵌入了快的打车的功能。

经过了微信红包的“刺激”，春节之后，支付宝和微信支付在打车场景上的战火也顺势烧了起来。

在两周时间里，滴滴打车的订单量上涨了 50 倍，眼看 40 台服务器就要支撑不住了。CEO 程维连夜求助马化腾，后者随即集结了一支精锐的技术部队，在一夜之间准备了 1000 台服务器。①

滴滴和快的之争迅速变得白热化。

谁的服务器挂掉，用户就会迅速涌向另一家，战况之激烈前所未有。位于北京苏州街银科大厦的滴滴总部，CTO 张博和技术团队、腾讯部队奋战了 7 天 7 夜，重写服务端架构，才勉强撑过了第一回合。②

就这样，两边针尖对麦芒，互不相让，支付补贴大战也从微信支付和支付宝的层面升级到了腾讯和阿里巴巴两家巨头的对弈，投入的补贴金额从百万元量级直接奔向十亿元级的规模。

---

①②焦丽莎，《创业“维”艰 “狼”性不改》，《中国企业家》。

一家补贴稍有下调，司机和乘客便立刻倒向另一家；一家补贴力度加大，另一家也要马上跟进节奏。战况最焦灼时，上一轮补贴规则的新闻稿还没发出，新一轮的调整又要开始了。后来，快的索性直接放出了“永远比同行多1元”的豪言。

“一开始我们做400万元预算，没想到订单一下子翻了十几倍，那个月花了1个多亿元，签单的时候手都在抖。”程维在事后回忆起这场烧钱大战仍有些心惊。①

滴滴和快的这两家企业的对战一直持续到第二年，直到2015年2月14日，它们在情人节当日宣布合并，才以一种戏剧化的方式握手言和，正式停战。

一次常规的营销活动引爆了移动互联网时代最激烈、最经典的商战之一，尽管这次补贴大战投入巨大，但对于参战各方来说也收获颇丰，滴滴和快的用户和日活数据极速攀升，移动支付也得以更大范围地普及。

以滴滴为例，2014年1月10日，覆盖全国32个城市日均35万单，到3月28日，这个数据已经变成覆盖全国178个城市，日均521.83万单，总的用户数则在两个月里从2200万增加到1亿。

相比之下，快的稍逊一筹，但也紧随其后，没有形成太大的差距。与此同时，这两家公司的估值也水涨船高，很快便从创业公司晋升为移动互联网时代的“独角兽”②，腾讯和阿里巴巴也连续多轮跟投滴滴和快的。

而它们身后的微信支付和支付宝也从中获益，低成本获客、完成绑卡、支付习惯养成……一气呵成。后来，这场打车软件大战也被视为移动支付普及、发展历程中最重要的一役。

这番大战之后，年仅1岁的微信支付以14亿元人民币的补贴为代价，将微信支付的用户数拉升至1亿。而在5个月前，成立4年的支付宝移动端才刚刚达到这个成绩。③

但这次补贴大战也开了一个不好的头，它让互联网从免费经济加速走向了补贴经济。而后，伴随着O2O模式的发展，这种“先用补贴培养用户习惯”的策略被广泛采用，“巨额融资再大量烧钱”成为O2O模式的惯用路径。

所谓的O2O（online to offline），并不是一个新鲜的概念。早在2010年“千团大战”时便已经火了一把，当时主要是线上为线下导流，让互联网成为线下

---

① 跨年演讲《时间的朋友》，《罗辑思维》，2015年。

② 估值超过10亿美元的初创企业。

③ 高洪浩，《支付战争：互联网最大战役的落幕》，“晚点LatePost”，2020年5月14日。

的交易前台。

后来，它的内涵和外延进一步扩展，只要产业链中既涉及线上，又涉及线下，便可被纳入O2O的范畴。O2O打通线上和线下，充分释放了移动互联网时代的流量红利，也让商业生态发生了巨大的变化。

此后，生活、社交、出行、消费、医疗等高频（使用/交易）场景成为很多企业的必争之地，线上和线下的多维布局成为常态，互联网巨头们开启了一段“无边界”的扩张期。

2014年，仅BAT三家在O2O领域的布局就超过50亿美元。百度收购糯米网、投资Uber等；阿里注资快的打车、收购高德地图、入股银泰百货等；腾讯则投资大众点评、京东、滴滴、58同城、丁香园等。

而在企业内部，互联网巨头们也把O2O放在了前所未有的战略高位。

2014年2月26日，阿里巴巴集团宣布成立O2O事业部，并对外公布“千军万马”和“四通八达”的O2O战略构想。[①]腾讯则在这一年喊出了“连接一切”的口号，而O2O布局正是其实现这个目标的核心环节。百度也延续了2013年全力押注O2O的态势，CEO李彦宏曾用“付出再多代价也在所不惜”来表达转型O2O的决心。

而这还只是O2O大战的前奏，在此后的两三年里，移动支付和O2O相互推进，前者为后者的商业化和成长性打下了基础，后者对提升前者的渗透率和活跃度居功至伟，它们共同开启了一个移动互联网的盛世。

不过，在这其中，还有一道不可忽略的环节，它不仅让移动支付和O2O之间有了更加紧密的连接，还是这两个领域得以繁荣的基础。它，就是二维码。

风口浪尖上的二维码

与支付宝一样，微信支付在普及二维码支付的道路上也徘徊了很久，直到O2O模式的爆发，一举破解了二维码支付场景的推广难题。然而，伴随这种新型支付方式的普及，原本潜藏的矛盾也变得尖锐起来。

其实，移动支付是一个很宽泛的概念，历经数代的演变才到了我们现在所熟悉的模样。最早是通过手机短信完成交易；到移动互联网时代，WAP网银成为主流方式；等到智能手机普及，NFC支付、二维码支付则开始被广泛应用。

---

① 所谓“千军”是指2014年将有近5000家品牌商进入整个阿里巴巴O2O战略范围中，包括线下10亿元以上销售额、100家以上门店的公司；“万马（码）”则指的是二维码计划。“四通”是指流量、会员体系及数据、商品数据、支付环节的全方面打通；而“八达”是指O2O项目所实现的八个核心业务场景的全线互动。

WAP 网银：WAP（Wireless Application Protocol）是无线应用协议的缩写，一种实现移动电话与互联网结合的应用协议标准。WAP 网银，即依托移动通信运营商的网络，基于 WAP 技术，为手机客户提供账户查询、转账、缴费、支付等金融服务的电子银行业务。

NFC 支付：near field communication，简称 NFC，即近距离通信技术。因其本质是一种短距高频的无线电技术，所以交互双方需要安装类似芯片的东西，基于同一标准收发信号。“芯片”用来记录账户信息等，而“标准”就好比两个人必须在同一语言体系下才能进行信息的交互。但不同国家和地区、不同手机厂商和通信运营商认可的标准不一，这大大阻碍了 NFC 模式的发展。

二维码支付：二维码（2-dimensional bar code）是用某种特定的几何图形按一定规律在平面（二维方向上）分布的、黑白相间的、记录数据符号信息的图形。以此替代 NFC 模式中的“芯片”，因为二维码技术本身并不复杂，所以不存在标准统一的问题。

不同的移动支付模式不仅是底层技术的差异，本质上也是不同利益的划分。比如，NFC 模式需要运营商、手机厂商、技术提供商、商业银行等参与，并在统一的技术标准下运行。而这标准的制定还涉及工信部、中央银行、清算机构等多个单位。

所以，基于 NFC 技术的移动支付在各国都发展迟缓，主要还是因为涉及的产业链太长、牵扯的利益方太多。也正是这个原因，才让二维码支付后来居上。

比如在中国，2006 年中国银联便推出一项基于金融 IC 卡芯片的移动支付方案。与此同时，以中国移动为代表的运营商也在主导开发自己的移动支付产品方案。在 NFC 的技术标准上，前者基于 13.56MHz 标准，后者则主张 2.4GHz 标准。

直到 2012 年，中国移动与银联签订移动支付业务的合作协议，放弃自主开发的 2.4GHz 标准，两种技术标准之争才落下帷幕。但那时，移动支付市场已然变天。

而相比 NFC 模式，二维码支付则要简单许多。首先，手机里下载支付公司的 App，或者打印一张二维码即可，不涉及硬件的更换；其次，支付链条大大缩短，由支付公司全权主导，容易形成闭环，且推广效率更高。

到 2013 年，不止微信支付、支付宝等在推进二维码支付，一些商业银行也开始了“试水”，例如，中信银行就在这一年发布了一款名为“异度支付”的产品，支持包括二维码支付、NFC 支付等在内的一些新的支付方式。

但当时，线下商户和消费者对于这种支付方式的安全性、实用性也持观望态度。所以，直到进入 2014 年，伴随着移动支付的普及和 O2O 模式的盛行，二维码支付的形势才稍微有所好转。

但与此同时，来自监管和同业的压力也日渐增大。

2014 年 3 月 13 日，央行下发紧急文件[①]，以安全隐患为由，叫停了二维码支付和虚拟信用卡等有关业务。尽管监管给出的理由是“风险问题”，但市场上也有一种声音认为，被叫停的原因是二维码支付冲击了现有的支付格局和利益链条，它成为支付公司进军线下市场的利器。

在传统的线下收单业务模式中，发卡行、收单行、银联通常按照 7：2：1 的方式分成；而在线上收单模式中，仅涉及发卡行和收单行（主要是第三方支付企业），转接清算机构——银联被跳过了。

然而，借助二维码这个介质，线上收单模式被移植到了线下。在当时，传统支付链条中的利益各方对于线上支付的兴起还能勉强容忍，毕竟当时体量尚小。但当自己的大本营——线下市场开始被蚕食时，情况就大不相同了。

时任银联总裁的时文朝曾将银联“被通道化”现状比喻为篮球领域的“过顶传球”（OTT；over the top），这也是互联网冲击传统经济的常见路径——服务提供商旁路了运营商网络，直接面向用户提供服务，而运营商则沦为单纯的传输管道，管道中传输的巨大价值逐步游离于运营商之外。

不过彼时，二维码支付的趋势已然不可阻挡。

2014 年 4 月，中国支付清算协会受央行委托，牵头组织银行、第三方支付、银联等完成了针对二维码支付的安全性分析报告初稿，并提出二维码支付存在的安全风险及防范建议。这一动作让二维码支付监管标准出台的预期迅速升温，一度陷入僵局的市场又活跃了起来。

到了 9 月，微信低调上线了“刷卡”功能，支付宝则重返线下开始推广“付款码”。重启后的二维码支付保留了被动扫码[②]，即商户通过扫码枪等工具扫描用户手机 App 上的个人二维码完成支付。这将支付的整个过程放在了第三方支付系统内，进而可以提升支付的安全系数。

监管以默许的姿态表达了立场，二维码支付由此真正开始了一轮大发展。

---

①《中国人民银行支付结算司关于暂停支付宝公司线下条码（二维码）支付等业务意见的函》，2014 年3 月14 日。

②被取消的是主动扫码，即商户将商品价格等信息汇编成二维码，消费者通过客户端软件扫描二维码完成信息读取和支付。

“双 12”的意外之喜

2014 年的移动支付市场惊喜不断，到了年末居然又收到一份“大礼”。

长久以来，脱胎于电商生态的支付宝和社交生态的微信支付都以线上为主战场，借助二维码，移动支付得以从线上走向线下——一个更广阔的市场，这也是决定移动支付成败的关键。

相比线上市场，当时移动支付在线下的渗透率还相当低，覆盖场景也非常有限。更重要的是，如前面提到的，线下支付市场已有成熟的利益格局，并且改变线下用户习惯的成本要大大高于线上。

但在这一年，得益于二维码技术的普及和 O2O 模式的发展，移动支付的商业价值大大提升，这让互联网巨头们有了更强烈的动力去开辟线下市场。

一直以来，互联网世界都遵循着获客—留存—变现的基本原则，理论上前两步做得越好，变现能力就越强。而支付产品刚需、高频的特点为其建立了天然的获客优势，账户属性则让其成为沉淀用户、商户及数据的重要入口。

尤其，二维码支付让互联网公司等得以打通线上和线下，移动流量的红利和海量的数据资源被进一步挖掘。

例如，线下的消费场景覆盖了人们生活的方方面面，这些交易大都具有小额、高频的特点，且可以提供地理位置等多元信息，这些数据让商户、平台和用户的关系更为紧密，也成为新一轮商业竞争中的制胜关键。

补贴策略被继续沿用在线下场景的拓展中。

2014 年 12 月 12 日，延续“双十一”的思路，支付宝做了一次针对线下的“双 12”营销活动，约 100 个品牌、2 万家门店参与。活动规则很简单，就是使用支付宝钱包付款即可打 5 折，范围覆盖餐馆、超市、便利店等多个日常消费场所。

活动当日，火爆程度远超预期，参与活动的超市几乎全天爆满，杭州还有几家便利店几乎被买空。最后，根据支付宝统计的数据，全国用户在双 12 这一天总共通过支付宝钱包享受了 221 万笔 5 折优惠。

尽管只是一次常规的营销活动，但它的效果却远超支付宝的预期，被视为支付公司正式进军线下收单市场的信号。

“历史将记住 2014 年 12 月 12 日，中国线下收单的市场从此会被颠覆。”当时还在星展银行（中国）有限公司担任科技副总裁的鲍忠铁，在一篇专栏文章中做出了这个预测。

不知是否是巧合，2014 年 12 月末，在银联内部发表的新年致辞中，时文朝以“卡组织六十余年未有之大变局”来描述银联所面临的局面，并称“对银联而言，这是一个最好的时代，无疑也是一个最危险的时代”。

来自行业老大哥的一段盛世危言给2014年的支付市场写下了注脚，一个被互联网巨头所搅动的新时代才刚刚开局。

双雄时代

春晚红包

2014年7月，支付宝（2015）羊年春节红包项目正式立项，数月前“偷袭珍珠港”的教训历历在目，团队上下都铆足了劲，希望可以在来年的红包产品上扳回一城。

在杭州黄龙时代广场14楼，支付宝腾出了整整一层给临时组建的红包团队，数百人开始了为期5个月的封闭开发，若干个产品小组同时启动，希望能找到支付宝红包的“正确打开方式”。

实现在手机上“发红包”，技术难度本身并不大，但支付宝缺少的是引爆“红包”的关系链，这一点与社交属性的微信有极大不同。当时，支付宝连“好友”功能都还没上线，红包产品的研发开局不易。

而另一边，微信支付团队也开始为春节红包做准备，他们希望乘胜追击再创造一次奇迹。为了鼓励更多用户绑卡，微信支付增加了零钱账户和好友转账功能，用户沉淀在微信上的资金增多，自然便有了提现和绑卡的需求。

然而，这些前期的准备工作还远不足以制造“爆款”效应。微信支付开始频繁接触市场上各种潜在的合作对象和可能，最终，他们把目光投向了中国农历春节最重要的盛会——央视春晚。

自1983年开办以来，央视春晚一直是中国人必不可少的一道“年夜菜”。连续20年的平均收视率都在30%以上，这意味着那一晚至少有10亿人会守在电视前观看这场晚会。

对于任何一个品牌来说，这无疑都是一次绝佳的曝光机会，一家企业从寂寂无名到街知巷闻可能只隔了一个“标王”的距离。因此，春晚的广告招商屡屡创下天价，不少企业一掷千金只求一次在这个顶级IP中露脸的机会。

而这一年，第三次执导春晚的哈文准备做一些新的尝试——引入新媒体互动。这位女导演速来以大胆创新闻名，她在2012年初次担任春晚导演时便手起刀落砍掉了大量的广告，还提出了“拆门办春晚”的口号。

早期，春晚与观众的互动主要依靠热线电话；手机普及后，互动形式变成了短信留言；进入互联网时代，微博是网民点评春晚的主要阵地。这次，哈文希望顺应移动互联网的趋势，让观众与春晚的互动更具实时性和共鸣感。

就这样不谋而合，互联网公司的身影第一次出现在了羊年春晚的广告招标会中，包括微信在内的三个互联网团队走到互动合作项目的最后竞标环节。最终，提出“摇一摇 + 发红包”方案的微信支付以微弱的价格优势拿下了合作。

不过，对于当时的微信支付来说，要一口吃下这个“大饼”并不容易。

从技术上看，微信当时已上线“摇电视”功能[①]，针对春晚场景稍做调整即可。但要给 10 亿人“发红包”，这可是一大笔钱，谁来出？作为一个二级部门的营销项目，集团可以提供的资金支持十分有限，微信团队只能寻求外部的力量。

所幸的是，微信支付的市场团队并没有花太多力气便说服了合作伙伴接受这种全新的广告方式——冠名红包，即微信提供春晚红包入口，企业的赞助费直接以现金红包的形式发放给用户，同时获得品牌露出的机会。

以微信支付在招商方案中提到的“朋友圈曝光”为例，根据测算，假如“品牌包段”[②]红包被5000万人抢到，经过群分享等过程，最终将实现朋友圈曝光（保守预估 10% 分享率和人均 50 个好友）效果高达 4.5 亿人次。

彼时，对于商业化极尽克制的微信来说，这一次无疑也是巨大的突破。所以，尽管合作门槛高达千万量级，仍有不少企业趋之若鹜。最终，这次招商以 5 亿的战果收官，远远超出了微信支付的预期。

随着春节的临近，“红包大战”的气氛也变得焦灼起来。

2015 年 1 月 26 日，支付宝上线了红包功能，并联合多家企业率先开战，预计送出总计 6 亿元的红包，包括现金红包 1.56 亿元、购物红包 5 亿元。红包玩法更是多种多样，比如，逗逼红包、接龙红包、游戏红包等，规则繁复令人眼花缭乱。

这一年，支付宝采用了多路出击的策略，希望能有一两个“爆款”突出重围。

很快，运营团队通过数据发现，接龙红包中的一个小功能“发口令”，因为不用依托关系链，裂变速度更快、覆盖面也更广，更重要的是通过“口令”可以实现跨终端、跨平台的传播。

① 摇电视：一种多屏互动模式，用户打开微信“摇电视”摇一摇，就可以摇出电视节目相关的页面，并参与节目互动。

② 品牌包段：合作门槛为5000 万元，独家拥有春晚时段的某一轮红包互动冠名。

当机立断，一个接近200人的专项团队迅速集结、连夜开发，在48小时内，把“口令”玩法从接龙红包里拆了出来，变成了一个独立的形式：口令红包。[①]

不过，口令红包刚一上线便遭遇了阻击——微信在平台内“封杀”了支付宝的口令图片。但很快，支付宝便回以漂亮的一击，通过“变异”口令图片以破除“封杀”。就这样，你来我往、一攻一守的对弈，几乎每天都在上演。

“今夜子时，交换口令，不见不散…… ” 2015年农历大年三十下午，马云亲自下场为支付宝红包摇旗呐喊，每隔一段时间他就会在微博上发布红包口令，陆续发出99万9999个支付宝红包，再次引爆舆论。

这一边微信占据了社交关系链的优势，高频打低频[②]；那一边支付宝则在抢红包的趣味性上下足功夫，多维出击。就在两家企业的激烈竞争中，红包大战的热度不断升温。网友还总结了各种抢红包的攻略，全民参与度空前高涨。

10.1亿次！这是2015年除夕当日微信平台收发红包的总量。而从除夕当日的20:00至初一的0:48，春晚微信摇一摇互动总量达110亿次，其中互动的峰值出现在22:34，达到8.1亿次/分。

支付宝那边的数据同样惊人，在除夕当日的24小时内，总共有6.8亿人次参与了支付宝的红包游戏，红包收发总量超过2.4亿个，总金额达到40亿元，除去商户发送的红包外，用户个人发送的支付宝红包平均金额为59.1元。

相比微信红包，支付宝红包的收发需要在多个App之间跳转，在一定程度上影响了用户体验。经此一役，支付宝更坚定要自建关系链，并且要打造属于支付宝的红包玩法，这为下一年春节的“集五福”埋下了伏笔。

无论如何，从结果来看，羊年春节的红包大战在参与人数、金额、市场热度、广度上都达到了一个高点，支付宝和微信支付都获得了大量的新增用户，引领中国移动支付市场进入了一个新的阶段。

此后，不同的互联网公司开发出了各式各样的红包产品，投入春节红包项目的金额也不断创出新高。但无论是从体验还是效果来看，都难以企及微信红包所制造的影响力。

与前一年的情况不同，直到正月十五之后，不管是微信支付，还是支付宝的数据都处在一个高位，这说明红包有了常态化的趋势，移动支付开始走入大众的日常生活。

---

① 口令红包：在微信群、朋友圈等发出一串口令，用户打开支付宝钱包输入口令便可领取红包。

② 一般来说，社交应用的使用相对高频，金融应用的使用相对低频。

技术大考

羊年春节的红包盛宴不仅大大提升了移动支付的国民度，海量的交易还将中国的支付系统推向了一个全新的高度。

以微信春晚红包为例，当大量用户在同一时间摇、抢、拆红包，会瞬间产生每秒千万级的请求，而当这个“洪峰”过境，如果不能及时疏导（处理），将会导致服务器过载甚至崩溃。

尽管微信当晚也出现过短暂的宕机，但作为第一家接受春晚流量大考的互联网公司，它的表现已经可圈可点。而微信与春晚的这次合作也为后来者探了路，划下一道隐形的技术门槛。

《罗辑思维》的创始人罗振宇后来在 2019 年的跨年演讲中提到：“得到 App”原本打算在春晚投放广告，但被劝住了，因为春晚红包有一条不成文的规定——要想在春晚打广告，产品日活先过亿。原因很简单，用户量过低，技术很难支撑起春晚级别的高并发流量。

从 2015 年开始，春节红包大战和阿里“双十一”被并称为中国支付系统的两大超级测试，它们也是中国移动支付的技术和体验得以冠绝全球的直接推手。

到 2015 年年底阿里“双十一”时，其交易峰值已经达到 8.59 万笔 / 秒。可以对比的是，当时全球性支付清算组织 VISA 的实验室测试数据是 5.6 万笔 / 秒，而在实际应用中，VISA 的处理峰值为 1.4 万笔 / 秒。

这里还有一个插曲是，正是由于“双十一”带来的业务激增倒逼了阿里巴巴在 2010 年开启了“上云”之路。到 2015 年“双十一”时，阿里巴巴与蚂蚁金服自主研发的云数据库 Ocean Base 已投入使用。这也成为支撑支付宝快速发展的秘密武器，可以保证系统在双十一、春节红包等超级流量冲击下平稳运行。而 Ocean Base 则为阿里巴巴提前占位“云时代”打下了重要的基础，当然，这又是另一段故事了。

此外，不可忽略的是，每年这些特殊时期需要应对流量大考、处理海量数据的不仅是支付公司，与它们对接的银行系统同样被倒逼着进行了一次次的技术升级。这也对后来银行业体系拥抱金融科技、优化用户体验有着深远的影响。

我们支付账户里数字的增减，从发起到完成不过几秒，信息在一瞬间要穿越由支付机构、清算组织和商业银行所构筑的复杂网络。而春节和“双十一”所产生的天量交易，打通了这个庞大体系的任督二脉。

尽管数以亿计的红包大多数是在微信或支付宝体系内流转，但哪怕只有

10% 的交易笔数涉及从银行卡转入或转出，都是一波巨大的交易洪流。

这些特殊的支付场景，加速推动了中国的支付技术、体验的提升和优化。更重要的是，它们淬炼出一套既符合金融级 IT 系统安全标准，又得以应用于不同金融机构的金融科技能力。

决战线下

为了巩固羊年春节红包活动的战果，2015 年 3 月开始，微信将每周二定为“微信支付日”，即用户在当天使用微信支付购买商品或服务，可享受合作商家和微信联合推出的各种优惠，以此进一步推动移动支付在线下市场的发展。

另一边的支付宝也不落于后。几个月前的“双 12”活动让支付宝坚定了横扫线下的决心，它宣布对线下商户实行 0.6%[①] 的统一费率，同时 2015 年的费率将全部返还商户，2016 年返还 70% 的费率。

支付巨头开启价格战，把中国的支付费率打到了“地板价”，远远低于美国等地 2%~3% 的支付费率。并且，与国外支付企业通过 B 端、C 端双向收取手续费不同，国内以 B 端收费为主、C 端费率几乎可以忽略不计。

在商业力量的推动下，移动支付开始在线下快速普及，但这也让中国支付市场的双寡头格局进一步固化，支付宝和微信支付占据了 90% 左右的市场份额，另外 200 多家第三方支付公司的市场空间越来越小。

整个 2015 年，支付宝和微信支付都在猛攻线下市场。

从策略上看，支付宝集中从支付的高频场景（餐饮、零售）切入，深度绑定知名的连锁企业、零售品牌等，同时以大量补贴吸引 C 端用户。而资金“弹药”和地推能力相对较弱的微信支付则选择了曲线救国的方式。

微信支付借力微信生态，以行业解决方案的形式触达线下商户[②]，这样既避免了与支付宝在对接场景时的正面竞争，又得以紧紧跟随，没有让它们的差距进一步拉大。

在支付巨头的疯狂补贴和全力推进之下，线下场景快速铺开。

一个标志性的事件是，2015 年 6 月末，支付宝宣布与全球连锁餐饮巨头肯德基合作，在全国 2000 多家门店陆续接入移动支付。两个多月后，微信支付拿下了麦当劳，也将覆盖其 2200 多家门店。

---

① 传统线下收单的平均费率在0.38%~1.25% 左右。

②2014 年8 月，“微信智慧生活”全行业解决方案上线，以微信公众号为入口，通过开放接口及微信支付，实现商户原有商业模式的信息化、数据化、社交化。

随着线下场景争夺战的升级，支付宝和微信支付都已超越了单纯作为支付工具的比拼，而是综合实力的较量——它们以支付为切入口，帮助商户进行数字化改造，同时借助支付沉淀的数据提供包括信用、借贷、运营等增值服务。

从更高的维度来看，这也是腾讯和阿里巴巴两大巨头在线下市场竞争日益白热化的体现。

2015 年，投资了美团的腾讯，获得了本地生活场景的重要入口，美团为微信支付在线下市场的扩展起到了至关重要的作用。同期，阿里巴巴也重启了口碑项目，希望拓展团购、买单、外卖等本地生活场景。

这只是两家巨头在线下竞逐的一个缩影，他们利用资金 + 资源扶持的方式大力扩展自己的版图。包括后来的共享单车、共享充电宝、乘车码等一系列线下项目都可以看到 A、T 的身影，它们不遗余力地投入线下场景的布局中。

至此，这场支付战争已经彻底升级为两大互联网巨头的全面竞争。

伴随着移动互联网时代场景之争、入口之争的不断升温，支付市场份额变动牵动的不仅是交易规模，还有它们背后的蚂蚁金服、腾讯金融板块的成败，更关乎阿里巴巴和腾讯在流量、数据方面的根基。

谁也不敢松懈，谁也不肯让步。但这场漫长的对峙也让阿里巴巴和腾讯付出了巨大的代价，抛开战略布局层面的投入不算，仅在支付的业务拓展和基础设施上的投入也耗资巨大。

这种流畅的支付体验代价不菲，除了支付系统和技术的持续投入，支付公司还需要向银行缴纳通道费。快捷支付、余额提现、商户收款、信用卡还款……不同场景和业务的费率不等，大约在 0.1%~0.2%。

我们可以粗略地算一笔账：假设以相对保守的每笔最低 0.1 元来估算，每 10 亿笔交易，支付机构就要向商业银行和清算组织支付的通道费超过 1 亿元。这还没算上一些硬件改造（扫码枪）、市场补贴等投入。

那这个规模有多大呢？以腾讯为例，在 2016 年 5 月的贵阳数博会上，马化腾在演讲中曾提到，包括微信支付、QQ 钱包在内的财付通日均交易笔数已经超过 5 亿笔。而这个数字两年后已经上升到日均 12 亿笔[①]，每年通道费数以百亿元计。

在相当长一段时间里，这些成本都由支付公司来承担。但随着中国移动支付交易规模的攀升，支付公司的成本压力也日渐加大，而这也深深影响了支付

① 根据财付通2018 年度风险事件及客户投诉处理的披露数据测算而来。

公司的战略定位和商业路径。

支付宝和微信支付进入到一段拉锯战中。

但事实上，到 2016 年，这场支付战争的结果便已明晰：两分天下的格局已定，这两大支付巨头谁也打不倒谁，谁也离不开谁。它们所共同构建的移动支付网络成为中国新经济、新金融发展最重要的基础设施。

第五章
P2P 浮生若梦

于是我们奋力向前划，逆流而上的小舟，不停地倒退，进入过去。

——弗·司各特·菲茨杰拉德《了不起的盖茨比》

作为曾经的互联网金融明珠，P2P为新金融发展做出了不可磨灭的历史贡献，却终究沦为炮灰。在中国特色的金融土壤里，鱼龙混杂，泥沙俱下，大多数P2P网贷平台无可避免地成为恶龙，与庞氏骗局、非法集资搅在一起，其结局必然是毁灭，并且连带着葬送了整个行业。我们还无奈地见证了一个个炙手可热的精英人物惨败离场，乃至身陷囹圄。

眼看他起朱楼，眼看他宴宾客，眼看他楼塌了。

孔尚任《桃花扇》里这段词，用来概括P2P行业的命运再贴切不过。但凡经历过那段疯狂岁月的人，如今回首起来，大抵都会感到恍如隔世。

在巅峰期时，数千家P2P网贷平台一哄而起，声势冲天。这一数字从2018年起快速下降，至2020年年初，全国实际运营网贷机构仅仅剩下248家。超过95%的P2P网贷平台皆湮没在历史的尘埃中，而且这一比例正在无限接近100%。

P2P行业的悲剧命运是注定的，它被裹挟进了互联网金融的滚滚洪流中，冠以“创新”之名开始了一段畸形的生长。

P2P的繁荣恰逢中国的金融自由化、利率市场化进入深水区，日益旺盛的投、融资需求成为其繁衍的土壤。而一个本该受到强监管的行业，又恰巧遭遇了阶段性的监管缺席。

尽管后来P2P的野蛮生长带来了太多恶劣的影响，但不可忽略的是，它为互联网消费金融、互联网汽车金融等细分领域的崛起做出了巨大贡献，并且间接推动了民间金融的阳光化以及传统金融机构的革新。

回头来看，我们可以轻易描绘出 P2P 的种种野蛮与癫狂，并揭示其走向衰亡的必然性，但它留给我们的思考却远不止于此。这个给全球金融业都带去过极大震动的商业模式，其模式本身所存在的局限性可能才是导致它衰落的根源。

如果说互联网金融的出现是一场伟大的叛逆，是历史带给我们的惊奇，那么 P2P 更像一出意外的插曲。只不过，从监管者、从业者到消费者，都付出了太多代价，甚至是不必要的代价。

P2P 狂潮

自互联网金融元年开启，P2P 一举成为该领域最热门的风口。

从 2013 年开始，一直到 e 租宝垮台前，P2P 创业热火朝天，数千家 P2P 网贷平台在神州大地冒了出来，P2P 就快变成互联网金融的代名词了。

在那段时间里，从政府、金融界、学界到媒体界，人们的话题很难绕开 P2P。贬斥者、质疑者有之，鼓吹者、呐喊者更有之。而这种热度的不断上升，本身就在持续推动着 P2P 的野蛮生长。

放眼整个经济史，很少能有像 P2P 网贷这样的行业，在极短时间内让各类市场主体趋之若鹜，从精英到草根，创业者蜂拥而至，诈骗者趁势而入，一时间泥沙俱下。

这是因为，相比数字货币领域的强监管与余额宝等金融创新产品的高门槛，当时的 P2P 几乎是一个零门槛的、可以自由驰骋的灰色地带。

风口之上

资本的嗅觉从来都是格外灵敏的。风起之时，它们迅速冲到了第一线。从 2013 年开始，数以百亿元计的风投资金涌入了 P2P 行业。

最早大举杀入 P2P 领域的是一批国际顶级 VC[①]，因为见证了 Lending Club、Prosper 等 P2P 网贷平台在海外的崛起，这些基金早早地便开始布局坐拥 13 亿人口的中国市场。在他们看来，相比金融体系已经高度成熟的欧美市场，中国才是真正的 P2P 沃土。

2013 年时，成立较早的拍拍贷、宜信等都已经拿到了全球知名投资机构

① venture capitalist 的简称，即风险投资基金。

的资金。随着 P2P 站上风口，但凡背景较好、履历光鲜的创始团队几乎都成了资本追逐的对象。例如，当时刚成立不久的有利网就拿到了软银（中国）的投资。

数据、业绩已经不是首要考量的因素，在不断被抬升预期的一个新兴行业，只要能够组建一个像样的团队，基本就有了与风投谈判的筹码。而为了抢夺一些优质标的，VC 们甚至不惜放下身段和门槛。

经过了一整年的酝酿，到了 2013 年年末，这种资本的热度到达了一个小高潮，而最终点燃它的是一笔高达 1.3 亿美元的融资。

拿到这笔巨额投资的公司叫人人友信（后更名为“友信金服”），它有一家更为出名的子公司——人人贷商务顾问（北京）有限公司（简称“人人贷”）。成立于 2010 年的人人贷在很长一段时间里都被视为中国 P2P 的代名词。

一方面因为它是国内成立较早、也是较为知名的 P2P 网贷平台之一；另一方面则源于 2011 年银监会的一纸文件——《中国银监会关于人人贷有关风险提示的通知》，在该文件中，P2P（peer to peer）被直译为“人人贷”。

当然，让人人贷备受关注的原因还有它的三名创始人：张适时、李欣贺、杨一夫。创立公司时，这三人不过二十五六岁，均为北大、清华毕业的高才生，并且都有金融专业的背景或从业经历。创始人年轻有为的精英形象为人人贷加分不少。

人人贷的创业组合在当时的 P2P 领域算得上“顶配”，因此也是最早受到风投关注的企业之一。

对于人人贷的这轮融资，风投界还进行了一番颇为激烈的争夺，几家顶级风投不惜开出各种丰厚的条件以争取投资的机会。后来，还有一位知名投资人在接受采访时颇为懊恼地称，因为上会流程慢了些而错过了这个项目。

最终，挚信资本以不菲的代价成为领投方，这轮投资中还有一个“隐形”投资方是腾讯。以当时人人贷的规模能获得这家互联网巨头的关注，也足以证明它在行业里的地位。

人人贷的首轮融资创下了当时全球互联网金融企业的单笔融资纪录，这个纪录一直到 2015 年才被打破。这笔融资极大地刺激了 P2P 网贷市场，也拉开了互联网金融资本大战的帷幕。

进入 2014 年，仅 P2P 赛道就有超过 40 家平台获得投资，涉及金额超过 40 亿元人民币。包括拍拍贷、有利网、积木盒子等一批行业知名度较高的平台均完成了 B 轮融资。

到了这一年年末，全球最大 P2P 网贷平台 Lending Club 成功登陆纽交所，

IPO价格为15美元，上市首日行情火爆，股价涨幅高达56%，市值直逼百亿美元。有了这个榜样在先，国内的P2P网贷市场更为亢奋。

到了2015年，P2P行业共发生了101次融资事件，涉及94家平台，融资总额已突破130亿元人民币。一些头部平台的估值水涨船高，每轮融资的间隔也越来越短。

其中，最受瞩目的莫过于上海陆家嘴国际金融资产交易市场股份有限公司（简称“陆金所”）。因为背靠平安集团，这家平台一直是市场上的大明星。2015年3月，陆金所完成A轮融资，融资额4.85亿美元，投后估值100亿美元，投资方不乏中金公司、鼎晖投资等知名机构。

还有积木盒子，这家平台在2015年4月完成了8400万美元的C轮融资，英国天达集团（Investec）领投，海通开元、经纬中国、小米科技、顺为资本及银泰资本等跟投。从创立到C轮，积木盒子仅用了不到2年时间。

另一家被称为中国版Lending Club的点融网（后更名为“点融”）亦在这一年大出风头。

因其创始人之一是Lending Club的联合创始人、前技术总裁苏海德（Soul Htite），这家平台自创立之初便备受关注。2015年1月，点融网获得老虎环球基金的投资；当年8月，又完成了一轮高达2.07亿美元的融资，由CFF（背后是中民投、广发投资等机构）领投，渤海租赁参投。

如此密集、高频的融资，像极了几年前的“千团大战”，又好似20世纪90年代末的互联网泡沫。在这场资本狂欢中，不管是创业者还是投资机构都情绪高涨，P2P的面目开始变得模糊。

那时候，很多人都固执地相信，只要挥动这根名叫互联网金融的“魔法棒”，就可以消解互联网和金融之间的鸿沟，甚至颠覆传统的金融体系，打开一个金融新世界。

只是大家逐渐忽略了，在这个新世界里，有善意，也有恶意，有美丽，也有丑恶。

中国模式

2015年，我国P2P行业参与人数首次突破千万，活跃的借款人和投资人数量分别在280万和720万左右，分别为上年的3.5倍和3.1倍。从这个数据来看，P2P已经开始被大众所接受。

对于普通老百姓来说，P2P不再是一个陌生的名词，但可能很少有人能准确地说清楚它究竟是什么。事实上，在当时，就算是中国最顶尖的经济学家，甚至从业者自己可能都没办法给出一个标准答案。

如果只是从字面上解释 P2P 这个词并不难，这是 peer to peer 的缩写，意思是点对点网络。P2P 套用了这个概念，指在这种借贷关系里，每个人都可以是借款人或者投资人，资金直接在借款人和投资人之间流动。

在该模式下，存在一个中间服务方，也就是 P2P 网贷平台，为网贷双方提供信息、判断价值以及撮合交易。但按照欧美地区对于 P2P 的定位，平台只是单纯的信息中介，不做任何信用背书。

P2P 是个不折不扣的“舶来品”，但在中国“本土化”的过程中却演变出了不同的形态，这在很大程度上是由于不同国家和地区在金融监管和金融市场上的差异，而当时“中国式 P2P”至少有三种主流方式：

（1）纯平台模式

本质上更接近 P2P 的本源，是一种直接融资的概念，平台纯粹作为信息披露和撮合方，交易成功后收取一定的服务费。

（2）担保模式

通过引入担保机构、保险公司等作为增信，以保障投资人的本金，甚至利息。

这一模式在推动中国 P2P 市场的扩张中起到了决定性的作用，它大大提升了老百姓对于 P2P 的接受度。但同时，这也急剧放大了 P2P 网贷平台的风险。

担保模式下的 P2P 网贷平台已经接近间接融资的概念，与银行无异。而大多数参与其中的增信方并没有足够的能力去尽调资产，所谓的风控也形同虚设。

（3）类证券化模式

为了满足 P2P 的投资低门槛，一些金融资产被“大拆小”，甚至“长拆短”，放在了网贷平台上。

这种模式为快速膨胀的 P2P 市场提供了源源不断的资产共计，只要同时不断有新的资金涌入，这个模式便可以一直持续。一旦资金跟不上，便会出现流动性风险。

除了这三种分类外，也有按照线上和线下来区分的方式。当时，除了拍拍贷是纯线上模式，即没有线下团队，也没有深度介入资产端的获取和风控。大部分 P2P 网贷平台为了把控风险，也为了更丰厚的利润，大都直接或间接参与到了资产端，线上 + 线下的模式是当时最主流的选择。

这也让中国的 P2P 网贷平台从一开始便饱受争议，相当一部分声音认为，中国没有一家 P2P 网贷平台是真正的信息中介，大家都不同程度地扮演了信用中介的角色，只是介入的深浅和方式不同。

回过头来看，中国式 P2P 为何能在强烈的质疑声中顽强生长，根源还在于它满足了投、融两端日益旺盛的市场需求。

一方面，中国经济进入一段高速增长期，民营经济活跃、消费金融抬头，大量小微企业、个体商户甚至个人的融资需求，难以被主流的金融机构所满足，P2P 的出现恰逢其时。

另一方面，储蓄率一直居高不下的中国老百姓，理财意识开始觉醒。在余额宝火遍中国之后，大众的理财需求井喷，尤其对于中低风险的固定收益类产品青睐有加，P2P 产品正好填补了这一市场空间。

尽管后来 P2P 的野蛮生长带来了太多恶劣的影响，但不可忽略的是，它也间接推动了民间金融的阳光化以及传统金融机构的革新。

而伴随着 P2P 市场的急速膨胀，资产端呈现多元化特征，席卷了包括消费金融、担保贷款、融资租赁、承兑汇票、商业保理等在内的众多类型。正是在这个意义上，P2P 为互联网消费金融、互联网汽车金融等细分领域的崛起，做出了不可磨灭的贡献。

烈火烹油

尽管 P2P 争议不断，但无碍它随着互联网金融的大势，享受到时代的红利。

一个标志性的信号是，2014 年 3 月 5 日，"互联网金融"一词首次出现在"两会"的政府工作报告中，报告提到，"促进互联网金融健康发展，完善金融监管协调机制"。

新华社援引业界代表委员的解读称，这标志着互联网金融进入决策层视野，体现政府开放心态、实现包容性增长的执政理念和坚定推进金融改革的决心以及鼓励创新发展的总原则，也标志着互联网金融将正式进入中国经济金融发展序列。[①]

不仅如此，那几年，包括北京、上海、深圳在内的许多地方政府，也纷纷出台鼓励互联网金融发展的相关政策。从中央到地方，尽管一系列的政策信号并非针对 P2P，而是互联网金融。但在那个界线不明的阶段，一切利好都会被集中指向 P2P。

据零壹财经统计，在 2013 年，市场上涌现了 518 家新的 P2P 网贷平台；2014 年，新增平台的数量达到 1853 家，到 2015 年这一数字更是飙增至 2454 家。

① 华晔迪、王宇，《互联网金融首度写入政府工作报告》，新华社，http://www.gov.cn/xinwen/2014-03/05/content_2630456.htm。

也就是说，仅2014—2015年，便诞生了超过4000家的P2P网贷平台。

如果说早期的P2P创业者大多是技术或者金融精英，行业里也不乏理想主义气息。那么，2013年之后，各路人马都涌了进来，P2P行业很快变得喧哗与骚动起来。从草根到精英，从互联网公司到传统企业，从国企到民企，从产业龙头到金融机构，纷纷杀入这个新兴市场。

在炙热的市场氛围之下，即便金融机构也很难保持淡定。

2014年之前，仅有国开行和招商银行[①]涉足了P2P领域。2014年之后，银行系P2P逐渐多了起来，相对知名的有原包商银行旗下的“小马bank”、民生银行背景的民生易贷。甚至连兰州银行、齐商银行等一批地方性银行也纷纷开始试水P2P模式。

这股P2P热潮还蔓延到了券商、基金和保险。诸如华创证券、广发证券、华泰证券都间接投资了金汇金融、投哪网与91金融，开始布局P2P市场；基金公司中的嘉实基金推出了嘉石榴；保险公司中的平安集团成立了陆金所。

非金融企业就更为狂热了，毕竟在一个金融受到强监管的市场，很难有不需要审批和牌照便可涉足金融行业的机会。

包括海尔集团、链家地产、绿地集团、万达集团等，一大批大家耳熟能详的中国产业龙头纷纷做起了投融资撮合的生意，以投资或自建的方式介入了P2P业务。由此，中国的企业进入了一个“家家都做金融”怪圈，并随着互联网金融、金融科技的发展越演越烈。

在A股市场，P2P概念更是热到发烫。上百家上市公司以不同方式涉足P2P，一旦沾上这个最新潮的概念，股价便会立即飙升。其中，最令人大跌眼镜的要数国内烟花第一股——熊猫烟花。

2014年7月，熊猫烟花上线P2P网贷平台银湖网，实际控制人赵伟平对外放话称，有意将主业放在金融领域，且公司有望更名为熊猫金融，并声称对该平台的投入将达到1亿元。这带动该公司股价在10个交易日里累计上涨超过50%。

熊猫烟花好歹还正经成立了一家P2P网贷平台，还有更离谱的是，有公司仅仅抛出一个概念便能引来一波大涨。

---

①2012年，国开行全资子公司国开金融出资490万元、江苏金农出资510万元，共同组建开鑫贷。2013年9月，招商银行上线“小企业E家投融资平台”，提供线上线下投融资的信息见证服务，因与P2P信息中介的定位类似，因此被解读为招行涉足P2P模式。但招行否认了这种说法，该平台被定位为一种创新的融资方式，与P2P并无关联。

2015年5月，一家名为上海多伦实业股份有限公司的上市公司，购置“www.p2p.com”域名之后，将公司名称变更为匹凸匹金融信息服务（上海）股份有限公司，并称要做中国首家互联网金融上市公司。这波操作之后，原本已陷入经营困境的多伦股份，股价很快翻番。

泥沙俱下

狂热的另一面是乱象。

在那段岁月里，P2P行业几乎是一个没有规则、没有门槛的“游乐园”，鱼龙混杂、泥沙俱下。史上第一次，民间金融插上了互联网的翅膀，其灰色乃至暗黑的一面，被互联网无限放大了。

尤其，对于那些完全没有金融经验的创业者来说，距离金钱如此之近，可能是前所未有的体验，又有多少人可以坐怀不乱呢？一旦触碰底线，走上自融、诈骗的邪路，就很难再回头。

回顾这段历程，有人会以“千团大战”来对比P2P。但大家忽略了金融风险的隐蔽性和滞后性，与团购商品或服务不同，金融风险的危害性要大得多。而从操作上来看，当时创立一个P2P网贷平台比团购平台的门槛还要更低，更加简单粗暴。

一个创业者在网上用几千元到几万元不等的价格，便可购买一套P2P网贷系统，再接入一个第三方支付平台，一个基础的网贷平台就搭建完毕了。之后，通过论坛、社群等进行推广，或者花钱去营销获客。

没有金融牌照要求，没有从业资格要求，没有资金存管要求，没有信息安全要求，什么都没有，就是这样。一条公认的红线是非法集资，但是当你发现身边的创业者都在践踏红线的时候，红线也就慢慢模糊了。

在当时这种背景下，相对灰色的债权转让与期限错配已经算不上违规操作了，最致命的是自融大行其道。只要新的投资人不断进来，资金流不断掉，游戏就可以继续下去，从而演变为庞氏游戏。庞氏游戏的制造者，很难主动终结它，只会一步步将庞氏越做越大，直至崩盘。

P2P的发展过程中一直伴随着各种争议，行业急速膨胀，风险也在加速暴露，隔三差五就有P2P网贷平台跑路的消息传出。一些诈骗分子的横行无忌，让这个行业变得乌烟瘴气。当负面信息越来越多，舆论压力也越来越大。

事实上，有关部门并没有放任自流，对于问题平台也有介入处理。据不完全统计，仅2013年，国内正式被立案调查的P2P网贷平台就有10家，主要涉及非法集资和诈骗两项罪名。

但互联网渠道放大了风险的覆盖区域和传播速度，此类案件的证据收集难度大，时间跨度长，网贷平台后台数据及投资人在第三方支付转账记录需一一对应，经侦或网安部门立案后通常要跨省办案，费时费力。

例如，2014 年 7 月，深圳市罗湖区人民法院对 P2P 网贷平台东方创投涉嫌非法吸收公众存款一案进行了一审判决，该平台合伙人邓某及李某以非法吸收公众存款罪分别被判处有期徒刑 3 年和有期徒刑 2 年缓刑 3 年。

这家于 2013 年 6 月上线的平台，在短短 4 个月的时间里吸收公众存款 1.3 亿元，涉及投资人 1325 名。在相关负责人主动投案自首的情况下，公安部门历时 9 个月才完成东方创投案件的取证、调查、审理。

P2P 乱象屡禁不止。

到了 2015 年，P2P 行业的问题平台数量居高不下，总数达到了 1120 家，是前几年问题平台总和的 2 倍有余，相当于每天就有超过 3 家平台出事。在这 1000 多家问题平台当中，超过 1/3 的平台属于恶意跑路和诈骗平台。

烈火烹油之下，P2P 开始展现其千疮百孔的一面。而互联网金融一词，差点随着 P2P 的溃烂而被扫进历史的垃圾堆里。

这一时期，P2P 还触及了两个敏感地带——楼市与股市，对应的是 P2P 首付贷[①] 与 P2P 配资[②]。这与前面提到的 P2P 扩充资产端有关，一些短期周转、小额分散的资金需求被开发出来，对接上了互联网上另一端的投资者。

如果说对首付贷的打压，很大程度上是一种稳定楼市的需要，那么网络配资惹来的麻烦则要严重得多。

2015 年 6 月 15 日，沪指站上了久违的 5178.19 点，而后在不到两个月的时间里，疯狂杀跌至 2850.71 点的低位，暴跌近 45%。对于这场灾难，舆论普遍把罪名指向了场外配资，而 P2P 配资更是首当其冲。

尽管事后来看，借由 P2P 渠道的网络配资规模占比相当有限，但声讨 P2P 的声量却并没有减退。事实上，一直活在质疑和争议中的 P2P 似乎可以轻易地与各种问题挂上钩，而丝毫不违和。

---

① 首付贷是指在购房人首付资金不足时，地产中介或金融机构能够为其提供资金拆借。

② 在原有资金的基础上按照一定比例给用户提供资金，放大了杠杆的同时，也增大了交易风险。

大厦崩塌

到 2015 年下半年，P2P 行业依然没有任何降温的迹象，互联网金融发展依然如火如荼。

当年 7 月，原“一行三会”等多个中央部门还联合印发了《关于促进互联网金融健康发展的指导意见》。该文件提出了一系列鼓励创新、支持互联网金融稳步发展的政策措施，积极鼓励互联网金融平台、产品和服务创新。

然而，在 2015 年年末，突然就变天了。

P2P 成了过街老鼠，互联网金融成了中性词，从社会公众到监管部门，态度急转直下。而压倒骆驼的最后那棵稻草，是 e 租宝①。

相比首付贷和 P2P 配资，以及成百上千家的问题平台，e 租宝的崩塌，是毁灭性的。纵观中国金融史，e 租宝可能都算得上排名前列的超级骗局。如果稍微了解一下这家公司的发展过程，便会发现，这场骗局本身就是一个历史奇观。

丁宁其人

一个叫丁宁的 80 后，导演了这场大戏。

他的出身很普通，连大学本科都没考上，相貌平平，个头不高。

在早前的官方简历中，对丁宁的描述是：1982 年 7 月生，汉族，民革党员，企业家，应用化学专家，高级化学工程师，计算机工程师。看上去，很难跟互联网金融扯上什么关系。

但就是这样一个人，在短短一年多的时间里，缔造了一个庞氏帝国，非法集资高达 500 多亿元，涉及 90 多万人。

丁宁出生于安徽省蚌埠市丁岗村。当代极具传奇性和争议性的富豪史玉柱，也是蚌埠人。

在后来 e 租宝诡异崛起之时，几乎所有人都认为丁宁有着特殊的背景：如果不是这样，e 租宝为什么会突然蹦出来，还可以如此高调、如此嚣张？

真相是，丁宁从头到尾就没有什么特殊背景。在丁宁小时候，父母在当地经营着一家生产施封锁的小工厂，名为岩柏施封锁厂，以父亲丁岩柏的名字命名，主要生产铁路铅封，一种应用于火车集装箱的类似于锁扣的小产品。

① 全称为“金易融（北京）网络科技有限公司”。

关于丁宁的少年时代，我们所知甚少。或许因为那段时期过于乏善可陈，在后来发达之后，丁宁也从来闭口不提。就像大部分平民子弟一样，丁宁懂事得早，十多岁的时候就带着弟弟丁甸一起，帮父亲在厂里干活。

丁宁的学习成绩一直不理想，17 岁那年，考入了安徽工贸职业学院，一家位于安徽淮南市的专科院校。不久后，丁宁就办理了长期休学，再也没有回去。

对于这段短暂的大学经历，后来曾有媒体描述称："由于丁宁当时又胖又矮，加之木讷寡言，身边的同学都不愿意与他有过多的交谈，甚至还有不少学生曾羞辱过他。"①

幸运的是，彼时丁家的施封锁厂风生水起，已经初具规模，还在原来的工厂附近新造了一个厂房。于是，尚未年满18岁的丁宁，直接去了家里的厂子上班，跟着父亲跑业务、送货。

年纪轻轻的丁宁，靠着互联网完成了人生的第一次逆袭。

2000 年左右，互联网在国内兴起不久，丁宁大胆地借助电子商务网站，为岩柏施封锁厂拿下了几笔大额订单，为工厂带来了 300 多万元的销售额和 70 万元的净利润。丁宁后来回忆说，"那时用电子商务进行贸易，最难的是找网吧上网，整个省也没几家网吧，在蚌埠可能一家也没有"。

这次成功让丁宁在家族内部的话语权大大提升。2002 年，年仅 20 岁的丁宁当上了岩柏施封锁厂的厂长。2005 年，丁宁将这家工厂进行重组，成立了蚌埠市钰诚五金工贸有限公司，并担任公司总经理兼技术中心主任。

2011 年，丁宁又成立了蚌埠市钰诚新材料科技有限公司，与合肥工业大学联合成立"合工大金属表面处理研究中心"，同年作为应用化学方向专业人才享有安徽省科技专项津贴。钰诚系的这两家公司，先后成为国家级高新技术企业、国家火炬计划产业示范基地。

这一年，丁宁不到 30 岁。他用 10 年时间，将家庭小作坊变成了一个有实力、有技术的大企业。

作为一个善于学习、敢想敢做的年轻人，在实业领域颇有建树的丁宁，迟早会与金融产生交集。早在 2008 年，国际金融危机的爆发带给丁宁很大的冲击，他开始系统性恶补金融知识，并涉足民间借贷生意。

2012 年，三十而立的丁宁，先后注册成立了安徽钰城融资租赁有限公司

① 《"e 租宝"丁宁：风口上的骗子》，封面新闻，2019 年 2 月，www.thecover.cn/news/1687295。

和增益国际保理（天津）有限公司，开始进军金融业。

2013 年，丁宁整合旗下参控股公司，成立钰诚集团，准备大干一场。巧合的是，这一年余额宝横空出世，互联网金融浪潮浩浩汤汤而来，P2P 网贷遍地开花，属于草根金融创业者的春天来了。

从此，作为实业家的丁宁迅速“死亡”，作为赌徒与骗子的丁宁冉冉升起。

惊天骗局

从 2014 年 7 月 e 租宝上线到 2015 年年末 e 租宝覆灭，不过一年半的时间。

而在 2014 年之前，丁宁的人生轨迹，都是一个励志的 80 后民营企业家的故事。他还当上了蚌埠市政协委员，并在合肥工业大学和安徽财经大学担任硕士研究生导师。

2014 年之后，丁宁的人生为何出现如此剧烈的反转，直到将他自己毁灭？

在翻遍关于丁宁的公开资料之后，我们发现，一个叫张敏的女人起到了至关重要的作用。

公开资料显示，张敏是海归精英，出生于南京，外表不错，比丁宁年龄稍长。她在法国念过硕士，后来在一家名为 China Agritech Inc. 的中概股公司做过高管，2013 年回国创办了安徽汇仕达资产管理有限公司并担任总裁，为企业提供境外上市及融资相关的服务。

二人的相遇，始于一次商务聚会。那之后，已经结过婚的丁宁，对张敏展开了疯狂的追求，并成功俘获了她。丁宁也从此走上了一条畸形的膨胀之路。

2014 年 4 月，张敏加入了钰诚控股集团，任北京分公司总经理、集团副总裁。同一时间，丁宁收购了金易融（北京）网络科技有限公司，同时对该公司旗下的网贷平台进行改造，并于当年 7 月更名为 e 租宝上线运营。

e 租宝就这样诞生了。丁宁选择让张敏来做总裁，因为在他看来，张敏的海归背景与气质形象更适合放在前台，他本人则在幕后操控。

基于钰诚集团的融资租赁业务背景，e 租宝平台主打所谓的 A2P 模式，也就是融资租赁项目对接个人资金，先后推出了多款融资租赁债权转让产品，预期年化收益率在 9.0% 到 14.2% 之间不等，期限分为 3 个月、6 个月和 12 个月，赎回方式分 T+2 和 T+10 两种。

在 e 租宝上线之后的前半年里，这家平台并没有掀起太大波浪。彼时 P2P 行业群雄并起，钰诚集团实力有限，没有什么品牌，丁宁和张敏等人也不具备过硬的金融能力或者互联网运营能力。

要想把事情搞大，那只能剑走偏锋。丁宁采用了包装美女总裁 + 全面广告轰炸的策略。

2015 年 4 月，e 租宝总裁张敏以知性优雅的微笑形象，出现在央视《新闻联播》前的黄金广告时段，无数人从此知道了 e 租宝，并记住了这段广告语："e 租宝，易享生活、易享人生，举手之间、财富尽揽。"

不仅是央视，还有众多地方卫视。同一时间，在全国各地的报纸、网站、地铁、公交、飞机、高铁和楼宇，e 租宝的广告随处可见。

广告都做到这个份上了，还能有什么问题？就像丁宁的老乡史玉柱打出的脑白金广告一样，e 租宝的广告效果立竿见影，平台流量暴涨，借款项目很快就不够用了。

丁宁不可能容忍即将到手的资金溜走，于是索性通过中间商获取壳公司资料，伪造融资租赁项目合同，令 e 租宝平台的借款项目迅速放量。

一边是被广告骗来的一波又一波投资人，一边是批量制造的虚假项目，e 租宝平台的交易量直线飙升。从 2015 年 7 月开始，e 租宝单日募集资金规模达到 5 亿元，以超级黑马的姿态，一举跃升为行业头部平台。

与此同时，e 租宝的人员规模与办公面积迅速扩张，北京东三环的写字楼到处是 e 租宝的人。豪华办公室、美女高管、超高工资，以及丁宁本人的风流韵事，在坊间到处流传。

2015 年 8 月，丁宁登上了央视《发现双创之星》节目，他在演讲中说："我们每一个创客人应该用我们的创新，用我们勤劳的双手，共同去实践我们未来一个伟大的创新时代。"

通常庞氏游戏玩到最后，都会变得越发离奇。丁宁打起了国家"一带一路"倡议的主意，将目光瞄向了东南亚，在缅甸佤邦成立了"钰诚东南亚自由贸易区"，还弄出了"东南亚联合银行"。网络上还流传着丁宁在金三角地区组建武装部队，以及涉足毒品和军火交易的消息。①

这一年 10 月 15 日，人民网刊发了一条新闻稿——《钰诚集团合伙人会议主席丁宁、董事长张敏在北京拜会了柬埔寨首相洪森及其夫人》。

整个 2015 年，e 租宝是互联网金融领域最引人注目的明星，行业里对钰诚集团充满了好奇与困惑。然而，在 e 租宝高歌猛进、无孔不入的态势面前，

① 《e 租宝偷越国境案涉金三角 曾组建人民武装部》，澎湃新闻网，2016 年11 月，http://finance.sina.com.cn/money/bank/bank_hydt/2016-11-11/doc-ifxxsmic6049270.shtml。

人们纷纷臆想 e 租宝背后的特殊背景，反而丢掉了常识和理性。

直到 e 租宝出事之前，鲜有人公开指出 e 租宝是个骗局。相反，在 e 租宝的公关下，为其站台的精英人士和专业机构并不少见。

真相大白

骗局终究是兜不住的。

2015 年年底，多地公安部门和金融监管部门发现 e 租宝经营存在异常，随即展开调查。公安机关发现，至 2015 年 12 月 5 日，“钰诚系”可支配流动资金持续紧张，资金链随时面临断裂危险；同时，钰诚集团已开始转移资金、销毁证据，数名高管有潜逃迹象。

为了避免投资人蒙受更大损失，2015 年 12 月 8 日，公安部指挥各地公安机关统一行动，对丁宁等“钰诚系”主要高管实施抓捕。

2016 年 1 月 14 日，e 租宝平台的 21 名涉案人员被北京检察机关批准逮捕。其中，丁宁涉嫌集资诈骗、非法吸收公众存款、非法持有枪支罪及其他犯罪。此外，与此案相关的一批犯罪嫌疑人也被各地检察机关批准逮捕。

在被捕前夕，为了毁灭证据，丁宁安排人将 1200 余册证据材料装入 80 余个编织袋，埋藏在合肥市郊外一个 6 米深的地下。案发后，专案组动用了两台挖掘机，历时 20 余个小时才将其挖出。

据警方查明，从 2014 年 7 月 e 租宝上线至 2015 年 12 月被查封，“钰诚系”相关犯罪嫌疑人以高额利息为诱饵，虚构融资租赁项目，持续采用借新还旧、自我担保等方式大量非法吸收公众资金，累计交易发生额达 700 多亿元，实际吸收资金 500 余亿元，涉及投资人 90 多万人。

e 租宝就这样垮台了。

各种荒唐事很快大白于天下。诸如 e 租宝从高层到员工都是不懂金融的人，尤以美女甚多。其中包括：总裁张敏，党委书记、首席运营官王之焕，钰诚集团助理运营官殷飞，东南亚自贸区管理委员会主席谢洁等。

丁宁和张敏通过北京的娱乐经纪公司以及高端聚会圈，招揽小明星、海归精英兼任 e 租宝高管，借助她们的光环，吸引富裕的男性投资者。而为了给公众留下“财大气粗”的印象，丁宁曾要求办公室几十个秘书全身穿戴奢侈品牌的制服和首饰以“展示公司形象”，甚至一次就把一个奢侈品店全部买空。

经多份供述表示，丁宁与数名集团女高管关系密切，仅对张敏一人，丁宁除了向其赠送价值 1.3 亿元的新加坡别墅、价值 1200 万元的粉钻戒指、豪华轿车、名表等礼物，还先后“奖励”她 5.5 亿元人民币。而整个集团拿着百万元级年薪的高管多达 80 人左右，仅 2015 年 11 月，钰诚集团需发给员工的工资就有 8 亿元。

2017 年 9 月 12 日，北京市第一中级人民法院依法公开宣判：

对钰诚国际控股集团有限公司以集资诈骗罪、走私贵重金属罪判处罚金人民币 18.03 亿元；对安徽钰诚控股集团以集资诈骗罪判处罚金人民币 1 亿元；对丁宁以集资诈骗罪、走私贵重金属罪、非法持有枪支罪、偷越国境罪判处无期徒刑，剥夺政治权利终身，并处没收个人财产人民币 50 万元，罚金人民币 1 亿元；对丁甸以集资诈骗罪判处无期徒刑，剥夺政治权利终身，并处罚金人民币 7000 万元。同时，分别以集资诈骗罪、非法吸收公众存款罪、走私贵重金属罪、偷越国境罪，对张敏等 24 人判处有期徒刑 15 年至 3 年不等刑罚，并处剥夺政治权利及罚金。

一审判决后，该案丁宁、丁甸、张敏等 23 名被告人提出上诉。2017 年 11 月底，北京市高级人民法院宣布驳回上诉，维持原判。

我们摘取了一审判决书有关内容：

被告单位安徽钰诚控股集团于 2014 年 6 月至 2015 年 4 月间，被告单位钰诚国际控股集团于 2015 年 5 月至 12 月间，在没有银行业金融机构资质的前提下，利用 e 租宝平台、芝麻金融平台发布虚假的融资租赁债权项目及个人债权项目，包装成“e 租年享”、“年安丰裕”等年化收益 9% 至 14. 6% 的理财产品进行销售，以承诺还本付息等为诱饵，通过电视台、网络、散发传单等途径向社会公开宣传，先后吸收 11 万余人资金共计 762 亿余元，其中重复投资金额为 164 亿余元。

二被告单位集资后，除部分集资款用于返还集资本息，以及支付员工工资、房租、广告宣传费用、收购线下销售公司和担保公司等运营成本外，其余大部分集资款在丁宁的授意下肆意挥霍、随意赠予他人，以及用于走私等违法犯罪活动，造成集资数损失共计 380 亿余元。

经司法审计，二被告单位集资后可查实的集资款用途主要有：384 亿余元用于返还集资本息，12.3 亿余元用于向提供虚假债权项目的中间人支付好处费，20 亿余元用于发放员工工资、提成，12 亿余元用于支付办公场所房租、购买办公设备，4.8 亿余元用于支付广告宣传费用，29.76 亿余元用于与云南景成集团有限公司合作支出，23.33 亿余元调往国外"投资"，31.68 亿余元用于收购负债公司、不良债权等支出，12 亿余元由被告人丁宁"赠予"被告人张敏、王之焕、谢洁、姚宝燕、彭力、雍磊、高俊俊等人，4.91 亿余元用于购买珠宝、玉器、字画、奢侈品等财物，9.2 亿余元用于购买境内外房产、飞机、车辆，2998 万余元用于走私贵重金属支出。

好一场惊天骗局，好一出荒诞闹剧。

e 租宝揭开了中国互联网金融最阴暗的一面，它显示了在没有规则和底线的情况下，民间金融如何在短期内被异化、被扭曲，又可以达到何种荒唐和丑陋的地步。

而更令人惊叹的是，e 租宝并不是个案，丁宁也不是一个人。

当时，逐浪 P2P 大潮的"草根"创业者众多，例如，红岭创投创始人周世平、团贷网创始人唐军、雅堂金融创始人杨定平。他们学历不高、不懂金融，却一度在 P2P 行业里呼风唤雨。

到目前为止，唐军与杨定平均已投案自首，他们所缔造的 P2P 网贷平台也土崩瓦解了，留下一堆资金窟窿。周世平还在为红岭创投苦苦挣扎，留给他的时间恐怕也不多了。

一声叹息

那些年的 P2P 行业，是一个没有规则、没有门槛的游乐场，似乎任何人都可以在这里肆意狂欢。

作为 P2P 行业浮沉起落的亲历者，我每每回想起曾经的热闹喧嚣，都觉得像是一场梦。

这颗互联网金融领域最耀眼的明珠，曾经受到举国上下的热捧，却又很快从舞台中央跌落，堕入万丈深渊。

纵观行业发展历程，e 租宝事件无疑是个重要的"分水岭"。尽管业内人士都认为，e 租宝算不上 P2P。但当舆论和政策影响叠加共振的时候，伤害已经难以挽回。

e 租宝事件摧毁了 P2P，甚至互联网金融的社会形象，并惊动了最高层，最终改变了新金融行业的命运走向。

模式之困

插上互联网的“翅膀”，P2P 网贷平台一开始的定位便强调“平台”属性。参考互联网平台的发展模式和商业逻辑，推崇强者恒强的马太效应，即头部一两家公司占去 80% 市场的份额，其他公司只能分食剩下的 20%。

在此预期之下，P2P 网贷平台都以做大规模为首要目标，交易规模、借贷余额、用户数量、市场占比……成为衡量一家平台实力的重要指标，一度也是资本最看重的要素。

所以，P2P 行业一开始便陷入了融资、烧钱、获客，再融资、烧钱、获客……的怪圈。在市场最火爆的时候，上一轮融资还未结束，下一轮融资便开始启动，因为有一半甚至更多的钱，都用在了推广上，营销一停，数据便停。

按照当时不少从业者和投资人的预期，相较于传统金融业，互联网金融在降低成本、提升流动性和增强资源分配效率等几方面优势显著。所以，只要 P2P 网贷平台做到一定规模，建立起品牌影响力，便不愁营收和增长。

然而，狂热之下，大家忽略了 P2P 除互联网之外的另一重属性——金融。随着借贷余额的增长，风险也是呈几何上升的。如果按照银行的风险管理标准，当时那些 P2P 网贷平台的杠杆都高得惊人，潜在风险巨大。

再加上，与互联网产品有着本质的不同，金融属性的产品极难建立用户黏性和品牌忠诚度。对于借款人来说，利息够低、放款够快、额度够高才是王道；对于投资人来说，收益永远是占比最重的考量因素。

所以，P2P 网贷平台也陷入了一个恶性循环。到 2015 年，如果仅看规模，国内年成交量超过百亿元的 P2P 平台不在少数，但对外宣布实现盈利的却不到 20 家。

事实上，不只是中国的 P2P 网贷平台盈利困难。当时，全球范围内实现持续盈利的 P2P 网贷平台也屈指可数。

以全球第一家 P2P 网贷平台，于 2005 年在英国伦敦成立的 Zopa 为例，到 2015 年 8 月 18 日，Zopa 宣布促成的贷款超过 10 亿英镑（约 88 亿人民币），这是英国乃至欧洲第一个促成贷款发放量超过 10 亿英镑的 P2P 网贷平台。

然而，与成交量相对应的却并不是利润的增长，而是连年递增的亏损。财报显示，2015 年，Zopa 的亏损额从 2014 年的 610 万英镑（约 5368 万人民币）增加到了 890 万英镑（约 7832 万人民币），同比增加了 45%。

直到第二年的 9 月，在成立的第 11 年，这家老牌的 P2P 平台终于宣布实现盈利。颇具讽刺意味的是，当时 Zopa 发放的贷款量已经超过了 17.5 亿英镑，但其 11 年间的合并利润还不足 6 万英镑。

再来看看，全美最大的 P2P 网贷平台——Lending Club，到 2015 年年末时，它已逼近 200 亿美元的贷款发放量。自 2007 年上线以来，只在 2013 年短暂地实现过盈利。在接下来的 2014 年，平台则迎来了成立以来最大的亏损额。

而美国的另一家知名 P2P 平台 Prosper，到 2015 年时，其单季度贷款总额已经保持在 10 亿美元左右，估值已到 19 亿美元，可仍不能改变其上线 9 年还未实现盈利的事实。

相比之下，美国另一家上市的 P2P 平台 Ondeck 的表现已算非常优秀。这家平台在上线 6 年之后开始实现盈利，但在上市后不久，其 2015 年的财报状况又重新变为亏损。

按照国外的平台经验来看，信息中介模式前期的投入很大，但开支相对来说比较固定，因此会出现一个盈亏平衡点。以 Zopa 为例，4 亿 ~5 亿英镑的年成交量大约是同类平台的盈亏持平点。

但中国式 P2P 的情况则要复杂得多。我们可以简单了解一下当时 P2P 网贷平台的营收方式和费率标准。

针对投资人：包括但不限于，管理费（费率通常为收益的 6%~10%）、VIP 费用（VIP 的年费）、充值费、提现费。但因为市场竞争激烈，平台向投资人收取的费用经常减免。而且如果用户基数不够大，这部分费用基本可忽略。

针对借款人：如果是纯线上模式，主要收取借款管理费，这也是平台盈利的关键。如果是线上 + 线下模式，资产端还要依靠线下渠道解决，费用除了利息，还有一些服务费等。

从这里便可看出，在后者这种主流模式下，国内 P2P 网贷平台的主要营收来源仍是信贷利差，其他部分收入基本可忽略。这也是 P2P 饱受诟病的根源，究其商业模式的本质还是“放贷款”。

正是这种身份定位和实际业务中的巨大偏差，导致 P2P 网贷平台在中国一直处于一个非常畸形的发展状态。

一方面，它们追求互联网公司的高增长模式，并享受了类似的估值逻辑；另一方面，它们做着跟银行类似的事，赚着丰厚的信贷利差，却不受牌照和杠杆限制。

这种身份和模式上的“拧巴”，随着中国第一家 P2P 网贷平台的上市而变得尖锐起来。曾经讳莫如深的信息和数据，在招股书和上市财报中一览无遗。

那些高喊着以互联网之名革新金融的 P2P 们，最终并没有证明自己。

由盛而衰

关于 P2P 网贷平台在商业模式上的局限性，市场上一直不乏质疑的声音。

当时，以大胆敢言而著称的经济学家许小年就曾直接预言，90% 以上的 P2P 网贷平台都要倒掉，因为它们仅仅把资金的需求和供给方拉到一起，而没有解决金融的根本问题：如何以低成本的方式降低或克服信息的不对称。

他认为，绝大多数 P2P 并不创造价值，只是把借贷活动从线下搬到网上，就像炒股票从交易室看屏变为卧室看屏，丝毫没有改变金融的性质，没有为客户提供任何增值服务。

"人们看到互联网这个新技术的效率如此之高，误认为它可以改写经济规律，创造出一种全新的商业模式，而且这种商业模式可以违反过去的常识。世上本无'互联网思维'，说得多了，就有人相信了，凭着热情和背后的资金支持冲进金融业。"① 许小年撰文指出。

巨大的讨伐声中，P2P 行业的凋零之势早已出现。从数据上看，这个兴衰的临界点发生在 2015 年第四季度。

据零壹财经统计，2014 年 P2P 行业的整体交易额约为 3000 亿元，而到 2015 年 9 月末，行业的交易额已经超过 9000 亿元。按照正常的发展速度，P2P 行业的交易规模在 2015 年突破 1 万亿元已无悬念。

但截至 2015 年 12 月 31 日，我国 P2P 行业累计交易规模未能突破万亿元规模，全年约为 9750 亿元。并且，受 e 租宝事件影响，全国 P2P 行业 12 月交易规模较前一月大幅下滑 100 亿元左右。

要知道，在此之前的 5 年里，中国 P2P 行业的年均复合增长速度超过了 250%。而从数量上看，2012 年全国 P2P 网贷平台数量约为 100 多家，2013 年 700 多家，2014 年 1900 多家，截至 2015 年年末，这个数字已经上升到 3000 多家。

而从 2015 年第四季度开始，P2P 行业的交易规模、平台数量、投资人数的增速都在逼近临界点，甚至局部地区和指标出现负增长。"揠苗助长"式发展多年，P2P 行业实则脆弱不堪，当平台业务增长放缓的那一刻，风险已经在集聚。

在 e 租宝事件爆发后，P2P 行业的声誉降至历史低点。2015 年年末，《网

① 许小年，《互联网能提高金融效率，但无法改写经济规律》，第一财经，2017https://economy.china.com/news/11173316/20170914/31394674_3.html。

络借贷信息中介机构业务活动管理暂行办法（征求意见稿）》发布，随后多部门开始联合整治互联网金融风险。

对比这份征求意见稿来看，当时国内的 P2P 网贷平台基本 100% 不合格。单以资金存管一项为例，当时全国近 3000 家平台中，已经在银行做存管的企业不超过 10 家。

而其他要求，例如禁止行为（不得自融、不得搞资金池、不得保本保息、不得期限错配等）、信息披露（借款逾期金额、代偿金额、借贷逾期率、借贷坏账率等）都给当时的 P2P 网贷平台带去了巨大的合规压力。

这份文件没有划定 P2P 网贷的准入门槛，但诸多细节已经在无形中将绝大多数平台排除在外。当然，在那个无比灼热的市场情绪里，几乎所有的监管信息都可以被解读出另一层“利好”。

在很长一段时间里，从业者都怀着一丝希望，坚信随着行业整治的推进，劣币逐渐被清退出局，这个市场终究会留给少数平台机会。

那时候他们还猜不到后来的结局。

第六章 变脸与和解

生命终将找到出路（Life will find a way）。

——电影《侏罗纪公园》

从互联网金融到金融科技，新金融机构们忙着改头换面。不过，商业模式的变迁总是“面子易改，里子难移”。而不管选择何种转型方向，唯一确定的是，在强监管时代，颠覆论已死。新金融必须与传统金融寻求和解。而这种和解的前提，除了新势力的“认㞞”，也需要传统势力的理解，二者都经历了一个被教育的过程。

从2016年起，新金融迎来了一次大分流。

前一年发生的股灾与e租宝事件，导致中国政府对新金融领域的态度急转直下，他们开始更多地关注金融体系的乱象、风险及其脆弱性。

一场全国性的互联网金融风险专项整治随之而来。这场大整治原计划在2017年3月底结束，但至今依然未完成。

在整治风暴之下，面对监管和公众的“变脸”，互金平台不得不随之调整。一个来自海外的英文单词“Fintech”（金融科技），扮演了“救火队员”的角色。从此，行业主题词从互联网金融变成了金融科技。

有整顿，亦有治理。

同一时间，中国人民银行推动成立了中国互联网金融协会、网联清算有限公司（简称“网联”）和百行征信有限公司（又被称为“信联”），从行业自律、支付清算和征信体系等三个方面，建造了一套新金融基础设施，也为行业的长远发展夯实了根基。

这也促进了持牌金融机构的的变革步伐，他们逐渐找回了本属于自己的主场地位。虽然 P2P 捅出了大娄子，但是 2013 年以来的这场互联网金融浪潮，还是深深震撼了传统金融业。

于是，新势力“认㞞”，老玩家醒悟，双方一拍即合，走向和解，至少是暂时的和解。以 BATJ 分别与大型商业银行建立战略合作为标志，2017 年成为一个和解之年。至此，分工协作开始成为新金融的主旋律。

与以往互联网公司和商业银行之间的合作不同，在这波联姻潮中，合作的广度和深度都有着明显的提升，不再局限于简单的引流，而是着眼于整体业务的合作以及技术层面的互补。

也就是从这个时候起，蚂蚁金服和腾讯金融们，全面进军金融科技 to B 服务之路，某种程度上这还可以视为 2018 年以来产业互联网的先声。

整治风暴

尽管 e 租宝的本质既不是 P2P 网贷，也不是互联网金融，它却给整个行业带来了难以磨灭的灾难。

曾经捧得有多高，现在摔得就有多狠。仿佛一夜之间，P2P 从炙手可热成了人人喊打的过街老鼠，“互联网金融”这个词也变得充满争议。

2016 年 3 月，两会期间的政府工作报告，在提及互联网金融时，使用了“规范发展互联网金融”这一表述，而在 2014、2015 年的说法均为“促进互联网金融健康发展”。从“促进”到“规范”，信号再明显不过了。

这份政府工作报告还提到了“资本市场基础性制度还不完善，金融等领域存在风险隐患”，并要求“扎紧制度笼子，整顿规范金融秩序，严厉打击金融诈骗、非法集资和证券期货领域的违法犯罪活动，坚决守住不发生系统性区域性风险的底线”。

一切都回不去了。防风险将是未来很长一段时间的主旋律。

短暂的春天

自互联网金融元年以来，这个行业曾顶着耀眼的光环，受到来自四面八方的肯定和鼓励。

在余额宝爆红后不久，2013 年 8 月，由国务院授意组建，央行牵头，银监会、证监会、保监会、工信部、公安部、法制办、财政部等八部委共同组成了“互联网金融发展与监管研究小组”的调研团，在上海、杭州两地进行调研。

8月13日，央行某副行长在出席2013年中国互联网大会时表示，互联网金融在传统金融行业起到了巨大的推进和推动作用，在坚守法律底线的前提下，应该鼓励和包容。并强调，“发展互联网金融，应注意防范风险，两个底线不能碰，不能击穿：一是非法吸收公众存款，二是非法集资”。

那时候，人们的焦点自然落在了“鼓励和包容”，至于风险和底线，由于显得老生常谈，很容易就被抛诸脑后。

最为振奋人心的是在2014年3月，互联网金融首次出现在政府工作报告中，“促进互联网金融健康发展，完善金融监管协调机制”。

在我国的环境下，政府工作报告中的一句话、一个词，都具有非比寻常的意义。互联网金融被写进政府工作报告，犹如一次“鱼跃龙门”。

在各界对互联网金融的热情日益高涨之际，“互联网+”“双创”等概念也在深入人心。以滴滴、小米为代表的所谓新经济公司也迎来了巅峰时刻。那确实是一个令人热血贲张的年代。

2014年9月，国务院总理李克强在夏季达沃斯论坛上提出了“大众创业”“万众创新”。他指出，要在960万平方公里土地上掀起“大众创业”“草根创业”的新浪潮，形成“万众创新”“人人创新”的新势态。此后，李克强总理在首届世界互联网大会等场合频频阐释这一关键词。

进入2015年，无论是互联网还是互联网金融，新经济还是新金融，市场情绪都达到了一个空前的高点。

这一年的政府工作报告在提及互联网金融时用了“异军突起”一词，并要求“促进电子商务、工业互联网和互联网金融健康发展”。

2015年5月7日，李克强总理先后来到中国科学院和北京中关村创业大街考察调研。他强调：“推动大众创业、万众创新是充分激发亿万群众智慧和创造力的重大改革举措，是实现国家强盛、人民富裕的重要途径，要坚决消除各种束缚和桎梏，让创业创新成为时代潮流，汇聚起经济社会发展的强大新动能。”

中央层面的重磅文件接踵而至。此后不久，国务院先后下发了《关于大力推进大众创业万众创新若干政策措施的意见》和《关于积极推进“互联网+”行动的指导意见》。

其高潮是，2015年7月18日，中国人民银行等十部门联合印发了《关于促进互联网金融健康发展的指导意见》（银发〔2015〕221号），该文件提出了一系列鼓励创新、支持互联网金融稳步发展的政策措施，积极鼓励互联网金融平台、产品和服务创新。

这是中央层面关于互联网金融的第一部正式文件，它本该是一盏引领互联网金融走向未来的明灯，但还没来得及发光发热，就被大整治改变了命运。

与此同时，为响应中央号召，各地政府关于鼓励和促进互联网金融发展的政策更是不绝于缕。很多互联网金融平台都成了地方政府的座上宾，并且享受到了各式各样的超规格待遇。

毫不夸张地说，对于互联网金融，在2013—2015年，从中央到地方，拿出了最大的诚意和最大的宽容，但事与愿违，尽管成绩有目共睹，但更多的还是失望与遗憾。

在金融的世界里，专业、稳定、审慎，这些关键词永远是第一位的。金融风险更不会因为加上了互联网三个字就下降了。

这对创业者是一记教训，对监管部门更是如此。

无尽的整治

e租宝事件之后不久，2016年春天，一场大整治悄然降临。

当年4月，国务院办公厅下发了《互联网金融风险专项整治工作实施方案》（简称《实施方案》），对互联网金融风险专项整治工作进行了全面部署安排。

为了确保软着陆，不至于引起系统性风险，这场大整治最初的动静并不大，从中央到地方努力保持低调。《实施方案》直到半年后才公之于世。

2016年10月，国务院办公厅正式公布《实施方案》，同时披露了《P2P网络借贷风险专项整治工作实施方案》《股权众筹风险专项整治工作实施方案》《互联网保险风险专项整治工作实施方案》《非银行支付机构风险专项整治工作实施方案》《通过互联网开展资产管理及跨界从事金融业务风险专项整治工作实施方案》以及《开展互联网金融广告及以投资理财名义从事金融活动风险专项整治工作实施方案》等六大具体实施方案。

《实施方案》提出了以下整治重点：

P2P网络借贷领域的整治重点是落实网络借贷机构信息中介定位，禁止网络借贷机构突破信息中介职能定位开展设立资金池、自融自保、发放贷款等违法违规活动。

股权众筹领域的专项整治强调了不得擅自公开发行股票、变相公开发行股票、非法经营证券业务等要求。

互联网保险领域的整治重点是互联网高现金价值业务、保险机构依托互联网跨界开展业务及非法经营互联网保险业务。

第三方支付领域的整治重点是非银行支付机构备付金风险和跨机构清算业务，以及无证经营支付业务行为，第三方支付领域已实行业务许可，对于无证经营支付业务的机构将开展专项整治工作。

通过互联网开展资产管理及跨界从事金融业务的整治重点是具有资产管理业务相关资质但开展业务不规范的互联网企业，以及未取得资产管理等金融业务资质但跨界开展金融活动的互联网企业。

互联网金融领域广告等行为的整治重点是互联网金融从业机构发布虚假、违法金融广告等。

参与此次整治工作的，除了“一行三会”、财政部、工信部等财经金融领域的监管部门，就连中央宣传部、中央维稳办、公安部、国家信访局、最高人民法院、最高人民检察院等部门都参与了进来。

根据《实施方案》，公安部负责指导地方公安机关对专项整治工作中发现的涉嫌非法集资、非法证券期货活动等犯罪问题依法查处，并会同相关部门共同做好群体性事件的预防和处置工作，维护社会稳定；国家信访局负责信访人相关信访诉求事项的接待受理工作；中央维稳办、最高人民法院、最高人民检察院等配合做好相关工作。

可以看到，对于整治可能带来的犯罪风险、维稳风险，中央都做好了相关部署。这表明，作为整治对象的互联网金融，显然不仅仅是金融问题，还上升到了重大的社会问题。

到了这个时候，发展、创新已经是次要的了，稳定压倒一切。仅仅几个月的时间，昔日的金融创新，成为今日的金融风险；过往的鼓励发展，化为此刻的整治压力。

由于整治涉及十多个中央部门，还有各地方政府。所以并不意外的是，各部门之间的博弈，以及中央与地方的博弈，让这场整治变得复杂而微妙。整治的延期，几乎从一开始就是注定了的。

另一种解释是，在整治开启之后，监管部门经过调查发现，互联网金融领域的问题和风险大大超出了预期，整治延期乃不得已为之。

当然，对整治进度起到决定性作用的是更高层的意志。2017 年 7 月，全国金融工作会议在北京召开，习近平总书记出席并发表讲话指出：“防止发生系统性金融风险是金融工作的永恒主题。要把主动防范化解系统性金融风险放在更加重要的位置，科学防范，早识别、早预警、早发现、早处置，着力防范化解重点领域风险，着力完善金融安全防线和风险应急处置机制。”

从这次讲话来看，防风险成了重中之重，中央对金融风险表现出了极大的关切。而为了加强金融监管，此次会议还要求成立国务院金融稳定发展委员会。

不仅如此，2017 年 10 月，党十九大报告提出，要坚决打好防范化解重大风险、精准脱贫、污染防治的攻坚战，使全面建成小康社会得到人民认可、经得起历史检验。此后，防风险成为三大攻坚战之首，金融风险亦首当其冲。

局势再明显不过了。一场国务院十多个部门参与的互联网金融风险专项整治，逐渐升级、升格，而且被纳入了最高层钦点的攻坚战之中。

按照实施方案的要求，此次专项整治原计划在 2017 年 3 月底完成，但至今依然未完成。而只要整治一天不结束，互联网金融就依然处在非常规状态。

从元年到整治，不过 3 年时间，而截至 2020 年上半年，这场整治已经开展 4 年了。3 年发展，4 年整治，怎能不令人唏嘘。

在此期间，P2P 网贷、股权众筹、第三方支付以及资管等行业相继迎来了强监管。最惨的是股权众筹和 P2P 网贷，也是最接近民间金融的行业。

如果说股权众筹被直接“斩立决”，那么，等待 P2P 网贷的，更像是一场“凌迟”。

P2P 堕入极夜

积木盒子创始人董骏在公司成立 6 周年活动时曾经感慨，“积木从被市场认知的那一天起，就带有 P2P 的标签，这个标签开始被追捧后来被鄙视，我也曾经历机构投资人门庭若市到有一天开会差点被对方请出会议室，而这一切的变迁仅仅是因为我们有这样一个标签”。

过去数年里，针对 P2P 的监管力度不断升级，行业陷入了十面埋伏；而从业者翘首以待的备案则一再搁浅，如今更是完全没了声响。

不过，在 2016 年那会儿，从 P2P 行业到资本市场，其实并没有这么绝望。当时，正常运营的 P2P 网贷平台数量，一度超过了 3000 家。

哪怕 e 租宝以及一大堆问题平台跑路，哪怕互金整治开启，哪怕监管部门和地方政府的态度陡然转变，但很多人还是抱着期待，认为自己会是剩下来的少数派。

这种乐观情绪在 2016 年 8 月 24 日达到了一个高点。那一天，银监会正式对外公布《网络借贷信息中介机构业务活动管理暂行办法》(简称《暂行办法》)。该办法将 P2P 网贷平台定位为信息中介而非信用中介，要求其不得吸收公众存款、不得归集资金设立资金池、不得自身为出借人提供任何形式的担保等。

基于信息中介这一定位，《暂行办法》提出了备案制，但将具体备案权限给到了地方政府，包括工商、金融和通信等部门。银监会还在该办法中特别强调，“备案登记不构成对网络借贷信息中介机构经营能力、合规程度、资信状况的认可和评价”。

而为了避免《暂行办法》出台对行业造成较大冲击，银监会做出了 12 个月过渡期的安排，在过渡期内将采取自查自纠、清理整顿、分类处置等措施。

从那一天起，虽然信息中介以及相关的监管禁令让 P2P 行业倍感压力——这意味着它们类银行的监管套利被堵死了，但是更多的人也看到了希望——那就是这个充满草莽色彩的行业终于被纳入了监管框架。而哪怕只是备案，在现有环境之下，其含义也可大可小，大到相当于一张金融牌照。

放眼中国历史，对于揭竿而起的草根群体而言，“招安”从来都是具有致命吸引力的。这一次也不例外。

于是，对于《暂行办法》，各家平台纷纷发声，铺天盖地的“拥抱”“拥护”“欢迎”“感恩”……回过头看，倒是令人想到《红楼梦》里“太虚幻境”的那副对联：“假作真时真亦假，无为有处有还无”。

谁会是第一家或是第一批通过备案的 P2P 网贷平台，就成了行业里最大的悬念，也是最大的期待。等啊等，没想到等来的却是越来越严厉的监管态度，以及一次又一次的备案延期通知。

最初的预期是在 2017 年 6 月末，后来传出在 2018 年 6 月末，再之后备案变成备案试点，最后是所谓的“监管试点”。

到了这个时候，行业里的最大悬念，从谁将最早完成备案，变成谁还可以活下来，以及 P2P 还会存在吗?

在此期间，中央对防范金融风险愈加重视，推动金融强监管不断升级。P2P 行业则迎来了“双降”“三降”，也就是无条件地必须降低业务规模，从中央到地方的监管部门一致将“退出”确定为 P2P 整治的主基调。

汉字博大精深，这“退出”二字所代表的意思并不乐观，或许意味着这个行业要从此退出中国历史舞台。

过去几年里，历经各式各样的整治之后，P2P 行业在不知不觉间，一步步跌落，一点点萎缩，在四面楚歌、十面埋伏之间，等待着丧钟的敲响。

2016 年 8 月 24 日，也就成了 P2P 从业者心中永远的痛。那一天，他们原以为看见的是曙光，之后便是阳光明媚，不曾想过，那所谓的曙光其实是极夜之前的最后一丝阳光。

残存的一丁点希望是，根据最新的监管精神：支持机构平稳转型，引导无严重违法违规行为、有良好金融科技基础和一定股东实力的机构转型为小贷公司。对于极少数具有较强资本实力、满足监管要求的机构，可以申请改制为消费金融公司或其他持牌金融机构。

从万众瞩目到几乎无人生还，P2P 行业的命运沉浮，令人叹息。除此之外，我们还可以反思什么？

经济学家陈志武曾指出：“互联网金融也好，股市也好，都不应该成为行政主导下的一场运动，真金白银的商业和证券投资最后都要有人买单，而这两场运动最后买单的又恰恰是本无能力买单的老百姓。”[①]

北京大学法学院教授彭冰写过一篇《反思互联网金融监管的三种模式》，分析了近年来互联网金融监管的得失。对于 P2P 网贷所受到的运动型监管模式，他认为，有其一定的合理性，看起来既满足了金融创新的需求，也通过风险整治处理了风险，但其代价是巨大的。

尤其，对于从事金融创新的创业者来说，这段创业之路的曲折和艰辛远远超出了已有的经验和预期。彭冰在文中写到，整顿之前，大家在无法可依的状态下摸索前行，无异于在刀尖上行走；而事后整顿又让一批创业者付出了不小的代价，在一定程度上损耗了创新人才。

央行图治

有破，亦有立；有整顿，亦有治理。

从 2016 年起，央行以空前的决心和力度，在短短两年多里，推动成立了互联网金融协会、网联和信联。

在互金整治不断冲击行业的同时，央行如此变革图治，也在不断向市场释放改革创新的信号。

一套崭新的金融基础设施初步形成，也给新金融的长治久安铺平了道路。

① 陈志武，《从互联网金融泡沫看政府干预市场的后果》，《经济观察报》，2016 年01 月18 日。

很大程度上，我们可以将这些动作视为央行的“扩权”，这也是近年来我国金融监管的一个趋势。

在 2016 年 4 月的互金整治方案中，国务院要求由央行负责同志担任互金整治工作领导小组组长，并将该领导小组办公室设在央行。

在 2017 年 7 月的全国金融工作会议上，中央提出，“设立国务院金融稳定发展委员会，强化人民银行宏观审慎管理和系统性风险防范职责”。

作为国务院统筹协调金融稳定和改革发展重大问题的议事协调机构，新成立的金融稳定发展委员会办公室同样设在央行。

互金协会

成立互联网金融协会是《关于促进互联网金融健康发展的指导意见》中的一项重要任务。

这份发布于 2015 年 7 月的监管文件提出，加强互联网金融行业自律。充分发挥行业自律机制在规范从业机构市场行为和保护行业合法权益等方面的积极作用。人民银行会同有关部门，组建中国互联网金融协会。

同时，该文件要求协会按业务类型，制订经营管理规则和行业标准，推动机构之间的业务交流和信息共享；明确自律惩戒机制，提高行业规则和标准的约束力。

对于一个快速演变、边界尚不清晰的新兴业态，很难让某个金融监管部门独立管辖，而跨部门的监管又面临成本较高、效率偏低的问题。在此情况下，组建行业协会、加强自律监管，就是一个折中方案了。

对央行来说，通过组建行业协会来推动行业发展，在此之前有过一次相当成功的经验，那就是银行间市场交易商协会。该协会的成立，很大程度上破解了债市多头监管的顽疾，对中国债券市场的改革创新，也起到了至关重要的作用。

2015 年 12 月 31 日，经国务院批准，民政部通知中国互联网金融协会准予成立。这是我国行业协会脱钩改革后第一个承担特殊职能的全国性行业协会。

2016 年 3 月 25 日，中国互联网金融协会在上海黄浦区召开成立会议暨第一次全体会员代表大会，时任上海市市长杨雄和中国人民银行副行长潘功胜共同为协会揭牌。

潘功胜强调，建立一个良好的互联网金融业态，促进行业良性健康发展，需要搭建行政监管和行业自律有机结合的互联网金融管理体制，中国互联网金融协会是其中的重要组成部分。

互金协会从一开始就没有局限于狭义的互联网金融范畴，而是站在新金融的视角，将各类传统金融机构均纳入了进来。

从会员机构的组成来看，包括银行、证券、保险、基金、期货、信托、资产管理、消费金融、征信服务以及互联网支付、投资、理财、借贷等机构，还包括一些承担金融基础设施和金融研究教育职能的机构，基本覆盖了互联网金融的主流业态和新兴业态。

互金协会成立伊始，迅速开展了两项基础性工作，一是互联网金融统计监测，二是互联网金融信用信息共享平台。没过多久，统计系统与共享平台相继上线，前者为监管部门提供了重要的决策参考，后者则对互金平台的风险管理意义重大。

这之后，互金协会组织成立了多个细分领域的专业委员会，包括网络借贷、互联网金融网络与信息安全、移动金融、信用建设、互联网股权融资、互联网保险等。

与此同时，在信息披露、数据监测和标准建设等方面，互金协会的相关工作不断深入。截至 2017 年年末，协会启动运行全国互联网金融登记披露服务平台和登记子系统，国家互联网金融监测中心、互联网金融大数据中心、互联网金融标准检测认证中心相继建成并投入运行。

作为自律监管组织，互金协会逐渐进入角色。

网联平台

从一开始，网联就是互联网金融整治的产物。

根据《非银行支付机构风险专项整治工作实施方案》要求：推动清算机构按照市场化原则共同建设网络支付清算平台，网络支付清算平台应向人民银行申请清算业务牌照。平台建立后，支付机构与银行多头连接开展的业务应全部迁移到平台处理。逐步取缔支付机构与银行直接连接处理业务的模式，确保客户备付金集中存管制度落地。

网联成立于 2017 年 8 月，是隶属于央行的“非银行支付机构网络支付清算平台”，即为第三方支付机构所搭建的转接清算平台。

作为一个中国独有的金融基础设施，网联的诞生离不开国内特殊的支付环境和市场格局。

从互联网金融元年到 2016 年，中国第三方支付机构处理的业务量从 371

亿笔增加到1855亿笔，金额从18万亿元增加到120万亿元，发展速度之快、规模之巨，冠绝全球。而早期为了支付体验更加便捷，第三方支付公司采取了一种直连银行的模式。

这种直连模式伴生的问题是，一家第三方支付公司会同时连接几十、甚至上百家银行，不仅需要重复投入接口、开设多个备付金账户，导致资金账户关系复杂，更重要的是交易信息不透明，监管无法穿透。而绕开了银联的第三方支付平台，实际上已经成为网上转接清算组织，只是没有牌照。

在这样的情况下，网联应运而生。自2016年8月央行批复筹建后，网联需要在短时间内打破业已形成寡头的支付市场格局，以及数百家银行直连支付机构的模式，构建一个全新的基础平台和行业规则。

作为目前全球唯一一家针对第三方支付机构的清算平台，网联不仅在定位上独树一帜，在组织形态上也做了极大的创新，以“共建”的方式充分调动了市场的力量。在筹建期间，有来自30多个不同机构的200多人来网联支援工作。

到2017年6月30日时，已有12家全国性商业银行接入网联，它们所覆盖的个人银行账户数量，市场份额占比超过70%。同时，包括财付通、京东支付、快钱、百付宝、支付宝、平安付等第三方支付公司也开始陆续接入，如果全部切量[①]完成，这些机构的网络支付和移动支付的交易规模合计占比超过总市场份额的96%。

根据央行规划，到2018年下半年，网联便将完成与所有第三方机构和银行的对接。也就是所谓的“断直连”，银行会关闭第三方支付机构直接代扣通道，由银联和网联承担清算服务方。

为了满足第三方支付机构高峰时的交易和清算需求，并具备持续扩容的能力，网联采用三地（北京、上海、深圳）六中心的分布式架构，即每个地方有两个中心机房，具备灵活性和兼容性，可以满足未来业务的变化和增长。而根据最初的设计，网联可支持12万笔/秒的平稳实时转接请求的能力，同时考虑容灾要求，平台满配峰值支持18万笔/秒。

网联的出现改变了支付市场的商业格局和利益平衡，不只是第三方支付和清算组织、商业银行、监管机构之间的关系亟待重塑，第三方支付机构之间、网联和银联之间的竞合关系也需要重新定义。

---

① 切量是指金融监管部门计划全部切断支付机构与银行原有的直连模式，网络支付交易将全部通过网联模式进行合规、统一、安全的转接清算。

对于第三方支付机构来说，“断直连”意味着它们失去了对备付金的支配权和收益权。尽管从2013年开始，央行便开始加强备付金账户的管理，但大量的沉淀资金依然留在支付机构的账户里，并成为其增加收入以及直连银行的重要筹码。

伴随着网联上线，央行连发数文加速推动第三方支付机构的备付金集中存管。从2017年1月到2019年1月14日，支付机构将陆续提高备付金的交存比例，并最终完全撤销客户的备付金账户。

可以预期的是，在“断直连”、备付金上缴等一系列变化之后，第三方支付行业的盈利空间越来越窄，商业可持续面临严峻挑战，尤其是中小支付机构的洗牌将进一步加速。

百行征信

在新金融的诸多细分领域里，信贷一直是最火热的，也是商业模式最为清晰明了的行业。

然而，长期以来，不能接入央行征信系统（中国人民银行征信中心），堪称从业者最大痛点。一方面，他们难以完全掌握借款人的信用状况，尤其是共债信息，加大了业务风险；另一方面，在借款人出现违约之后，如果不能上征信，那么对借款人的约束力也将大大降低。

由于上不了征信，互金平台往往会陷入一种困境：平台容易引来还款意愿较差的借款人，作为反制，只能将风控的重心放在催收环节，也就是以不当催收来取代征信系统的威慑力。然而，不当催收很容易引发舆论风险与政策风险。

为什么央行征信系统不能直接接入互金平台呢？

这是因为，原有的央行征信系统已经相当成熟，其收录的信息主要来自持牌金融机构，多年来早已形成一套相对固定的流程和标准，但它们未必适用于新兴的互联网金融平台。反过来，互金平台所能提供的数据与信息，又存在良莠不齐的问题，有可能影响到征信系统的准确性与公正性，从而对用户造成伤害。

毕竟，征信是一个极其敏感的地带。在此背景下，增量改革，另起炉灶，就成了更优的选择。基于互金协会信用信息共享平台的建设及运营经验，央行决定成立“信联”平台——百行征信。

2018年1月4日，中国人民银行受理了百行征信有限公司（筹）的个人征信业务申请。短短两个多月之后，3月19日，百行征信在深圳注册成立，注册资本10亿元。

这是中国第一家、也是目前唯一一家获得个人征信业务经营许可的市场化公司，由中国互联网金融协会与芝麻信用、腾讯征信、前海征信、考拉征信、鹏元征信、中诚信征信、中智诚征信、华道征信等8家市场机构共同发起组建。

根据征信业发展总体规划，百行征信主要采集个人和企业的借贷及其担保信息、个人负债相关信息等，为依法开展放贷业务的市场主体和其他主体提供征信服务，与央行征信中心形成“错位发展、功能互补”的市场格局，以在全社会范围内实现个人征信服务的覆盖。

在覆盖机构上，百行征信主要覆盖央行征信系统尚未覆盖或覆盖不全面的领域。通过市场化运作的“共商、共建、共享、共赢”模式，促进机构之间信息共享，打通机构间“信息孤岛”，实现信用信息的有效整合和充分利用，完善我国征信市场。

在覆盖对象上，百行征信的覆盖群体，是以往传统征信较难涉及的经济主体，是所谓的“长尾客户”。这部分人群由于缺乏信用记录，难以获得传统金融服务。百行征信的成立，将解决这部分群体的征信服务需求，逐步提升征信服务的覆盖率和可得性。

在覆盖产品上，百行征信除传统的信用报告外，还致力于推动反欺诈、信用评分等增值类征信产品，根据市场的需求，满足市场多样化的需要。

总而言之，作为第一家市场化的个人征信机构，百行征信肩负着探索我国征信发展模式、增加有效征信产品供给、打破信息孤岛的历史使命。

数据是这个时代最重要的战略资源。多年来，巨头们各凭本事、占山为王，形成了一座座信息孤岛，而百行征信需要打破这一切，将它们连接起来。

这是一个相当宏伟的使命，也是一条注定坎坷的征途。

和解年代

2016年4月，我去旧金山参加全球知名的互联网金融峰会——LendIt峰会。当时，Fintech这个词在国内还很少有人提及。

在美国，其实并没有一个叫作互联网金融的词，国内喜欢用的internet finance或者web finance，其实在英文环境下并不常用，或者说并不是地道的提法，他们更常用的是Fintech。

在Fintech领域，美国影响最大的还是P2P，以Lending Club为代表。这家平台在 2014 年年末上市，市值一度达到了百亿美元，不过之后就一路下滑，到 2016 年年初，已经从最高点跌去了大半。

彼时的旧金山，可以明显地感受到美国市场的变化。2015 年以来，美国 Fintech 业界对 P2P 的认知，开始从最初的狂热走向理性，他们不再妄言 P2P 颠覆银行，而是更强调合作关系。

这就是说，美国的互金从业者早就"认㞞"了，所以 Lending Club 在资本市场上的神话也就转瞬即逝。而在国内，在政策鼓励、资本助推等因素的影响下，一直到 e 租宝倒台前，人们对互联网金融的态度都是比较极端的。

在那次 LendIt 峰会上，我见到了 Lending Club 创始人 Renaud Laplanche，他在主旨演讲中侃侃而谈，风采依旧。而始料未及的是，一个月之后，Lending Club 爆出了欺诈丑闻，股价直线下坠，Renaud Laplanche 被逐出自己一手创办的公司。

历史就是如此神奇。在中国 P2P 行业因为 e 租宝事件而声名狼藉之时，美国的 P2P 行业以更加令人惋惜的形式跌落神坛——要知道，Lending Club 一直是全球知名的行业领头羊。

作为全球金融监管最成熟的国家，美国的 P2P 行业很早就被纳入了监管框架，因此既不存在中国曾经发生的无门槛、无底线的情况，也不存在行业陷入危机之后的整治风暴。

中国不一样，互金同行在野蛮生长过后，是时候付出代价了。面对外部环境的风云突变，他们需要改头换面；而商业银行等金融机构的积极求变，则为新金融势力寻求和解创造了契机。

改头换面

e 租宝事发后，P2P 被万夫所指，互联网金融则黯然失色。毕竟，很多人一度将 P2P 和互联网金融画上了等号。

人心惶惶之下，所有的互联网金融平台，不管有没有 P2P 业务，都受到了不同程度的影响，他们不得不面对来自用户、合作机构以及监管部门的质疑。

在这种情况下，互联网金融迫切需要改头换面，找到新概念、新词语，解释自己、宣传自己，并与那些 P2P 问题平台以及打着互联网金融旗号的骗子区隔开来。

一个来自海外的英文单词，扮演了"救火队员"的角色。2016 年，一个叫 Fintech 的词逐渐走红，变成了业内公认的互联网金融的替代词。

Fintech 并非一个新词，而是 financial technology 的缩写。早期的意思跟国内所讲的金融信息化、金融 IT 大体相似。不过在互联网金融兴起之后，其含义逐渐朝着今天所指的金融科技靠拢了。

相比互联网金融，金融科技显得更时髦，更富有技术意味，并且由于“金融”被前置了，令金融科技看上去更加政治正确，有利于从业者应对日趋严厉的监管压力。

这个词的走红，很大程度上是自上而下的结果。作为全球金融治理的牵头机构，金融稳定理事会（FSB）发挥了重要作用。

2016 年 3 月，金融稳定理事会发布了《金融科技的描述与分析框架报告》，第一次在国际组织层面对金融科技做出了初步定义，即金融科技是指通过技术手段推动金融创新，形成对金融市场、机构及金融服务产生重大影响的业务模式、技术应用以及流程和产品。

金融稳定理事会的这份报告产生了广泛而深远的影响，从那之后，各国监管者和研究者都加强了对金融科技的研究，国内的一些官方机构也开始在不同场合采用金融科技来替代互联网金融。

对于长期被合法性所困扰的互金行业来说，这是求之不得的事情，他们能做的就是竭力去迎合。到了 2016 年下半年的时候，金融科技就像一阵旋风，迅速席卷整个互金行业。

“我们是金融科技，不是互联网金融”，是那时候最常见的公关话术，其实人们真正忌惮的还是 P2P。而尽管网贷监管暂行办法肯定了 P2P 网贷平台作为网贷信息中介的地位，但平台们在对外宣传的时候，往往还是选择淡化，更愿意讲普惠金融、金融科技等大词。

2016 年 7 月，LendIt 峰会正式进入中国，其将在上海举行的峰会命名为“朗迪金融科技峰会”。那届峰会声势浩大，因为仅金融科技这个名头，就让中国的互金平台们挤破了头。

2016 年 9 月，京东金融[①]正式成立金融科技事业部，声称致力于帮助金融机构提高效率、降低成本、增加收入。作为行业巨头，京东金融此举更促进了金融科技概念的流行。

就这样，我们进入了一个言必称金融科技的时代，而 2016 年也就成了所谓的金融科技元年。其实，倒不如说是新金融换脸求生的元年。

---

①2018 年 9 月 18 日，京东金融更名为京东数科，因统一原则，正文使用京东金融。

更有趣的是，一直到今天，还有一些个人和企业不愿意使用中文的金融科技，而是固执地在各个场合直接使用英文的 Fintech，仿佛这样就显得他们更科技、更高级了。

从互联网金融到金融科技，也是新金融行业“去金融化”的开端。到后来，随着强监管不断加码，就连金融科技一词也变得不太合乎时宜了，于是数字科技应运而生，或者干脆直接用科技来命名。

事实证明，虽然表面上这些企业距离金融越来越远，但其商业模式的本质还是金融服务，而不是科技服务。在穿透式的强监管之下，他们的政策风险也就不可能因此有所下降。

2017 年 5 月，中国人民银行宣布成立金融科技（Fintech）委员会，旨在加强金融科技工作的研究规划和统筹协调。央行指出：金融科技是技术驱动的金融创新，为金融发展注入了新的活力，也给金融安全带来了新挑战。愿与产学研用各方携手，共同推动我国金融科技健康有序发展，为服务实体经济、践行普惠金融贡献力量。

这里说到了央行，其实，金融科技一词的走红，很大程度上属于“炒冷饭”。

历史上，1991 年，央行成立了金融科技司，之后才改名为科技司。1992 年，在央行金融科技司的努力下，金融科技进步奖被纳入国家科技进步奖系列；当年 10 月，金融科技司还召开了中国金融科学技术委员会成立大会。

银行维新

世殊时异，以银行为代表的金融机构也在变脸。

虽然 P2P 捅出了大娄子，但是 2013 年以来的互联网金融浪潮还是震撼了金融机构，他们被市场教育了，因此加快了创新的力度和速度。

需要再次指出的是，在现代历史上，金融机构一直紧跟技术前进的步伐，是许多新技术最早一批的商业应用者。直到近年来移动互联网时代的到来，以及人工智能、大数据和云计算等技术的突飞猛进，金融机构的革新速度方才显得相对滞后，但已经强于大部分的产业部门了。

或许一个更加公允的表述是，在这一波科技浪潮中，不是金融机构走得太慢，而是互联网公司和创业者们走得太快了。而金融业务的特殊性又决定了金融机构不能走得太快。

中国商业银行对于新金融的探索，在余额宝横空出世之后（没错，还是余额宝）全面提速。因为余额宝的出现让他们真正意识到了来自科技公司的冲击，而且这是以降维攻击的形式出现的。

很快，银行业掀起了一波直销银行浪潮。2013 年 7 月，民生银行成立直销银行部，半年后，国内首家直销银行——民生银行直销银行正式上线。2014 年 3 月，兴业银行推出直销银行，这一年下半年则迎来阶梯式增长，上海银行、南京银行、重庆银行、平安银行、江苏银行等直销银行接踵而至。

不过，直销银行存在天然的缺陷。当时国内的银行普遍没有流量经营能力，因此直销银行的客户，基本都是从本行存量客户中转化过来的，这意味着会分流网上银行和手机银行的客户，于是不可避免地构成了利益冲突。增量改革不难，但要动存量，局面就变得有些复杂了。

大体上，2013—2014 年，银行业没有给出太有力的回击，在声势上也远不及轰轰烈烈的互金平台，包括国有大行在内的头部金融机构普遍还处在以研究和观望为主的状态。

进入 2015 年，“宇宙行”高调登场了。当年 3 月 23 日，工商银行在北京高调发布酝酿已久的“e–ICBC”品牌，成为国内首家发布互联网金融品牌的商业银行，正式加入互联网金融战局。

“e–ICBC”互联网金融品牌主要包括“融 e 购”电商平台、“融 e 联”即时通信平台和“融 e 行”直销银行平台等三大平台；同时还发布了支付、融资和投资理财三大产品线上的“工银 e 支付”“逸贷”“网贷通”“工银 e 投资”“工银 e 缴费”等一系列互联网金融产品。

时任工行董事长的姜建清在发布会上表示，“对工行而言，真正的挑战不是来自跨界竞争者，而是我们自己能否更好地适应互联网时代的金融生态环境和客户需求变化，以创新进取的心态拥抱技术变革新趋势”。他并称，从 2000 年起，工商银行就建立了以网上银行为主体的电子银行体系，目前该行已经是最大的互联网银行。

同一时间，央视《新闻联播》首次头条报道互联网金融，阐述了近年来互联网金融在我国的迅猛发展，并以工商银行作为典型。央视报道称，“互联网思维正在改写着金融业竞争的格局。近两年来，P2P、众筹等等各种互联网金融平台迅猛的发展，给传统银行业带来很大的挑战。面对来势汹汹的搅局者，工行并未退缩，而是直面竞争”。

相比工商银行的高举高打，建行显得低调许多。2012 年 6 月，建行上线了“善融商务”，该平台将普通的电子银行和电子商务结合起来，为商家和买家提供产品信息发布、在线交易、支付结算、分期付款、融资贷款、资金托管、房地产交易等全方位的服务。

2014年，建行在银行业内推出了首个全流程个人网上自助贷款产品——建行"快贷"，可以实现客户足不出户、在网上全流程快速办理贷款；2015年，建行又在同业中率先推出智能客服"小微"，其服务量很快就超越了人工客服。

整体上来说，无论是工行声势浩大的"e-ICBC"三大平台，还是建行更加务实的产品创新，这些国有大行在探索新金融的时候，很难跳开"中体西用"的思维，依然停留在渠道和工具层面的革新。

第一家选择从灵魂上拥抱新金融的是招商银行。这家银行业并非一开始就是如此深刻和决绝，也经历了一个学习和摸索的过程。

从2014年起，招行开始构建互联网金融"平台、流量、大数据"的整体结构布局，推动业务经营模式向网络化转型；同时，重点打造手机银行和掌上生活两大移动平台。

2015年，招商银行进一步明确了"内建平台、外接流量、流量经营"的12字互联网金融发展策略，与滴滴出行、中国移动和中国联通等建立全面战略合作关系。这一年，招行手机渠道累计交易25.25亿笔，同比增长182.10%；累计交易金额9.20万亿元，同比增长158.51%。

到了2016年，招行坚定了以移动端为核心的转型之路，并形成了金融科技战略。在2016年财报中，行长田惠宇的一番豪言壮语引发了热议：

> 移动互联网将成为下一个10年深刻改变人们生活方式的最大因子，金融科技将会重新定义商业银行的经营之道。我们冷静观察，却从未袖手旁观，事实上，我们逐渐在焦虑中找到了方向。
>
> 我们聚焦"移动优先"策略，拥抱Fintech。招商银行手机银行、掌上生活App已是行业翘楚，但这远远不够。我们必须举全行"洪荒之力"，推进以"网络化、数据化、智能化"为目标的金融科技战略。
>
> 我们要不设上限地寻求数据、科技人才，我们要加快敏捷开发和云技术的创新应用，设立专门投资基金，孵化金融科技项目。

放眼整个金融业，在创新能力和转型力度上，唯一能与招行相媲美的，就是总部同样在深圳的平安集团了。比起招行，平安更能"折腾"，而且"花样"更多。在金融科技领域，平安孵化出了陆金所、金融壹账通、壹钱包等金融科技平台。

暂时和解

对新势力而言，改头换面，终究是面子上的事情，更要紧的是里子，也就是业务上的调整。

而不管选择何种转型方向，唯一确定的是，在强监管时代，颠覆论已死。新金融必须与正规军握手言和。

而这种和解的前提，除了新兴企业的改变，更需要传统势力的理解，二者都经历了一个被教育的过程。

互金平台的这种转变不难理解。哪怕没有整治风暴，他们也很有意愿与金融机构合作，毕竟后者有着无可匹敌的资金优势与牌照优势。

一个意味深长的插曲是，2016 年年末，蚂蚁金服旗下的招财宝平台爆发信用风波，当时该平台代销的一款私募债产品（侨兴债）出现了兑付危机，尽管事件很快得到了平息，但依然引起了轩然大波。

回过头看，侨兴债事件与差不多同时发生的“圈子事件”，堪称蚂蚁金服历史上的至暗时刻，但正是这些挫折，一定程度上推动了蚂蚁金服进一步朝着科技公司转型，而不是金融集团。

进入 2017 年，蚂蚁金服在对外话术上发生了明显变化。在 1 月份举行的达沃斯世界经济论坛上，蚂蚁金服 CEO 井贤栋表示：眼下 Fintech 已变成热门词。但蚂蚁金服更愿意用“techfin”而不是“Fintech”来定义自己。金融的核心是管理风险，“techfin”是用技术、数据能力去助力金融，去服务普通消费者和商户，提升金融机构的风险管理能力。

连蚂蚁金服这样的超级巨头都放低了姿态，言必称“助力”“服务”，更何况其他的互金平台呢？

另一边，对金融机构来说，受宏观经济调整、利率市场化金融监管加强等因素影响，他们告别了黄金时代，过往的超高速增长一去不返，盈利压力逐渐凸显，迫切需要通过一些新渠道、新模式，找到新的业务亮点。

而尽管银行业也在尝试像互金平台一样开拓新业务，但并非所向披靡。哪怕是工商银行，该行 2016 年财报曾披露，受互联网金融竞争加剧等因素综合影响，该行的个人消费融资需求下降，导致其个人消费贷款减少 640.55 亿元，下降了 20.6%。

这意味着，商业银行意识到了需要改变，需要拥抱互联网金融和金融科技，但他们发现自己在当下的移动互联网时代并不那么得心应手，在流量获取和用户运营商方面更是远不及互联网巨头。

于是，不管是互金平台还是金融机构，在新形势下都有变革的动力，也都发现了与对方合作的必要性，双方一拍即合，走向和解，至少是暂时的和解。

以 BATJ 各自与大型商业银行建立战略合作为标志，2017 年成为一个和解之年。

最先迈出这一步的是阿里系与建行。

3 月 28 日，建设银行与阿里巴巴、蚂蚁金服的战略合作签约仪式在浙江杭州举行。时任建设银行董事长王洪章与阿里巴巴创始人马云出席了签约仪式。

时任建行行长王祖继在致辞中表示，阿里巴巴及蚂蚁金服在全世界范围内树立了中国新实体经济的标杆，其业务的飞速成长为传统金融提供了互联网式的思维和解决方案，也推动着建设银行的创新发展。

按照协议和业务合作备忘录，双方将共同推进建行信用卡线上开卡业务，以及线下线上渠道业务合作、电子支付业务合作、打通信用体系。未来，双方还将实现二维码支付互认互扫，支付宝将支持建行手机银行 App 支付。

阿里系与建行是合作了十多年的老朋友。早在 2007 年，建设银行与阿里巴巴率先开展网络银行信贷合作；2011 年，建行又成为第一批与支付宝开展快捷支付合作的银行。

此前，两大巨头之间并非没有合作协议，但在互联网金融兴起以及蚂蚁金服日渐壮大的背景下，还能够高规格地签署合作协议，仅在姿态上就足以轰动业界了。

在接下来的 6 月份，短短一周之内，密集出现了三起巨头联姻案例。

6 月 16 日，中国工商银行与京东金融集团签署了金融业务合作框架协议，时任工商银行董事长易会满与京东集团董事局主席兼首席执行官刘强东见证了协议的签署。双方将在金融科技、零售银行、消费金融、企业信贷、校园生态、资产管理、个人联名账户等领域展开合作。

在当时的新闻稿中，京东金融声称：京东金融当前定位服务于金融行业的科技公司，以数据为基础，以技术为手段，为金融行业降低成本、提高效率、增加收入。在金融科技输出方面，京东金融的合作伙伴涵盖银行、保险、证券、信托等主流金融行业机构。

6 月 20 日，中国农业银行与百度战略合作签约仪式在北京举行。百度董事长兼 CEO 李彦宏、中国农业银行董事长周慕冰等双方高管出席签约仪式，并为双方共建的“金融科技联合实验室”进行揭牌。

用农行董事长周慕冰的话说，“金融科技的飞速发展，将带来金融行业的深刻变革。在当前的市场环境下，农行与百度确立以金融科技为主要方向的战略合作正当其时。双方按照优势互补、各取所长的原则，共同孵化创新型的产品和服务，打造数字化的技术支撑能力，促进农行数字化经营的深度转型”。

按照双方战略合作协议，此次合作主要围绕金融科技领域开展，包括共建金融大脑以及客户画像、精准营销、客户信用评价、风险监控、智能投顾、智能客服等方向的具体应用，并将围绕金融产品和渠道用户等领域展开全面合作。

与前面三对合作伙伴不一样的是，中国银行和腾讯采取了低调的方式进行官宣。

6 月 22 日，中国银行官网发出公告：日前，“中国银行—腾讯金融科技联合实验室”挂牌成立。中国银行与腾讯集团将重点基于云计算、大数据、区块链和人工智能等方面开展深度合作，共建普惠金融、云上金融、智能金融和科技金融。

至此，BATJ 四大互联网巨头与国有四大银行，分别建立了战略合作。而与以往互联网公司和商业银行之间的合作不同，在这波联姻潮中，合作的广度和深度都有着明显的提升，不再局限于渠道合作，而是着眼于整体业务互补以及技术合作。

蚂蚁金服、腾讯金融、百度金融以及京东金融，也就从这个时候起，全面进军金融科技 to B 服务之路，某种程度上还可以视为 2018 年以来产业互联网的先声。

对于 BATJ 来说，他们自然有资本与大银行风风光光建立合作，但对于一般的互金平台来说，别说国有大行了，相对大一点的地方银行，出于业务风险和机构声誉等方面的考量，都未必愿意出来公开与他们结盟。

没有公开不代表没有合作，实际上中小银行与互金平台的合作，早就暗潮汹涌。

一个叫现金贷的东西正在以惊人的速度狂飙，其既是互联网巨头的摇钱树，也是互金平台的救命稻草，而很多金融机构一旦触碰便欲罢不能。

不只是现金贷，整个消费金融市场都在沸腾着，银行信用卡和汽车金融也在高歌猛进。

消金盛世到来了。

第七章 消金风云

我认出风暴而激动如大海。
我舒展开来又卷缩回去，
我挣脱自身，独自
置身于伟大的风暴中。

——赖内·马利亚·里尔克《预感》

从2016年下半年起，继P2P之后，消费金融变成了新金融的主战场，各派势力竞相上场厮杀，掀起了浩浩汤汤的互联网消费金融浪潮，并引发了整个零售金融市场的大变革。在这股浪潮中，现金贷大行其道，成千上万家平台密集涌现，几乎复制了曾经发生在P2P市场的乱象，很快一场强力的监管整顿随之而来，令整个行业遭受“大清洗”。助贷模式成了最后的救命稻草，或者说诺亚方舟，它也推动互联网贷款正式登上历史舞台。

2017年8月7日晚上，多位微众银行的高管在微信朋友圈里晒出了一组数据：微粒贷余额超过了1000亿元。

微众银行是腾讯牵头发起设立的互联网银行，此时距离这家银行开业不到3年，微粒贷是该行旗下的一款纯线上个人信用贷款产品。

1000亿元意味着什么呢？当时，上海银行、宁波银行等头部城商行的个人贷款规模也不过在1000亿元左右——包括个人房贷在内。

这就是说，微众银行用了2年多的时间，仅凭一款产品，就超越了头部城商行历时20年所积累的零售业务体量。

在金融业，这个数据引起很大范围的轰动。很多人都知道微粒贷发展很快，却没想过如此生猛。

同样在2017年，蚂蚁金服旗下的同类产品“借呗”也进入了全面爆发期，累计贷款发放量超过万亿元。2017 年全年，蚂蚁借呗利润总额近 72 亿元，税后净利润高达 61 亿元。

在两大巨头之外，从校园分期市场拼杀出来的乐信和趣店，也成为互联网消费金融市场的弄潮儿，也是那几年资本市场的超级宠儿。它们在 2017 年末先后登陆美股市场，其中趣店的市值一度突破 100 亿美元。

还有以拍拍贷为代表的 P2P 网贷平台，则通过转型消费信贷获得了生机，不仅业务规模大幅提升，盈利空间也被打开了。

被资本所热捧的还有汽车电商，从瓜子、优信、易鑫到大搜车，都拿到了大额融资，并且纷纷进军汽车金融市场。一些专业二手车金融平台也诞生了，沉闷已久的汽车金融市场变得热闹起来。

作为金融市场的绝对主角，商业银行虽然后知后觉，但并没有缺席这场消金盛宴。以建设银行为例，这家银行在 2017 年大力发展纯线上的“快贷”产品，全年新增贷款余额 1274.64 亿元，这样的表现并不逊于微众银行和蚂蚁借呗。

当然，更值得关注的是信用卡市场。这一年，中国的信用卡市场新增发卡接近 1 亿张。一些股份制银行开启了新一轮大跃进，中信、浦发、平安等股份制银行新增发卡都超过了 1000 万张。

这是中国消费金融市场百花齐放的一年，传统的、新兴的，国有的、草根的，合规的、非法的，各路玩家都登场了。

在批评人士看来，这实际上是一个全网放贷、全民借钱的畸形时期，几乎所有的大型互联网公司都参与其中。

一般到了这个时候，游戏就要进入转折点了。以这一年年末的现金贷整治为标志，消费金融行业迎来了拨乱反正的强监管。

作为新老金融势力妥协的结果——助贷模式迎来了黄金时代。

消金溯源

所谓消费金融，就是面向居民的以消费为目的的贷款服务，大体可以分为两类：

一类具有明确消费场景的消费分期，诸如白条、花呗，每一笔贷款都对应着具体的商品交易。消费分期依附于场景而存在，因此蚂蚁金服、京东金融等具有电商背景的机构，以及那些具有大型零售商背景的机构，都有着显著的优势。

另一类是没有明确消费场景的消费贷款，诸如借呗、微粒贷，居民在借到钱之后如何使用并没有硬性约束，消费金融机构很难去追溯具体用途，但鉴于贷款额度偏低，期限较短，所以一般还是会被纳入消费金融的范畴。

在计划经济时代，生产与消费都被严格控制，金融基本隶属于财政，消费金融没有什么生存空间可言。

因此在国内，直到20世纪80年代初，消费信贷才作为一项新事物问世，以中国人民银行在部分地区有选择地发放高档耐用消费品贷款与建房贷款为主要模式，规模不大。

1985年是一个重要的年份。当年4月，建设银行深圳分行借鉴香港住房按揭贷款的方式，向南油集团85户“人才房”发放我国最早的个人住房按揭贷款。

这一年6月，第一张信用卡——“中银卡”在中国银行珠海分行诞生。在此之前，信用卡在境外市场已经发展了超过30年。

1992年5月，一个叫杨希鸿的人，出现在《新闻联播》里：他穿着灰色毛衣，烫着卷发，在一份油印的借款合同上签下了自己的名字，成为全上海乃至全国首批通过公积金贷款买房的个人。

1995年，汽车金融才实现落地，当时上海汽车集团首次与国内金融机构联合推出汽车消费贷款。不过，当时汽车消费属于奢侈性消费，汽车金融没有被国内大众所接受，业务规模很有限。

1996年，借鉴境外小额信贷创新模式，境内部分地区组织开展了小额信贷的试点，银行等正规金融机构亦较早推出小额抵押贷款，小额信贷业务开始起步并发展壮大。

整体来说，在改革开放前20年里，个人融资的重心主要是个体户经营性融资，以及少量住房按揭贷款。

一直到1997年，全国狭义的消费信贷总额只有172亿元，仅占所有金融机构存款余额的0.23%。银行消费信贷主要服务于央行征信体系覆盖的高净值、高收入人群，审核手续严格。

中国个人融资的大发展，尤其是消费信贷市场的爆发，与两次金融危机有关。

这是因为，长期以来中国都是投资驱动型的发展模式，储蓄被鼓励，而消费被压制。当外部危机降临，迫使中国政府采取刺激政策并加快改革，最终从上至下推动了消费信贷的发展。

1997 年，亚洲金融危机爆发，中国政府出台了一系列扩大内需、促进消费的举措，开启了中国消费信贷的新时代。

1998 年 9 月，央行颁布《汽车消费贷款管理办法》，拉开了汽车消费信贷的发展大幕。

1999 年 2 月，央行发布《关于开展个人消费信贷的指导意见》，正式要求以国有商业银行为主的金融机构面向广大城市居民开展消费信贷业务，为商业银行开展个人消费融资奠定了制度基础。

这带来了中国消费信贷市场的第一次大爆发，其品种逐步从单纯的住房消费信贷进一步扩大到助学贷款、住房装修贷款、医疗贷款、旅游贷款、房产抵押贷款、小额质押贷款、个人综合消费信贷等多个品种。

从 1999 年到 2004 年，金融机构的个人消费信贷业务规模，从不足 10000 亿元一路跳升至 34179 亿元，年均增速达到 28.9%。从 2002 年起，广义个人消费融资规模即已超过个人经营性融资规模。

2003 年和 2004 年，新成立的银监会先后出台了《汽车金融公司管理办法实施细则》和新的《汽车贷款管理办法》，中国汽车金融迎来了春天。

2008 年全球金融危机爆发，各国货币政策进入宽松周期，中国金融行业迎来了一次大跃进的机会，一些金融改革得以提速。

个人房贷首当其冲。2008 年 10 月，央行和银监会联合发文，将商业银行住房贷款利率的下限扩大为贷款基准利率的 0.7 倍，最低首付款比例调整为 20%。以此为开端，中国房地产市场迎来黄金时代，房贷规模一路狂飙。

汽车市场和汽车金融同样肩负了经济刺激的使命。2009 年 3 月，国务院出台《汽车产业调整和振兴规划》，推出了税收减免和汽车“下乡”等政策，并明确提出促进和规范汽车消费信贷、促进汽车消费信贷模式的多元化。

2009 年 8 月，银监会颁布《消费金融公司试点管理办法》，随后国内首批 4 家消费金融公司应运而生，这是中国消费金融行业的里程碑。

这一时期，发端于英国的 P2P 网络借贷模式被引入了中国并逐渐成形，以拍拍贷、宜信和人人贷为代表的一批平台成为中国 P2P 网贷的先驱。

进入 2013 年，在余额宝开启互联网金融元年之际，中国的 P2P 网贷已经初具规模。这之后，互联网消费金融迎来了大爆发，京东白条、腾讯微粒贷以及蚂蚁花呗、借呗等互联网巨头背景的产品迅速打开了市场。

互联网金融的如火如荼，尤其是 BATJ 在金融领域的攻城拔寨，也促使传统金融机构加快了变革的脚步，它们的个人信贷产品在流程和体验上开始全面互联网化，最终带动了互联网消费金融的蓬勃发展。

数据统计显示，从2009—2017年，我国广义消费融资（含按揭）从5.5万亿元快速扩张至31.5万亿元，增幅接近5倍，平均增速24%。

同期，作为银行发放消费信贷最重要的途径，信用卡信贷规模从2009年2458亿元大幅扩张至2017年5.6万亿元，增幅接近22倍。①

整体上，中国的消费金融发展大致可以分为三个阶段：第一阶段是1985—2009年，市场主要由银行主导，同时还有汽车金融公司和小额贷款公司；第二阶段为2009—2017年，消费金融公司、小贷公司与P2P网贷平台快速发展，它们积极利用技术手段开展业务创新；第三个阶段以2017年年末《关于整顿"现金贷"业务的通知》为开端，消费金融市场步入合规化运作时代，以助贷为主要模式的互联网消费金融成为主流。

接下来，我们将聚焦2013年到2017年发生的这段故事，也是中国消费金融发展史上最为激动人心的一页。

风起校园

最先躁动起来的是校园市场。

2013年，还在腾讯任职的肖文杰，在一次校园招聘的过程中无意发现，在大学校园内的电子产品店里，店老板会向学生分期贩卖手机，利用信用卡让学生赊购，然后再慢慢还钱。

早就蠢蠢欲动的肖文杰，嗅到了其中的商机。之后，为了进一步调研市场，肖文杰开车到广州大学城，用小礼品邀请学生做纸质问卷调查，利用几个周末的时间收集了400多份问卷，然后手工输入电脑统计。

这一年夏天，刚过而立之年的肖文杰从腾讯出走创业。在离职之前，他担任财付通产品总监，写出过腾讯第一个扫码支付的产品方案。

肖文杰瞄准了大学生分期消费市场。因为这一市场符合他心目中的三个标准：1. 庞大的市场空间；2. 不依靠外部广告流量导入，可以通过地推获取用户；3. 有好的商业模式，离钱比较近。

2013年10月，分期乐商城上线，这是中国第一家分期电商。在这里，用

① 国家金融与发展实验室、中国社会科学院金融研究所和友信金服联合发布，《中国个人融资四十年发展与创新报告（1978—2018）》，2018年12月。

户可以直接下单购买商品，并使用分期业务；当用户购买完成时，分期乐获得相应债权，然后出售给互联网金融平台。

肖文杰设计了第一版传单，在广州大学城发放，一边发传单一边看后台数据。第一单，一位学生通过分期乐下单买了一个三星 S4，第二天由团队的产品总监亲自送货到门；第二单是一个 iPad……分期乐就这样开张了。

为了解决获客问题，就像一些社交平台和外卖平台所做的那样，肖文杰招募大学生作为兼职地推，扫楼发传单。肖文杰还研究出一本手册，将线下模式标准化，所有地推人员按照手册操作。

分期乐模式很快就引起了众多关注。2014 年 3 月，分期乐拿到了经纬中国领投的数千万美元 A 轮融资。在获得相对充足的弹药储备之后，肖文杰将目光投向全国市场。

当肖文杰创业初战告捷的时候，他的一位名叫罗敏的江西老乡几乎陷入了绝境。罗敏是一名屡败屡战的连续创业者，他在 2013 年年初融资了 200 万元再次创业，不过到当年年底的时候，项目一个个失败了，团队临近散伙。

在弹尽粮绝之际，罗敏盯上了校园分期，并且以超强的执行力快速上马。2014 年 3 月，罗敏推出了趣分期，单从名字就可以看出这几乎是分期乐的翻版。

坊间一直有传闻称，肖文杰曾邀请罗敏加入分期乐，并将自己的商业模式和盘托出，但没挖到人，却不小心挖出了一个强大的对手。① 当然，在道德指摘之外，强者往往相互成就。

肖文杰和他的分期乐，有着浓厚的腾讯风格——稳扎稳打，不紧不慢。2014 年 4 月，分期乐在北京、广州、上海、武汉、重庆等五个地区组建团队，于 6 月底开始运营。

比起肖文杰，罗敏的经历更曲折，更具草莽气息，作为后发者，他也必须疯狂。自打成立的第一天起，趣分期就进入了蒙眼狂奔的状态。上线之初，其官方网页只有前台，没有后台，只得用 Excel 表格去处理订单。

在罗敏看来，“用户的感知是前台，后台他无所谓，把前台搞出来就快速推出，后台订单用 Excel 表处理。用户感觉不好就会放弃，增长不够快的话，我们就被放弃”②。

---

① 王潘，《互金十年，九死一生》，《深网》，腾讯科技，https://mp.weixin.qq.com/s/rqsv1QnZSEKt3MQcQvSdjQ。

② 李志刚，《趣分期罗敏的九十九死一生》，《企业家观察》，2015 年10 月，tech.163.com/15/1013/11/B5Q951CK00094P40.html。

罗敏将所有心思都放在了跑马圈地。同样在 4 月，罗敏从母校江西师范大学招了十多名实习生，以此为根基组建自己的地推铁军，这些实习生不久后被派往全国，当年夏天，趣分期的业务就深入到了全国主要城市。

据说当时趣分期的实习生们去开疆拓土，3 天只给报销共 450 元的差旅费，这 3 天内要完成找办公室、住进办公室、招人的流程，3 天后一概不报销酒店费用。

2014 年 9 月 1 日，很多大学开学的第一天，也是肖文杰的生日。这一天，罗敏宣称趣分期开通了 180 个城市，已然超过了分期乐，此时趣分期才刚刚获得千万美元的 B 轮融资。肖文杰还以颜色，加紧了扩张步伐，当年底分期乐覆盖到了 260 个城市的 3000 所高校，战况继续胶着。

接下来，罗敏又突然发起了价格战。当时业内普遍收取的年化利率都在 30% 左右，2014 年 12 月，罗敏将趣分期的利率直接砍了一半，宣布永久 5 折，在高昂的推广成本和资金成本之下，这无异于毙敌一千自损八百。

这天深夜，险峰投资的陈科屹、经纬的张颖、贝塔斯曼的龙宇、DST 的周受资、京东的常斌等投资人在深夜都被一个电话吵醒了，打电话的人正是肖文杰。在电话里，肖文杰说，如果分期乐跟进这场价格战，每个月也许会有将近 2000 万元的运营成本的亏损。肖文杰的心里早就有了答案，也得到了投资人的一致支持。①

因为分期乐和趣分期的针锋相对，校园分期市场在 2014 年被彻底点燃了，很快涌现了数十上百家校园分期平台，资本市场亦争相追逐。

随着这场战争的升级，巨头的加入也就不可避免了。2015 年，分期乐与趣分期的对决，变成了腾讯系与阿里系的战争，就像曾经的滴滴与快的的打车之战，以及之后的摩拜与 ofo 的单车之战。

2015 年 3 月，分期乐获得京东集团 C 轮战略投资，这家公司的腾讯系色彩更加突出。此前的 2014 年 12 月，分期乐拿到了由 Apoletto（DST 创始人 Yuri Milner 旗下基金）领投、贝塔斯曼等跟投的 1 亿美元 B 轮融资。

另一边，2015 年 4 月，趣分期宣布完成约 1 亿美元 D 轮融资，由昆仑万维领投，蓝驰创投、源码资本等老股东跟投；8 月，趣分期拿到了蚂蚁金服领投的约 2 亿美元 E 轮融资。

① 崔玲，《三年获五轮融资，肖文杰披露分期乐的“三大护城河”》，小饭桌新媒体，2016 年6 月。

在资本加注和巨头扶持之下，校园分期走出校园市场，从消费分期拓展到现金贷，都是水到渠成的事情了。

尽管一直伴随着乱象与争议，校园分期市场的火爆，印证了互联网消费金融的无限可能，也更加坚定了巨头加码消金市场的决心。

在校园分期的序曲过后，以互联网巨头作为主角的消金盛宴开场了。

巨头蜂拥

在 BATJ 中排在最后的京东，这一次开了先河。

虽然京东的金融业务起步比较晚，但在“独立”这件事情上走到了最前。2013 年 10 月，京东金融集团率先成立，供应链金融产品和消费金融产品被作为优先级最高的重点项目。

彼时市场一直盛传阿里要推出一款消费金融产品，这让京东金融充满紧迫感。这款名叫“白条”的消费金融产品，10 月份立项，11 月份确定原型，12 月份开始内测，最终由刘强东亲自拍板，于 2014 年情人节当天上线推出。

一开始京东金融计划和银行合作推出白条，大体思路是京东提供流量和风控服务，对接银行信用卡，由后者提供贷款。但在当时，银行对互联网金融的认识和感知还很有限，只打算将京东金融作为一个导流入口，用户必须到线下网点提交收入证明。

显然，如果不能做到纯线上，这款产品将毫无意义。京东金融采用了“赊销”模式——即京东为符合条件的用户提供“先购物、后付款”的信用赊购方式，用户在京东消费时，由京东提供相应的延后付款或分期付款的付款方式。

京东白条被视为中国第一款互联网消费金融产品。2014 年“6·18”大促期间，京东白条的价值得到了集中体现——白条用户的客单价比非白条用户要高出接近 1 倍，比如用白条买手机的用户客单价要高于非白条用户 30%。这让整个电商行业进一步意识到了消费金融的重大意义。

整个 2014 年，阿里巴巴在消费金融领域维持了蛰伏状态，但集团上市与金融业务的分拆顺利完成，当年 10 月，蚂蚁金服正式成立。

2014 年年末，在支付宝进军线下收单市场、向银联发起正面进攻的时候，由腾讯牵头发起的微众银行获准开业了。这是中国首家互联网银行，既无营业网点，也无营业柜台，通过人工智能技术和大数据风控发放贷款。

2015 年，蚂蚁金服和微众银行相继推出了自己的互联网消费金融产品，好戏开场。

4 月份，蓄势已久的蚂蚁金服同时推出了花呗和借呗，前者是一款消费分期产品，初期主要应用于淘宝和天猫，后者是一款内置于支付宝的个人信用贷款产品。相比京东，阿里系有着更强大的规模和影响力，因而这两款产品毫无悬念地受到用户热捧。

紧随其后，微众银行推出了微粒贷，一款与借呗类似的个人信用贷款产品，于当年 5 月在手机 QQ 上线，9 月份登陆微信。与借呗不同的是，微粒贷采用的是联合贷款模式，微众银行出资 20%，合作银行出资 80%。在微信流量红利的助推下，微粒贷同样势不可挡。

2015 年“双十一”期间，蚂蚁花呗大显神威，全天共计支付 6048 万笔，占支付宝整体交易的 8.5%。对阿里巴巴来说，花呗显著提升了电商的转化率，刺激了电商业务的增长，因而有着重大意义。

在这一年的尾声，百度宣布组建金融服务事业群组（FSG），由百度副总裁朱光出任总经理，直接向李彦宏汇报。消费金融、百度钱包、互联网证券等团队都并入 FSG。不过，当时百度的消费金融业务规模很有限，处在试水阶段。

整体上，2015 年，白条、花呗、借呗与微粒贷的快速发展，大大加快了互联网消费金融的普及，这块市场基本被打开了。

经历了 2014—2015 年的摸索和打磨，互联网消费金融的业务模式渐趋成熟。从 2016 年开始，市场急速升温，并于 2017 年全面爆发。

在 2016 年，花呗用户数过亿，全年使用花呗支付的笔数超 32 亿笔，同比增幅 344%。而这一年，央行公布的移动支付笔数总数才 257.1 亿笔。这就是说，平均每 10 笔移动支付就有 1 笔是通过花呗支付的。

进入 2017 年，花呗交易继续猛增，其在 6 月份的单月交易量达到了 722 亿元，远高于 2016 年双 11 的成交量。2017 年全年，花呗的运营主体蚂蚁小微小贷实现净利润 34.16 亿元，此前两年这家公司均为亏损状态。

关于借呗的业务数据相对较少。从可以找到的公开资料来看，2016 年 4 月 21 日，蚂蚁借呗曾对外发布上线一年以来的成绩单：为超过 3000 万支付宝用户授予了从 1000 元到 30 万元不等的贷款额度，累计发放消费信贷达到 494 亿元。

不过，到 2017 年 6 月底，借呗的运营主体蚂蚁商诚小贷发放的贷款已达 7537 亿元，在贷余额 1660 亿元，累计放款用户 1.12 亿户。粗略而言，在一年多一点的时间里，蚂蚁借呗新发放了大概 7000 亿元的贷款。

数据显示，2017年，蚂蚁借呗全年利润总额近72亿元，税后净利润高达61亿元，哪怕2017年年末爆发了现金贷整治风暴，也没有妨碍借呗的高增长，2018年一季度，借呗创造了30.7亿元营收和18.9亿元净利润。

在国内债券市场上，蚂蚁花呗和借呗的ABS产品大行其道，累计融资达到数千亿元之巨，推动蚂蚁金服成为市场上最重要的发行人之一。

与蚂蚁金服相比，微众银行稍显逊色，但其发展速度同样是惊人的。

从数据来看，2016年年末，微粒贷产品累计发放贷款1987亿元；而到了2017年年末，微众银行的累计放款量达到了8700亿元，其中绝大部分都为微粒贷所贡献。当年8月，微粒贷余额达到了1000亿元。

相形之下，京东金融赶了个大早，但就速度和规模而言，远不及前面两家。曾有券商报告分析称，截至2017年年末，京东白条、金条贷款余额485亿元，而蚂蚁借呗、花呗两项合计约3000亿元。

到场最晚的百度金融，也试图在消费金融领域有所作为，但走得并不平坦。百度金融起初将重心放在了教育培训，希望结合百度的流量优势，与线下培训机构合作开展消费金融业务。

遗憾的是，看上去的闭环业务，在实际中却遭遇了严重的道德风险与操作问题，也带来了较高的坏账率。从2017年下半年开始，百度金融将重心转向个人信用贷款产品。

所谓的个人信用贷款产品，相对通俗的说法就是现金贷，包括借呗与微粒贷，都属于这一类。

在中文语境里，现金贷原本是一个中性的词汇。但当这个行业陷入癫狂状态之后，现金贷一词也被污名化了。

狭义上，或者说承载负面含义的现金贷，指的是高利率、短期险、低门槛的互联网个人信用贷款，更接近国外的发薪日贷款（payday loan）的概念。但从广义来看，没有明确消费场景或者经营用途的个人信用贷款，都可以视为现金贷。

没有人喜欢现金贷这个词，就像没人喜欢P2P一样。

现金贷狂欢

在巨头的示范效应下，一大堆草根玩家蜂拥而入。

历史总是高度相似的。消费金融行业也缺乏强有力的统一监管，除了银行、信托、消费金融公司等金融机构可以做，地方政府（从省级到地级）审批的小贷公司可以做，以 P2P 的名义同样也能做。

从 2014 年开始，处在风口上的 P2P 行业，在资产端展开了许多探索，通过与外部机构合作，引入了各式各样的资产，包括房产抵押贷款、汽车抵押贷款、融资租赁、商业保理和消费金融等。

在此过程中，消费金融资产因小额、分散、收益较高、风险相对可控，逐渐成为 P2P 行业的重要资产类型。

2016 年 8 月 24 日，《网络借贷信息中介机构业务活动管理暂行办法》出台，该办法规定：同一自然人在同一平台的借款余额上限不超过 20 万元，在不同平台的借款总余额不超过 100 万元；同一法人或其他组织在同一平台的借款余额上限不超过 100 万元，在不同平台的借款总余额不超过 500 万元。

这条限额令直接杀死了房贷、保理等大额资产类型，而最符合监管方向的莫过于消费金融了。为了满足监管要求，P2P 行业开始调整资产端，掀起了对消费金融资产的争夺。一时间，P2P 资金疯狂涌向 3C 数码、住房装修、租房、医美、教育培训、旅游等领域。

P2P 网贷平台较高的资金成本决定了他们只能寻找高风险、高收益的资产，也就是对接信用资质更弱、风险更不可控的消费金融资产。要知道，就连百度金融都能在教育培训领域踩雷，何况这些整体规模不大、实力参差不齐的 P2P 网贷平台呢？结局可想而知。

越来越多的平台将重心转移到无抵押、无场景的现金贷上面来。与消费分期相比，现金贷的商业模式简单粗暴，额度小、期限短、利率高、纯线上，没有复杂的合作对接流程，也不用担心合作商户欺诈，借助常规的反欺诈手段就可以大大降低风险。

到了 2016 年年底，某些平台单月盈利数千万元乃至上亿元的传闻不胫而走，现金贷的暴利在行业里成为一股共识。从业者普遍意识到了这样一个真相：只要利率足够高，以及高额的砍头息和违约金，实际收益率可以高到令人发指的地步，诸如超过 100%。这个时候，坏账率就不重要了，资金成本和获客成本也不重要了。

彼时，现金贷行业像极了曾经的 P2P：无监管，无门槛，无底线。换句话说，谁胆大，谁敢做，谁就能赚大钱。这个由借呗、微粒贷所激活的市场，又一次被玩坏了。

进入 2017 年，市场上很快冒出了数千家现金贷平台。现金贷彻底取代

P2P，成为新金融领域最热门的方向。急于转型的 P2P 平台，曾经的校园分期平台，还有形形色色的传统高利贷玩家，都加入了这个市场。

围绕现金贷的一整套产业链迅速成熟起来：提供现金贷软件模板的网络服务商，提供流量服务的各类新闻、社交 App 以及贷款超市，提供风控服务的所谓大数据公司，提供催收服务的外包催收机构，可谓一条龙服务。

现金贷就这样变成了一个谁都可以做的行业，一个底线与利润成反比的行业，也就是名副其实的互联网高利贷，在很多方面还要更恶劣，更肆无忌惮。

那段时间，裸贷、暴力催收的新闻事件屡见不鲜，至于数据买卖与信息泄露也在行业里成了家常便饭，现金贷很快就变得臭名昭著了。

2017 年夏天的时候，随着行业变得越来越癫狂，大部分现金贷玩家都闻到了末日的气息，他们意识到强监管不久就会降临，可以肆意收割的好日子不多了。然而，几乎没有人会选择主动收手，而是继续冲量，与监管赛跑，所有人都希望在风暴来临之前，以更疯狂、更猛烈的姿态做下去。

面对一个无监管的暴利机会，有多少人可以坐怀不乱？这也再一次表明，金融是一个特殊的行业，离钱太近；在金融面前，人性是经不起考验的。

从 2017 年 10 月起，互金平台赴美上市掀起一个小高潮。这波上市的平台，无论趣店、拍拍贷还是乐信，它们财务数据的大幅改善，均主要归功于现金贷业务。

这场上市潮，堪称现金贷的“极乐之宴”，尽管人们都知道时日无多，却没想过会以如此惨烈的方式结束——趣店风波影响了历史。

趣店上市当天，其第二大股东昆仑万维集团董事长周亚辉第一时间发文“揭秘趣店投资全过程”，洋洋洒洒一万多字，除了因高调炫富引起公众反感，还暴露了诸多敏感信息。这之后，趣店董事长罗敏的一篇不成熟的回应，彻底将趣店及整个现金贷行业推向舆论危机的深渊。

紧接着，现金贷监管新政迅速落地，力度超过市场预期。舆论危机倒逼监管变本加厉，这在历史上发生过许许多多次。

在监管强力介入之后，现金贷行业的信用风险大幅上升，从忙着放钱到忙着收钱，进入大逃杀时刻。至此，现金贷行业，进入清场与招安的下半场。

遗憾的是，在现金贷的发展过程中，我们看到了不少真正优秀的企业和模式，也相信它们将给市场和用户带来巨大的价值。但在整个行业遭受“大清洗”的情况下，没有谁能独善其身。

助贷成了最后的救命稻草，或者说，诺亚方舟。

助贷上位

助贷，这个诞生于十多年前并且一直颇为小众的业务模式，在金融科技化提速和零售金融大爆发的档口成了连接器、加速器。

一方面，它让那些陷于发展瓶颈的持牌金融机构找到了破局的契机；另一方面，它让正在“去金融化”的金融科技公司得以延续自己的价值。

于是，一个并不新鲜的业务模式却在新金融时代连接了上千家企业，撬动了万亿元市场。

监管的忧虑在于，助贷在唤醒一个新市场的同时，风险也在潜滋暗长。在巨大的增长和利益面前，一些银行出让了风险管理的核心能力，也丢弃了服务当地、不跨区域的经营原则。

但硬币的另一面是，从 2018 年开始，随着金融科技与金融行业的融合日益加深，助贷模式已经成为互联网贷款发展的一大推手，并且日益成为零售金融发展的重要助力，这对于整个信贷领域都是一次重大变革。

助贷带着特殊的政策使命而生，也因为商业化的需求而得以延续，最后随着新金融的爆发被推至风口。

如何理解助贷

从 2007 年中安信业与国家开发银行（简称国开行）的微贷试验，阿里巴巴与建行、工行的网商贷试水，一直到近年来助贷的大爆发以及 2017 年年末现金贷及网络小贷整治的落地，助贷已经走过了十多年的时间。

在这期间，助贷模式演变出了一些不同的形态，参与方也变得越来越多元。所以，在展开它的发展史之前，我们先来界定一下它的概念、范畴以及与联合贷款的关系。

此前流传出的一份《关于就联合贷款模式征求意见的通知》对于“联合贷款”的定义是：“贷款人与合作机构基于共同的贷款条件和统一的借款合同，按约定比例出资，联合向符合条件的借款人发放的互联网贷款。”

所以，我们可以简单地把联合贷款看作助贷模式的一种，只是它涉及的是两个持牌机构，并且双方都要出资，共同承担风险、分享收益。在后文中，助贷和联合贷款都有提及，这主要源于不同的发展阶段哪种提法更主流。

简单来说，助贷业务涉及资金方和助贷方两端。

其中，以资金来源来看，银行、保险、信托、财务公司、小贷公司、消费金融公司等都可能成为资金提供方。但从规模来看，银行资金的占比最大（因为不少信托计划背后的资金也来自银行），是最重要的放贷主体。

助贷方则可分为持牌机构和非持牌机构，前者又可分为两大类，银行（既可以作为资金方，也可以成为他行的助贷方，例如，新网银行、微众银行等）和部分金融科技公司（它们通常通过旗下的小贷、网络小贷、融资担保等牌照展业）。

而非持牌的助贷机构则包括一些无小贷、网络小贷、融资担保等牌照的金融科技公司、P2P 网贷平台、数据公司等。在新的监管要求之下，这部分机构不得直接参与贷款的发放（即联合贷款），主要为资金方提供获客、风控等服务。

从过往的分工来看，助贷方通常承担着核心风控的职能，换言之，谁扮演这个角色谁就被视为助贷方。例如，在微粒贷的案例中，两方都是银行的情况下，微众银行就更像助贷方。

而在收益和风险的分配上情况则更为复杂。如果从资金方的角度来看，可简单分为承担风险或者不承担风险两种，尽管在两种模式下资金方都获得利息分成，但后者却更接近于固定收益。

按照业内人士的说法，从操作来看，前者是零售业务的做法，后者更像对公业务，即重点在于考察助贷方这个主体的能力（包括业务能力、股东背景、资金实力等），并给予一个授信额度，对于单个申请人的风控审核则较弱。

因为在此模式下，助贷方实则做了“兜底”，一般会交纳一定比例的保证金（通常为 5%~10%，若坏账过高则相应地提高比例，或回购坏掉的资产）。另一种常见的方式就是引入第三方担保公司、保险公司等。

尽管监管已经三令五申，但在实际操作中，除了联合贷款模式（因为收益和风险基本按照各自的出资比例共同分享和分担），助贷方很难在不提供“兜底”的情况下获得银行等机构的资金。

2007 年，助贷萌芽

如果追溯助贷模式在中国的兴起，2007 年无疑是一个标志性的节点。

2007 年，经过了相当长一段时间的调研和论证，国开行深圳分行、建行深圳分行联手深圳的一家小贷公司——中安信业开始了一场微贷“实验”，将在国外已发展较为成熟的“商业银行 + 助贷机构”模式本土化。

其中，国开行提供资金（建行是项目的结算代理行），而中安信业则提供获客、风控、贷后等全流程服务。为了确保助贷机构尽职尽责，以及银行资产的风险可控，当时在风险分担机制上也做了诸多创新。

至于中安信业，这家小贷公司曾经是中国小额信贷的“黄埔军校”，它的创始人是一个名叫保罗·希尔的美国人，也是推动中国小贷行业向数字化、规模化进阶的关键角色。

中安信业还是国内最早尝试以发放无抵押、无担保的信用贷款为主的小贷公司之一，这种“小而分散”的信用贷款 + 标准化的线下获客 + 自动化的审批流程的模式，与后来很多小贷公司、P2P 公司、消费金融公司所采用的模式并无本质的差异。

这也可以看作中国小贷公司的第一波数字化变革，它大大降低了小贷公司的展业成本、提高了效率，并让小额信贷的规模化发展成为可能，也为助贷模式的出现打下了基础。

按照最初的约定，小贷公司需要提供一部分资金到建行的共管账户参与放款，当利息和本金收回后优先偿还银行助贷贷款的本息。如果小贷公司代理的这部分贷款质量出现恶化并超过约定的比例，银行方面则有权叫停合作。

其实，这种风险分担机制与现在我们说的保证金模式类似。而从本质上来看，中安信业（小贷公司）和国开行两个持牌机构按一定比例出具资金放款，并且分享收益、共担风险，这与今天监管定义的“联合贷款”也并无二致。

还有一个插曲，由于当时银行的个贷审批系统无法适应如此大量、高频且小额的进件，国开行和中安信业还联手设计了一套系统专门供银行对接助贷模式下的贷款审批、发放和回收，并保证双方数据和流程的同步。

从结果来看，助贷模式带来了多方共赢的效果。一方面，银行可以拓展既有的业务边界，进一步“下沉”客群，发放无抵押、无担保的信用贷款，推动普惠金融的发展。另一方面，小贷公司也可以冲破杠杆率的束缚，提升自己的业务规模。

这个项目还获得了深圳金融办颁发的 2008 年金融创新二等奖。两年后，另一家小贷公司——证大速贷与中行也开启了助贷合作，深圳金融办又再次颁发了一个金融创新奖予以肯定。

为什么在助贷推行初期，监管能给予如此多肯定？那是因为，助贷模式的出现并不完全是一个商业行为。

作为三大政策性银行之一，国开行不管是推动助贷模式落地，还是后来引进德国 IPC 技术给 12 家商业银行，本质上都是希望通过新的技术和模式打开中国的小额信贷市场，做一些新的尝试。

如果再把视野再放宽一些，2007 年之于新金融行业、零售金融行业都是一个有着特殊意义的节点。

除了国开行和中安信业的案例，同一时期，阿里小贷也开始了与建行、工行的合作，其中前者提供阿里巴巴电商平台上的商家信息，而银行一方则给这些商家提供贷款。事后来看，这不仅是网络小贷业务的雏形，也是另一个版本的助贷模式。

从产品特征和客户类型来看，当时助贷模式之下的信贷产品大都是 30 万元以下的信用贷款，客户和用途主要分为两类：针对个体工商户和小企业主的经营性贷款，以及针对有稳定收入的工薪阶层。

这对于当时的商业银行而言无疑是一个拓展业务线的有益尝试。而且，不管是针对个体工商户的小微贷款，还是针对个人的消费贷款，都是当时政策所鼓励发展的重要方向。

除了市场需求井喷、银行态度转变之外，技术层面的进化也是一个重要的基础条件。

因为小额信贷具有量大、小额、高频的特点，必须数字化、批量化发展才有可能实现规模效应、覆盖成本。更重要的是，无抵押和担保信用贷款之于当时的风控更是一个巨大的挑战。

这一年，中国互联网行业的发展已经初具规模，线上数据越来越丰富。而线下市场，小额信贷业务也进入到了标准化、批量化发展的阶段。

爆发与乱象

尽管 2007 年助贷模式已经出现，但在此后的五六年时间里，它却并没有顺势成长起来。在很长一段时间里，仅有少数的小贷公司得以与银行开展助贷业务，商业银行 + 助贷机构的模式停滞了很长时间。

究其根源，还是在于银行对于这类业务始终保持着审慎的态度。另一方面，小贷公司线下展业受限于人员的扩张和管理，很快就触及“天花板”。再加上接踵而至的全球金融危机和 4 万亿元大投放，商业银行的重心又回到“铁公基”项目上了。

虽然与持牌金融机构的助贷模式出现了暂时的停滞，但恰逢 P2P 行业快速崛起，小而分散的信贷资产也有了新的资金匹配渠道。在 P2P 刚起步那几年，小贷公司几乎是其最重要的资产来源之一。

在随后的几年里，以 P2P 为代表的互联网金融开始蓬勃发展，小额信贷业务越来越多地线上化。尤其随着大数据风控的应用不断加深，以及线上、线下消费场景的挖掘，小额信贷市场迎来了一个爆炸式的增长。

在线借贷的发展让借贷产品进一步“下沉”，大量万元以下的信贷需求（低至几百元）开始被关注、被挖掘，客户的年龄段也越来越低，大量的年轻人成为消费贷款的主要受众。

巨大的市场潜力和盈利空间吸引了越来越多的企业涌入，后来饱受诟病的校园贷、现金贷也是趁着这个东风站上风口，不仅成为资本追逐的宠儿，也狠狠地收割了一批用户。

随着互联网金融的发展，资金的需求也变得越来越旺盛，仅仅依靠 P2P 网贷平台已经无法满足很多产品对资金规模和成本的要求。而另一方面，以校园贷、现金贷为代表的信贷产品利润丰厚，甚至是暴利，这也让很多资金方有了动力参与其中。

助贷模式再度崛起。除了商业银行，一大批消费金融公司、信托公司、财务公司等纷纷入局，为这个市场注入了源源不断的资金。

当然，市场的疯狂也引起了监管的关注。尽管在合作时助贷方大都签了“兜底”承诺，但并没有让持牌机构避免风险的集聚。尤其，大部分机构并没有能力对这些助贷方推荐的客户做相应的风控，这也让潜在的风险更加难测。

很快，校园贷、现金贷业务在 2017 年接连被监管叫停。而在那份《关于规范整顿“现金贷”业务的通知》（俗称 141 号文）中，助贷模式也被点了名：

> 助贷业务应当回归本源，银行业金融机构不得接受无担保资质的第三方机构提供增信服务以及兜底承诺等变相增信服务，应要求并保证第三方合作机构不得向借款人收取息费。

在 141 文下发之后，监管的重拳整治清理了一大批打着普惠金融或金融科技的招牌，实则做着高利贷，甚至超利贷业务的平台，这也让商业银行等持牌机构更加谨慎地选择合作伙伴，开展助贷业务。

尽管助贷模式在成长的过程中遭遇了一些波折，但利用大数据风控等新的技术手段发展小额信贷的趋势已然不可逆，而商业银行为代表的资金方也有了越来越强烈的意愿与手握数据、流量和技术的助贷方合作。

尤其在 2015 年，一个爆款产品——微粒贷横空出世，它开启了助贷模式的新阶段，也让银行们真正意识到了资金 + 技术的广阔前景。当然，也让监管从另一个维度开始关注助贷的影响、价值以及风险。

简单而言，微粒贷为微众银行与金融机构合作放贷，通过“联贷平台”，微众银行只发放少量贷款资金，大头的贷款资金由合作银行发放，微众银行基于大数据、AI 技术为合作机构提供客户筛选与风控业务，基于区块链技术搭建银行间联合贷款清算平台，用以提供清算对账等后台支持工作。

在这种联合贷款模式下，微众银行与合作银行的出资比例约为 2 ： 8，利息分成比例约为 3 ： 7。据了解，随着这种模式的成熟和贷款规模的增大，微众一方在联合贷款中的出资比例可能还会进一步降低。这样一来，杠杆作用将进一步放大。

来看一下微粒贷的增长曲线，2015 年 5 月上线，一年后贷款余额突破 170 亿元；到 2017 年 5 月产品上线两周年时，贷款余额已经突破 760 亿元；而到 2017 年年底，微粒贷的贷款余额已经突破 1000 亿元。

这个数字已经优于不少城商行的整个零售板块了，而它仅仅是一家年轻的民营银行的一个产品。

低成本、高效率，低坏账、高杠杆，微众银行所代表的这种新型的银行业务模式，使得许多不再能“躺着赚钱”的传统银行羡慕不已。当然，它也间接成了那条“鲶鱼”，刺激了更多的银行开始加快金融科技化的转型。

不可逆的潮流

微粒贷的出现刺激了银行业，也刺激了监管层。

2016 年，银监会便开始着手调研以微粒贷为代表的联合贷款模式，试图出台一些规范性的条款以防范该模式之下存在的潜在风险。

但随着调研的深入，监管部门发现，联合贷款以及更广义的助贷模式所涉及的机构之广、模式之繁复让制定规范文件的难度越来越大。

与此同时，经过前几年的发展，金融科技在提升金融服务的效率、降低成本以及拓展边界上的价值得到广泛的验证，越来越多的金融机构加速了拥抱金融科技的步伐。在这个大背景之下，微粒贷的爆款效应也被迅速放大。

越来越多的商业银行，尤其是一些城商行、农商行开始接入联合贷款业务。事实上，相比金融科技企业连接资金的需求，一大批正处于发展困境中的中小银行更迫切地需要这样一个突围的契机。

然而，监管部门所担忧的是，大部分提供资金的中小银行基本没有对相关业务做二道风控，这种简单粗暴的合作方式带来了短期收益的大幅改善，但却埋下了长期的风险隐患。

更重要的是，这些区域性银行间接借此实现了“跨区经营”，偏离了它们支持县域经济和民营经济发展的立业之本，这有违当下支持实体经济的政策导向，更不符合监管对于这些银行一直以来的要求。

尽管如此，监管部门意识到，在浩浩荡荡的助贷大潮之后，商业银行的互联网贷款业务全面兴起，也是大势所趋。显然，宜疏不宜堵。

从 2018 年开始，银保监会一直在研究和起草《商业银行互联网贷款管理暂行办法》。经过多次的修订，2020 年 7 月 17 日，银保监会正式发布《商业银行互联网贷款管理暂行办法》。

从最终版的《商业银行互联网贷款管理暂行办法》可以看出，监管层充分认识到了互联网贷款以及助贷模式的价值，因此尊重历史现状，正式打开了互联网贷款的大门。

与过往的征求意见稿相比，该办法删去了简单粗暴的一刀切指标，以原则导向为主，将更多权限交给商业银行，同时保留了采取强力干预的政策空间，可谓“胡萝卜 + 大棒”。

风险管理是银行的立业之本，而将自己核心能力外包，这是监管所不能容忍的。所以，监管再三强调，商业银行要强化自己的风控能力，建立相应的风控体系。

对于城商行、农商行等地方银行，监管提出应当以服务当地为主，但不做硬性限制。此前的版本曾要求地方银行按照属地原则控制助贷业务的比重，不过在最新版本中删去了相关的硬性限制。

而随着《商业银行互联网贷款管理暂行办法》的落地，助贷将进一步成为主流，不仅利好蚂蚁金服、腾讯金融等新金融巨头，还给金融科技 to B 服务创造了广阔的发展空间。

助贷模式的勃兴亦表明，新金融并不必然是一场零和游戏，新兴的金融科技公司可以和持牌金融机构共生与共赢。

往大了说，金融 + 科技是金融行业进化的方向，这种融合与共生已是不可逆的潮流。

附：中国消费金融大事记

- 1985 年，个人住房按揭贷款问世；第一张信用卡诞生。
- 1995 年，上汽集团联合金融机构首次推出汽车消费贷款。
- 1998 年，央行颁布《汽车消费贷款管理办法》。
- 1999 年，央行发布《关于开展个人消费信贷的指导意见》。
- 2003 年，银监会发布《汽车金融公司管理办法实施细则》。
- 2004 年，银监会发布《汽车贷款管理办法》。
- 2007 年，中国第一家 P2P 网贷平台拍拍贷成立。
- 2009 年，银监会发布《消费金融公司试点管理办法》。
- 2013 年，银监会发布《消费金融公司试点管理办法（修订稿）》；中国第一家分期电商——分期乐商城上线。
- 2014 年，中国最早的互联网消费金融产品京东白条问世。
- 2015 年，国务院出台《关于积极发挥新消费引领作用加快培育形成新供给新动力的指导意见》；蚂蚁金服推出花呗、借呗，微众银行推出微粒贷。
- 2016 年，央行、银监会联合发布《关于加大对新消费领域金融支持的指导意见》。
- 2017 年，银监会、教育部、人社部联合发布《关于进一步加强校园贷规范管理工作的通知》；互金整治办等发布《关于规范整顿"现金贷"业务的通知》。
- 2020 年，银保监会出台《商业银行互联网贷款管理暂行办法》。

第八章 IPO 悲喜录

正如罗马人一样，在华尔街这个伟大的博弈场中的博弈者，过去是，现在还是，既伟大又渺小，既高贵又卑贱，既聪慧又愚蠢，既慷慨又自私——他们都是，也永远是普通人。

——约翰·戈登《伟大的博弈》

2015年年末宜人贷登陆纽约证券交易所，拉开了中国新金融公司的上市大幕，然而直到2017年下半年，上市大戏才全面开演。这一波上市潮是新技术发展和应用的结果，是互联网从PC端转向移动端引爆新机会的结果，也是中国消费升级、人口红利持续释放的结果。但最终能够走过这个“独木桥”，完成一次“阶级”跃升的公司却寥寥无几。大多数公司倒在了上市前夜，而那些努力跨过IPO这道门槛的公司，还来不及感受光环加身的荣耀便被一轮轮的行业整改和市场风暴拖入了黑夜。

进入2016年，高速奔跑数年的新金融行业，进入到一个新的周期。

伴随着第一家P2P网贷平台——宜人贷的上市，整个行业冲击IPO的热情变得格外高涨。毕竟，对于一个涌入了千亿元资本的新兴市场，没有什么比上市更令人兴奋的事情了。

好像突然之间，过去一年多受监管、市场、舆论等多种因素影响而暮霭沉沉的新金融行业又豁然开朗。有计划上市的公司加快了进程，没有计划上市的公司也重新将此事提上了日程。

但上市大幕的真正开启是在一年多以后了。2017年，以众安风光上市为代表，一批新金融公司冲击IPO，股价创下新高，形势一片大好。尽管这些公司的商业模式依然存在争议，但大家都相信未来会更好，时间会抹平一切的质疑。

在市场环境变幻莫测、监管政策逐渐收紧的当下，“上市”不仅是提振行业的兴奋剂、企业自渡的救命草，也是巨头上岸的唯一出口。当这种发展路径被赋予如此重要且紧迫的意义时，上市这个行为也难免有些走样。

然而，在资本的盛世狂欢中，一些最朴素的逻辑和事实被暂时忽略了。

新金融企业们讲着科技公司的故事融资，却拿着金融公司的估值上市。它们曾经在一级市场的融资故事与后来在二级市场的估值逻辑，以及所给出的未来预期之间存在着巨大的落差。

这些年轻的独角兽们还来不及修建好自己的“护城河”，便被推到了资本市场接受严苛的审视。而上市就像“卸妆水”，洗去了那些被过度美化的商业故事和数据。

市场并没有给这些企业足够多的时间去证明自己。2017 年 10 月，趣店上市后不久，意外引爆了一场舆论危机。这不仅拖累了紧随其后上市的一批新金融公司，还直接触发了现金贷监管风暴，最终改变了行业发展的轨迹。

大幕开启

在新金融这个大范畴内，P2P 是起步最早、发展最快的一个细分领域。到了上市这一环节，它们又再次充当了急先锋的角色。

中国最早的 P2P 网贷平台——宜信经过一番架构调整，将集团的创新产品研发、P2P 平台运营、线上理财业务等更具“科技”属性的部分剥离出来，成立一家叫宜人贷的公司。

彼时的宜信已经是一家拥有 4 万雇员，一年的交易规模超过 500 亿元量级的巨舰。相比之下，融资规模仅 1 亿美元的宜人贷似乎只是一道前菜，它是在为身后的宜信，乃至整个中国新金融行业投石问路。

这个开端似乎也为新金融行业的上市定了个调，形式胜过实质、结果重于过程。没有企业纠结估值定价的高低，即便那些曾经在一级市场创下天价的独角兽企业也纷纷放下身段。大家目标变得简单而直接——上市。

与其他追求上市的企业有所不同，在监管暧昧不明、企业身份缺失的新金融领域，上市之于企业更像一个护身符、金钟罩，成为给自己正名的唯一途径。

走向华尔街

2015 年 12 月 17 日傍晚，摩根士丹利位于华尔街中心的办公室外，唐宁眉头紧锁、来回踱步。他身边宜人贷的三位高管：方以涵、丛郁、陈欢，以及办公室里的投行代表们都在等着他拍板最终的挂牌价。

第二天，宜人贷将在纽约证券交易所（以下简称纽交所）挂牌上市，它将成为中国第一家上市的 P2P 公司。

几个街区外的纽交所已经挂出了宜人贷的横幅，陆陆续续有一些宜人贷的员工在大楼前拍照留影，难掩兴奋的神情。国内的媒体和同行也对这次 IPO 给予了极大的关注，于中国 P2P 而言，这是具有里程碑意义的一步。

而这一边，正在商讨最终价格的几位宜人贷高管心情有些复杂。短短一年时间，中国 P2P 市场的境况发生了天翻地覆的变化，这也让宜人贷的上市之路变得颇为坎坷。

一年之前，当宜人贷启动上市计划时，P2P 还是资本的宠儿，一时风光无限。

整个 2014 年，全国至少有 30 家 P2P 网贷平台获得投资，先是年初人人贷宣布完成 1.3 亿美元的融资，创下了当时全球该领域的融资新纪录；到了年末，陆金所完成了 5 亿美元的 A 轮融资，投后估值高达 100 亿美元。

而大洋彼岸，全球 P2P 鼻祖 Lending Club 的上市更是将这种亢奋推至顶峰。

作为当时全球最大的 P2P 网贷平台，Lending Club 一直被视为行业的领军者和风向标，在 2014 年 12 月 11 日（美国时间）上市首日，Lending Club 的股价大涨 56%，市值 85 亿美元。

事实上，在它上市前，由于机构投资者认购过于踊跃，Lending Club 已经两次上调发行价，从每股 10~12 美元上调至每股 12~14 美元，随后又再次上调了发行价直至每股 15 美元，并增发 30 万股，使其总融资金额达到了 8.7 亿美元。

Lending Club 成功上市极大地提振了 P2P 行业的信心，很多公司都加快了 IPO 的进程。而 2015 年年初的中国市场，恰逢“双创”和“互联网 +”的风口，资本的热情被推至一个高点，这也是包括 P2P 在内所有互联网金融公司的高光时刻。

根据零壹财经统计，2015 年的第一个月就有 11 家 P2P 网贷平台完成融资。而这些平台每轮融资的规模越来越大、间隔周期则大大缩减，例如，当时宣布获得老虎基金投资的点融网 3 个月前才刚刚拿到了一笔来自新鸿基的投资。

当时的一级市场上，只要创始团队背景不错，再加上互联网金融概念，这样的项目几乎很快就能拿到一笔不菲的投资。而二级市场上就更疯狂了，只要跟互联网金融沾边，都能带动一波涨势。

没曾想，转眼之间，风云突变。

当2015年9月，宜人贷拿到美国证券交易委员会（SEC）的无异议函的时候，恰逢中国A股市场断崖式下跌，国际市场对中国经济前景的预期突然变得有些悲观。而到了10月，美国股市又出现剧烈波动。

等到12月，市场环境依然没有明显的好转。更要命的是，中国的P2P行业又出了一件大事：2015年12月初，e租宝涉嫌非法集资500多亿元被正式立案调查，这件迄今为止涉及资金规模最大的P2P风险事件为整个行业蒙上了一层阴影。

“10块、11块？其实没太大差别。”[①]CFO丛郁的心理价位是10.5美元，因为前一天已经确认宜人贷获得了5倍超额认购，他知道这个中间价位肯定没问题了。丛郁也明白，在当下的市场环境里，这已经是一个不错的结果了。

最终，唐宁把挂牌价定在10美元（原定发行价区间：9美元至11美元）。在当时的情况来看，这是一个比较保守的决定。曾在华尔街著名的DLJ投资银行工作过多年的唐宁深谙资本世界的运行规则，他希望以此给投资人更多的信心。

破发了。

上市短短几小时后，宜人贷便跌破了发行价。“在这样恶劣的一个市场环境下，上市本就是一个奇迹。”唐宁感慨道。而事实上，此后每一家上市的中国互联网金融公司都没能逃过破发的命运，这似乎成了一个魔咒。

“宜人贷上市，是起点，不是终点，未来的路还很长。属于我们的精彩才刚刚开始！”唐宁在上市后发给全体员工的内部信最后如是写道。

当时，宜人贷上市破发被归咎于美国资本市场的波动和国内行业监管的不确定性，这一说法虽有争议但也被普遍接受，P2P行业的从业者依然坚信会有柳暗花明的一天。

所以，在国内市场，宜人贷上市所带来的示范效应、标杆作用，远大于上市首日股价涨跌所引发的讨论。尽管中国P2P第一股的上市之路颇为坎坷，但它正式拉开了中国互联网金融的上市大幕。

毕竟，这个在过去几年融资金额最高、频次最多的一个细分领域，正面临着来自监管、市场、舆论的多重压力，它们太需要一次证明自己的机会，而资本也亟待找到一个出口。

① 王燕青，《重返华尔街》，《南方人物周刊》，2016年2月第1期。

估值的落差

对于一个新物种，包括 P2P 在内的新金融公司在上市过程中面临的第一重挑战就是：如何定价？

关于这一点，作为全球范围内成立最早、名气最大的 P2P 网贷平台之一，Lending Club 一直是同业的风向标。不管是它的商业模式，还是估值定价，都被视为一个重要的行业标准。

Lending Club 成立之初正赶上 Web 2.0 兴起以及全球金融危机，前者为 P2P 借贷的普及提供了技术上的可能，而复苏中的美国经济则成为其成长的绝佳土壤。中国的情况十分类似，快速腾飞的市场经济和日益旺盛的消费需求成为新金融发展的沃土。

美国在次贷危机后，提高了个人借贷门槛，而 P2P 借贷的模式正好填补了市场需求。同时，长期零利率的环境也让大量资金更有意愿投向 P2P 资产。这是一个双赢的结果。

所以，Lending Club 从创立之日起便备受资本追捧，在 IPO 之前，它至少完成了超过 10 轮融资（包括债权融资和股权融资），投资方不乏凯鹏华盈、摩根士丹利、摩根大通、谷歌等明星企业。

而其董事会成员更是“星光熠熠”，包括“互联网女皇”Mary Meeker、摩根斯坦利的前任 CEO John Mack 和美国前财长 Larry Summers 等都曾为其背书。在 IPO 之后，它的市值一度高达 100 亿美元。

但同时，对于 Lending Club 估值的争议也从上市前一直延续到了上市后。

互联网平台和金融公司的性质千差万别，两类公司更是有着截然不同的估值逻辑，而融合了互联网和金融两种属性的 P2P 网贷平台则给资本市场定价提出了一个新的命题。

互联网属性侧重于流量和用户，不承担信用风险，业务规模与流量和用户成正比；金融属性则要承担一定的信用风险，风控是核心，业务规模越大往往风险也越大，要用类银行体系的估值方法。

参与 Lending Club 上市的国际投行摩根士丹利在一份研报中详细介绍了这家企业的估值逻辑，以及对其市场前景的预期。

摩根士丹利最终选择了三类公司来作为估值参考，一是第三方平台业务公司，如 eBay；二是高增长的互联网公司，如 Facebook、Twitter、Alibaba；三是靠收取金融服务中间费用的支付公司，如 Visa 和 MasterCard。

报告认为，因为 Lending Club 是连接贷款人和借款人的网络平台，以交易费用为主要收入，并不对通过其平台产生的贷款承担风险，因此更偏互联网平台。但从Lending Club上市之后的股价来看，二级市场对于这种说法并不买账。

转折来得很快。

因为Lending Club上市后的财报数据表现不佳、经营亏损扩大等因素，IPO所带来的光环很快便暗淡下来，而成为公众公司后的压力日渐增大。到2015年年末时，Lending Club的市值已较年初缩水近半。

彼时，正在冲击IPO的中国公司——宜人贷，情况则更为复杂。

尽管已有Lending Club、OnDeck上市在先，但由于中美两地市场和监管环境的差异，P2P公司的商业模式和发展背景也有很大的不同。宜人贷走向华尔街的过程也是SEC和美国资本市场了解中国P2P行业的过程。

为了研究这个“新物种”，SEC派出了主会计师办公室来负责宜人贷项目，很多标准和原则的制定是由多个部门负责人共同商讨的结果。以宜人贷不到1亿美元的融资规模，这是个非常罕见的情况。

你是信息中介还是信用中介？亏损是暂时的还是长期的？收入和成本如何确认？一些新科目，例如宜人贷的“质保计划”要如何在财务报表上体现等等，宜人贷用了大量的时间与SEC就申请材料中的内容进行了逐条认定。

与Lending Club和On Deck的信息中介定位不同，中国式P2P大都由自己或者关联公司把控着资产端，这在一定程度上有助于控制资产质量，盈利能力更强，但同时也承担了更大的信用风险。

此外，在商业环境和监管方式上，中美两地的P2P也差异颇大。

由于美国的个人征信市场已经非常成熟，三大征信局Equifax、Experian和TransUnion以及1000多家地方信用局每年会出售6亿多份带有FICO分的消费者信用报告，每天还会处理大量的信用数据。

这也是Lending Club起步之初便得以构建一整套风险分级体系的原因。作为它商业模型中最核心的一环，Lending Club根据贷款的期限和金额分A~G七个等级，每个等级又包含五个子级，贷款的等级对应着风险程度及回报率。

此外，Lending Club成长过程中历经的三种商业模式：本票模式、银行模式和证券模式，都是在美国已有的监管框架内进行的创新和发展，所以不存在太多未知的监管风险。

当然，也正因为美国的金融市场已经非常成熟，监管体系也较为完善，其P2P网贷平台的想象空间十分有限。而中国则不同，伴随着利率市场化、金融自由化的进程，中国的金融服务市场潜力巨大。

并且，2015 年 7 月，在宜人贷上市前，《关于促进互联网金融健康发展的指导意见》刚刚落地，对于这些新兴业态保留了宽容的姿态。所以尽管 P2P 行业接连爆发风险事件，但市场情绪仍普遍乐观，认为经历过整治后，行业有望逐步走向正规化。

虽然 Lending Club 股价的下滑已经敲响了警钟，但华尔街依然对大洋另一端的中国市场给予了高度的关注。它们看到的是一个正在快速崛起的商业生态——拥有 13 亿人口的中国正在经历一次金融服务的革新。

当时，几乎所有人都认为，中美两个 P2P 市场的前景和结局会有所不同。

偶像的黄昏

如果要为美国的 P2P 行业选择一个转折点，可能很多人会将日期定格在 2016 年 5 月 9 日。

没有任何的征兆，Lending Club 宣布公司创始人兼董事长、首席执行官 Renaud Laplanche 引咎辞职，原因是公司被查出向杰弗瑞投行出售了一笔并不符合其标准的 2230 万美元贷款。①

在信用至上的美国市场，这次欺诈事件对于 Lending Club 的打击无疑是致命的。

消息一出，Lending Club 股价当日便大跌 35% 至 4.62 美元，这也是其自 IPO 以来的最大单日跌幅。与上市当日的开盘价相比，Lending Club 的股价已经缩水 82.9%。

发布声明当天，Lending Club 便收到司法部发来的大陪审团传票，随后针对公司内控不足、信批有误等问题的股东诉讼接踵而至。

但影响更为深远的是，包括高盛、杰弗瑞以及 200 多家社区银行宣布暂停购买 Lending Club 平台上的贷款。对于机构资金占比较高的 Lending Club 来说，资金供给的断崖式下跌迅速将平台拖入困境。

尽管 Lending Club 也采取了一系列急救措施，包括管理层更替、大规模裁员以及加大资金端的奖励等。但颓势难返，Lending Club 此后连续几个季度营收下滑并持续亏损。

事实上，美国网贷行业的不景气已经持续了一段时间，而 Lending Club 欺

①Lending Club 修改了部分贷款日期，并且CEO 未披露自己持有Cirrix，即获得贷款的公司2% 股份。

诈事件只是多重压力叠加的结果，也是压垮这家公司乃至整个行业的最后一根稻草。

美国经济下行等宏观环境的变化首先反应在资产端，2015 年美国网络借贷的月度欠账率和坏账率逐月上升。到了年底，美联储宣布加息，结束了维持近 7 年的零利率政策，也彻底打破了 P2P 生存的舒适区。

到 2016 年 1 季度，美国 GDP 创下近 3 年来的新低，储蓄率则到达 3 年来的新高。这种情况下，流动性较差而风险较高的 P2P 资产获取资金的压力也变得越来越大。

究其根源，Lending Club 欺诈事件也是为了推动贷款的销售，所以才会做出更改贷款期限、投资资产管理公司等举动。这也让它有违信息中介的本质，引发了外界对于 P2P 模式的质疑。

如果说此前，大家更多地把 P2P 网贷平台表现不佳归咎于宏观经济等外部原因，那么到 Lending Club 欺诈事件之后，越来越多的反思开始聚焦于 P2P 这种商业模式本身。

虽然美国 P2P 网贷平台之间的模式略有差异，覆盖的客户群体也有所不同，但核心都离不开资金和资产的匹配。与中国 P2P 平台的风险大都聚焦于资产端不同，美国 P2P 平台的压力最早来自资金端。

如同跷跷板一般，两边难以取得完美的平衡，而一方的压力会快速传导至另一方，最终导致两边的动作都变形。

规模增长放缓、迟迟难以盈利是所有美国 P2P 平台都没能迈过去的坎儿。而这些问题随着经济下行周期的到来、外部环境的变化而被加速放大，直至爆发。

2016 年 5 月，P2P 网贷平台 Prosper、Avant 先后宣布裁员 28%、7%，前者作为美国第一家 P2P 网贷平台，进行如此大规模的裁员，给行业带来了极为负面的影响。

而对于已经上市的企业，行业的压力则直接反应在了股价上。

比 Lending Club 晚 6 天上市的 OnDeck 与之有着类似的发展曲线：在上市当日股价大涨 38% 至 27.98 美元，随后由于迟迟未能盈利，贷款增长也不如预期，股价便一路下挫。到 2016 年年末时，OnDeck 的股价仅剩 4 美元。

当昔日的光环逐渐散去，这些“美国偶像”们也走下了神坛。而此时，中国的新金融市场正在为即将到来的上市狂欢做着最后的冲刺。

资本盛宴

2015年1月，一头穿着帽T的独角兽登上了开年第一期的《财富》（Fortune）杂志封面，它代表的是那些在很短时间内（不超过10年）估值便达到10亿美元的初创企业。

一年多前，当风险投资基金 Cowboy Venture 的创始人 Aileen lee 在文章中第一次用到“独角兽”这个词时，应该没有想到它会那么快在整个硅谷，甚至全球流行起来。

毕竟，此前10年，全美估值超过10亿美元的创业公司只有39家。来自 .com 时代[①]的任何一家元老级科技企业都没有在上市前获得如此荣耀。所以，Aileen 才用了一个存在于西方神话中的稀有物种来指代这类企业。

但一年之后，当《财富》杂志发布这篇名为“独角兽时代”（The Age of Unicorns）的封面文章时，“10亿美元俱乐部”已经变得有些拥挤。根据《财富》杂志的统计，当时全球至少已有80家独角兽企业。

从分布来看，中国和美国是聚集独角兽最多的地区。其背后的原因多有相似，宏观经济向好、科创氛围浓厚以及都经历了一波牛市……疯狂的投资氛围在全球蔓延，一级市场上，成为独角兽、甚至超级独角兽[②]的时间变得越来越短。

得益于中国新经济市场的活跃，金融新生态也有了更多的养分助其肆意生长。此时的P2P已经逐渐被边缘化，取而代之走向舞台中央的是一群新金融巨头。这些被资本“催熟”的超级独角兽们更喜欢用金融科技、甚至科技公司来定义自己。

中环夜未眠

香港中环很久没有这样热闹过了。

2017年9月28日晚，在中环金融街8号的四季酒店，300多名商界精英济济一堂，他们从世界各地赶来只为一个目的——参加白天在港交所挂牌的众安在线[③]上市酒会。

酒会现场摆放着艺术家蔡国强专门为众安创作的《破与立》，据说画作灵

①.com 时代：美国互联网和科创企业涌现的20世纪90年代。

② 超级独角兽：估值超过100亿美元的未上市企业。

③ 众安在线财产保险股份有限公司，上市代号“众安在线”，又常简称“众安保险”或“众安”。

感取自宇宙大爆炸，三朵梦幻式的花从众安的 logo 引申而来，代表梦想、突破，而被火药渲染后如同重建和开拓了一个全新的世界。

成立于 2013 年 11 月的众安保险，因其股东汇集了"三马"（马云、马化腾、马明哲），又顶着中国第一家互联网保险公司的头衔，自诞生那天起便被放在了镁光灯下，它本身就是一个破旧立新的存在。

那时，大众对于买保险的印象大都还停留在保险经纪面对面的销售，理赔也需要冗长的流程、提交若干材料。而有别于传统的保险公司，众安立足于互联网，服务于新经济，产品呈现小额、碎片、高频等特征。

众安在招股书中对自己的定位是：通过开发场景，构建以生态系统为导向的保险产品以及解决方案。比如，它的第一款产品"退运险"[①]，就是典型的基于电商场景和金融科技的产品。

如果没有中国庞大的网购人群和电商场景，退运险也就不会出现；如果没有支撑海量保单生成和纯线上理赔的技术，互联网保险也无从谈起。当时，外界将众安所尝试的保险新模式、新技术统称为：保险科技。

众安也因此被定义为一家数据公司、科技公司，这让它从一开始就获得了完全不同于传统保险公司的估值定价和发展速度。

等到 2017 年上市前，它已经向近 5 亿客户销售了超过 72 亿份保单。凭借开放的姿态、敏捷的响应和独特的模式，众安建立了一个以保险科技为核心的生态圈，横跨生活消费、消费金融、健康、车险和航旅等领域。

作为第一家冲击上市的金融科技巨头，众安从递交招股书，到公开招股，再到上市鸣锣，一路都备受瞩目。

当然，它也不负众望，IPO 公开认购超额逾 400 倍，冻结资金 2000 亿元，创下了当期香港市场上超额认购倍数最高的新股记录。到开盘当日，股价一度冲高 70 港元，市值近千亿港元。

9 月 28 日晚间，白天交易所里高涨的气氛延续到了上市晚宴，华丽的嘉宾名单几乎串起了整个新经济圈：

从金融圈高管，泰康人寿董事长陈东升、中央汇金公司原总经理解植春、中国太平保险总经理李劲夫等，到投资圈的大佬，云锋基金主席虞锋、黑石集团大中华区主席张利平、高瓴资本创始人张磊等；

---

① 退货运费险（买家版）：针对淘宝上支持"7 天无理由退换货"的商品，买家可选择购买该保险产品，当发生退货时，在交易结束后72 小时内，保险公司将按约定对买家的退货运费进行赔付。

从地产界的恒大地产 CEO 夏海钧、富力地产主席李思廉、招商局集团总经理李晓鹏，到文化领域的英皇集团董事局主席杨受成、华谊兄弟董事长王中军、当代艺术家曾梵志等；

还有科技圈久未露面的 UT 斯达康公司创始人吴鹰，以及新锐巨头小米公司联合创始人洪锋、美图董事长蔡文胜、赶集网和瓜子二手车创始人杨浩涌、蔚来汽车董事长李斌皆有到场。

当然，作为一家金融科技巨头，它的上市酒会自然少不了这个领域的明星企业助阵。从蚂蚁金服、微众银行、陆金所，到趣店、乐信、品钛等一批金融科技企业的创始人或高管聚集一堂。

在这其中，有不少是众安的合作伙伴，但更多的是新经济盟友。包括小米、蔚来汽车、蚂蚁金服、陆金所、趣店、乐信等一批公司都是备受资本市场关注的独角兽企业。

觥筹交错间，大家庆贺的不仅是一家公司顺利上市，也是那个正在徐徐展开的新经济盛世。

呼唤新经济

尽管前期，关于众安估值偏高的争议一直存在，但上市当日的成绩足以令市场振奋。因为它代表的不仅仅是这些年林立而起的金融科技公司，还有孕育它们的土壤——那个快速崛起的新经济生态。

事实上，早在 1996 年 12 月 30 日，美国《商业周刊》发表的一组文章中便首次提到“新经济”一词，是指借由经济全球化浪潮所诞生的由信息技术革命驱动、以高新科技产业为龙头的经济体系。

新经济在中国活跃起来的一个重要背景是：2013 年我国第三产业增加值占 GDP 比重首次超越第二产业。到 2015 年，中国第三产业增加值达到 50.2%，稳稳支撑起经济增长的“半壁江山”。

在 2015 年年初的“两会”上，“互联网 +”行动计划被正式写入中国政府报告，它被视为中国未来增长的新引擎。到了年末，习近平总书记出席第二届乌镇互联网大会并发表主旨演讲，进一步将“互联网 +”的热度推向一个高潮。

根据中国互联网络信息中心（CNNIC）统计，到 2016 年年末，中国的互联网用户达到 7.31 亿，超过了欧盟和美国网民的总和。中国还拥有 6.95 亿移动互联网用户（占互联网用户总数的 95%），而欧盟仅有 3.43 亿（79%），美国仅有 2.62 亿（91%）。

在中国，属于数字“原住民”的互联网用户多达 2.8 亿，几乎与美国互联网用户总数相当。中国庞大的移动互联网用户群体和年轻用户群体加快了数字化的普及以及新经济的发展速度。

根据麦肯锡《2017 中国数字消费者研究》报告统计，2017 年约有 31% 的微信用户在微信平台上有过购买行为，而这一数字在 2015 年仅为 13%。该报告还显示，有 83% 的互联网用户使用过 O2O 服务，而这一数字在 2015 年仅为 41%。

庞大的网络用户基数和活跃的数字消费行为成为中国新经济崛起最坚实的基础。

所以，众安上市当日，港交所总裁李小加也亲自到场观礼。在接受媒体采访时，他更是不吝溢美之词，用“一个非常振奋的 IPO，一个新经济的 IPO，一个在香港久违的 IPO”来总结众安上市。

李小加发出这番感慨的背景是，这些年来，尽管内地企业赴港上市一直络绎不绝，但是除了大型央企和地方国企，尤其是金融股和地产股，几乎没有知名的代表新经济、新技术的企业在港交所挂牌。

这一年包括众安、阅文等一批新经济企业赴港上市，亦为中国新经济、新技术企业走向国际资本市场建立了样本；于港交所而言，这是一次变革图新的救赎，它向全球市场发出了拥抱新经济、面向新未来的信号。

再加上，2017 年港股迎来了罕见的大牛市，恒指从年初 22000 点左右一路向上直冲 30000 点大关，期间更是连续 8 个月飘红。包括小米、美团等一批新经济巨头赴港上市的预期不断升温。

曾经错过了阿里巴巴的港交所不希望再失掉新经济的机会，所以铆足了劲希望能够拉拢这些新生代的超级企业。李小加在众安上市现场就“预告”，港交所即将进行一系列改革，为新经济企业上市创造更友好的环境。

因为在此之前，中国新经济市场崛起，一级市场经历了一番“血雨腥风”。在极短的时间内，这个市场涌入了大量的资本和企业，带来的直接后果就是不断被抬高的估值和剧烈的行业重整。

以 2015 年为例，据全球金融数据提供商 Dealogic 向《财经》杂志提供的数据，这一年中国科技领域发生了 1509 起并购，同比增长 75%，并购金额达 1449 亿美元，同比增长 206%。

其中，规模最大的 5 起并购分别是，2 月份滴滴和快的“休战”合并，4 月份 58 同城和赶集网整合，10 月份美团和大众点评、携程和去哪儿强强联合，以及年底的世纪佳缘和百合网“联姻”。

越来越多的超级巨头诞生了，它们有着更紧迫的动力——去上市。

独角兽之困

新经济市场的繁荣和资本的狂热加速推动了新金融企业的成长。

再加上当时中国的金融自由化正在快速推进，并且大数据、云计算、移动互联等科技的应用也愈发成熟，提高金融效率和效能的价值已经显现。不管是从宏观层面，还是微观层面，金融科技都正当其时。

但相较于新经济市场上的其他类型，混杂了金融和科技两种属性的金融科技企业更难以被准确定义和定价。而包括众安在内的一批超级独角兽，它们的业务范围和定价逻辑又远比 P2P 复杂。2015 年 6 月，众安保险宣布完成首轮融资，规模 57.75 亿元，估值高达 500 亿元。而彼时，距离它挂牌成立不过 17 个月。

“新物种”是当时外界对于包括众安在内的一批金融科技企业的统称，因为它们的价值难以套用既有的评估体系，也没有现成的对标公司可以作为参考。

情况类似的还有早于众安保险数月宣布 A 轮融资的陆金所，这家背靠平安集团的互联网投资理财平台，也是中国最大的 P2P 网贷平台，首轮估值已达 180 亿美元（约人民币 1259 亿元）。

当然，这还不是 2015 年 A 轮融资里身价最高的公司，在众安宣布首轮融资 1 个月后，另一家金融科技巨头——蚂蚁金服也宣布完成了 A 轮融资，估值高达 450 亿美元（约人民币 3147 亿元）。

美国知名投资人、PayPal 公司创始人彼得·蒂尔撰文称，垄断企业推动了社会进步，因为数年或者数十年的垄断利润是有力的创新动机，利润给了它们规划长远未来的资本，而这些是困在竞争中的企业所不敢想的。

2015 年，他的著作《从 0 到 1》风靡中国的互联网和创投圈，其中关于创新和垄断的观点更被很多创业者和投资人奉为神袛，“失败者才去竞争，创新者应当选择垄断”。

这种强者恒强的定律在金融科技领域更为明显，除了彼得·蒂尔所总结的垄断公司四大特点：技术优势、网络效应、规模经济、品牌优势外，介入金融服务的准入门槛和合规标准也越来越高。

尤其，进入 2016 年，e 租宝事件之后，新金融行业迎来一次大分流，进入强监管时期。越来越多的中小公司被洗牌出局，资本和资源向少数巨头加速聚拢。

零壹财经数据显示，2016年全球共发生了504笔在金融科技领域的投融资，合计金额达1177亿元。其中在中国发生的融资笔数占比超过56%，在金额上占比则超过78%。

仅2016年，全球金融科技投融资金额最大的TOP20，有16起都发生在中国。其中，再一次刷新融资记录的蚂蚁金服，其B轮融资募得45亿美元，估值达到600亿美元，这也是当时全球规模最大的一轮私募融资。

此外，从年初开始，京东金融、陆金所、微众银行等都接连完成了新一轮的融资，估值分别达到了185亿美元、70亿美元和55亿美元。在当年中国互联网独角兽的估值排行中，分别位列第4、10和13位。

根据2016年年末IT桔子的统计，金融科技是仅次于互联网行业，聚集独角兽企业最多的领域，共有17家企业，整体估值达到1143亿美元，接近当时中国所有独角兽企业估值的1/3。

此时，市场上的金融科技独角兽要么脱胎于互联网巨头，比如蚂蚁金服、京东金融；要么便是获得了互联网巨头的投资，比如小米投了51信用卡、京东投了分期乐（后更名为乐信集团）等。

回过头来看，2016年还发生了一个隐秘而关键的转变，原本专注于做用户和规模增长的一批金融科技公司，突然盈利了。

典型如拍拍贷，前一年还亏损7214万元，2016年全年盈利5.01亿元，到2017年时，仅上半年的利润便超过2016年的2倍，达到10.49亿元。这种转折发生在很多金融科技公司身上，因为大家都抓住了一个重要的契机——在线借贷。

于是，从2016年年末开始，在外因（资本推动）和内因（营收暴涨）的共同作用下，金融科技企业的上市预期达到了一个高点，一大批企业开始加速推进上市计划。

当然，这些金融科技巨头所面临的争议和担忧也一直存在，“上一轮融资过高”成为市场上另一种主流的声音。

私募市场与公开市场的估值差异最终总会消失——要么首次公开募集前逐步拉低价格，要么上市后股价大跌。大家都在翘首以盼，那个答案揭晓的时刻。

以蚂蚁金服为例，按照它B轮的估值，市场预期等其上市时将超过1万亿元。这是什么概念？2016年，A股市值超过1万亿元的企业只有两家：中石油和工商银行；茅台、招行和平安集团三家企业的A股市值之和才能破1万亿元。

这些庞然大物的IPO牵动着太多人的神经，过高的估值和热度，以及金融科技领域的敏感性和监管动向的不确定性等，让这些企业在制订上市计划时不得不面临更为复杂的局面。

众安的 IPO 是大家期待已久的信号，一个可以冲向新世界的号角。

趣店风暴

紧随众安之后，2017 年 10 月，年轻的趣店以一场百亿美元的 IPO 将这波上市潮带入了新的高点。这家公司集合了最受资本市场追捧的多个元素：成立时间短、发展速度快、利润更是惊人。

看起来，这是一家兼具了科技公司增速和金融公司利润的完美标的。所以，尽管它在上市前就面临诸多争议，但也丝毫没能阻挡它冲向华尔街，其 CEO 罗敏也成为“小镇青年”创业成功的典范。

然而，正当大家以为这个励志的创业故事即将告一段落时，意想不到的反转出现了。围绕趣店的舆论危机被引爆，进而演变为一场行业危机，外界对于这家公司的质疑已经升格为对整个行业的声讨。

很快，一场更大的现金贷整治风暴降临，让大家都有些措手不及。彼时，跟趣店几乎同期推进上市的公司至少二十几家，分别在香港地区和美国两地冲击 IPO，这些企业也在不同程度上受到了波及。

而更为深远的影响还在于，现金贷整治大幕开启之后，原本的盈利模型被打破，上市公司们讲述的资本“故事”更多地转向了以技术输出为主的企业服务模式。

一个以 to B 为主线的金融科技下半场开始了。

一场百亿美元的 IPO

34.35 美元 / 股！

美国东部时间 2017 年 10 月 18 日上午，经过一番激烈的场内竞价，趣店的开盘价终于落定。纽交所的交易大厅里爆发出一阵欢呼声，这个数字较发行价上涨了 43%，趣店的市值一举迈入百亿美元的门槛。

彼时，大洋另一端的中国已经夜深，当股价出现在屏幕上时，不少人都惊掉了下巴。因为在此之前，在美上市的新金融公司都遭遇了滑铁卢。

就在半年前，P2P 网贷平台信而富上市当天，CEO 王征宇在接受中外媒体采访时，一度哽咽。因为其 IPO 的发行价不仅比原定计划缩水近半，市值甚至远低于上一轮融资——10 亿美元的估值。

而另一家在趣店之后不久上市的拍拍贷[①]，这条 IPO 之路也走得同样辛苦。到上市时，这家戴着“中国第一家 P2P”头衔的公司已经成立 10 年。上市当日，拍拍贷的开盘价为 13.4 美元 / 股，市值约 42 亿美元。

相形之下，趣店似乎格外受到命运女神的垂青。

事实上，在 IPO 之前，趣店便以融资快和多而闻名。它成立不到三年半，期间经历 8 轮融资，最密集的时候，两轮融资的间隔不到 3 个月。即便在它负面消息缠身的时候，资本的热情依然不减。

当然，趣店的成功并非无迹可寻。发端于校园市场的它以强大的地推攻势和迅猛的扩张速度而闻名，趣店曾在不到一个月的时间内，从 10 个城市迅速拓展到 300 个城市；员工则在一年内从 10 人扩充到 2000 人。

又快又狠，成为趣店和它的创始人罗敏身上最显著的标签，也是屡屡被投资人提及的特质。在他们看来，正是因为这样，趣店才得以在不断变化的市场和监管环境中，快速切换路径，最终成功登顶。

把时间拨回趣店 IPO 前的一年，校园金融市场深陷舆论危机，裸贷威胁、暴力催收、被逼跳楼等一系列恶性事件的发生，把相关公司全部推上了风口浪尖。

很快，监管部门重拳出击，开始肃清校园网络贷款市场。而这个细分领域的两大企业趣店、乐信接连宣布退出校园，转而专注线上市场，同时也将目标客群从学生扩展为包括蓝领、白领在内的所有非信用卡持卡人群。

罗敏又一次展现了他的狠决，曾经助他打下江山的线下团队在很短的时间内被悉数砍掉。经历车贷、房贷、高管贷等多个项目的快速试错之后，趣店押注了在线小额借贷（包括现金贷款和分期贷款）。

这在当时也算顺势而为，赶上了在线借贷的爆发，在实现高增长的同时收获了可观的利润。相比竞争对手，趣店更大的优势还在于，2015 年时它获得了蚂蚁金服的战略投资，得到了其流量、风控、技术等方面的支持。

战略转型的成果很快体现在了经营数据上，2016 年全年，趣店盈利 5.77 亿元，而前一年它还亏损 2.33 亿元。到了 2017 年，仅上半年趣店的利润就高达 9.74 亿元。

于是，一个近乎完美的金融科技标的出现了。从数据来看，趣店兼具了科

① 拍拍贷：北京时间2017 年11 月10 日在美国纽约证券交易所上市。

技公司的高成长性和金融公司的高营收。而借力于支付宝的入口和芝麻信用的评分，它的获客成本和资产质量远远优于同业。

从路演开始，趣店就是投行们竞逐的焦点。为了争抢 IPO 的投资份额，投行代表们差点在会议室里打起来。这个计划融资 10 亿美元的项目，被超额认购了 30 多倍，导致 CFO 杨家康不得不频繁劝说各家少要一点额度。

资本对于趣店的热情一路上涨，直至 IPO 当日达到了一个高潮。在那一瞬间，所有的争议、质疑都被抛在趣店身后。

这位从江西宜黄走出的小镇青年成功立住了一个“经历九死一生创业磨砺，最终走上人生巅峰”的逆袭者形象。这一年，罗敏 34 岁，而整个趣店员工的平均年纪不过 26 岁。

罗敏在那天写给员工的内部信里回顾了北漂 12 年的艰辛，高呼“赶上了一个寒门出贵子的好时代”，并表示要捐出 520 万股趣店 ADS 股票用于慈善。按当天的收盘价来算，这些股票价值 10 亿元人民币。

同样按捺不住喜悦、发文感慨的还有趣店的一众投资人。

其中，一路从天使轮陪伴趣店到上市的梅花创投合伙人吴世春，激动地表示在这个项目上收获了 1000 倍回报。他在后来一度用“史诗级的回报纪录”来描述趣店项目所带来的收益。

同样身为趣店早期投资人的朱天宇（蓝驰创投合伙人），则在第一时间借媒体之手分享了自己陪跑趣店成为“金融科技第一股”的心路历程，也提到这个项目给他带去了超过千倍的回报。①

还有一位投资人——上市公司昆仑万维的董事长周亚辉，则直接洋洋洒洒地写了一篇万字长文来解密自己投资趣店的全过程。除了表达好心情，“今天趣店上市了，心里非常开心。我憋了好久的满足感终于来了，开心过了头”。

在这份投资笔记里还提到了罗敏的目标，“（作为）100 亿美金（公司）的 CEO 至少可以评 8 分，毕竟他做到了，但是不是能打满分，让我们 3 年之后再来看。因为罗敏今天告诉我，他的目标是 500 亿美金的公司”。

100 亿美元的市值、上千倍的回报，还有 500 亿美元的目标……在那个被鲜花、掌声和欢呼簇拥的日子，这些炫目的数字让大家变得更加亢奋，还没有声音来打扰沉浸在狂喜中的罗敏。

---

① 刘旌，《趣店首轮投资人朱天宇：我是如何“陪跑”趣店成为中国金融科技第一股的？》，39 氪，2017 年10 月18 日。

代价昂贵的公关危机

趣店上市后不到24小时，一篇名为“揭开趣店上市的面具：一场出卖灵魂的收割游戏”[①]的文章开始刷屏，作者从趣店的高额利润写起，落脚到了现金贷的“原罪”。

开篇的引语甚至借用了莎士比亚在《威尼斯商人》里写下的桥段：高利贷商人夏洛克要的不仅仅是利息，还包括逾期后，从借贷者——安东尼奥身上挖出一磅的肉。

“扒去金融科技和大数据的外衣：趣店做的就是一种互联网次级贷款（高利息小额借贷）生意，收割的是一群消费水平超出了消费能力的低收入群体。”作者写道。

其实，与趣店过往所受到的争议相比，这篇文章对于它的质疑和抨击并没有太多新意，但时移世易，当时的趣店已经不是那个埋头狂奔的创业公司，罗敏也不再是那个为了公司生存而苦苦挣扎的连续创业者。

伴随着一路飙升的股价和投资人口中反复出现的高额回报，这篇文章中关于暴利、收割、吸血……的字眼显得格外尖锐。因为一次成功的IPO，刚刚在商业上被正名的趣店，瞬间被推到了道德的对立面。

第二天，趣店旋即发布官方声明，措辞严厉地称将动用法律手段“让造谣者付出代价”。而对于当时舆论的质疑，这份声明并没有给出回应，甚至连个客套的说辞也没有。这种“受害者”的姿态激起了更多的声讨，负面的声音日渐高涨。

其实，在资本市场，这种情况并不鲜见。经历外界的质疑和舆论的炙烤是每一家上市公司的必经之路，危机公关也几乎是每一家上市公司都会面临的考验。但接下来，趣店的剧情却走向了一个让所有人都始料未及的方向。

10月22日，微信公众号“卢泓言”[②]上发布了名为“趣店罗敏回应一切”的文章，作者与罗敏就当时趣店面临的种种质疑做了对话，问得直白、答得直接，这份几乎没有经过任何修饰的访谈内容直接被放到了互联网上。

“凡是过期不还的，我们这里就是坏账，我们的坏账，一律不会催促他们来还钱。电话都不会给他们打。你不还钱，就算了，当作福利送你了。就这样。”

① 文章发布于“港股那点事”，作者为野海。

② 卢泓言：资深科技媒体人程苓峰的笔名。

这个看起来像玩笑一样的回答，是罗敏面对暴力催收的质疑时所给出的回应。

而当被追问道，“你们是雷锋吗？”罗敏则表示，“不是因为我们是雷锋，是因为我们的商业模式。我们的坏账率低于 0.5%，这是非常低的。所以那些人不还钱，我们承受得起。”

可以对比的一个数字是，2017 年中国信用卡行业的逾期率约 1.26%，所以罗敏给出的数据又遭到了猛烈的质疑。更让人难以信服的是，他在随后被问及趣店的风控策略和案例时，给出的答案依然简单而稚嫩。

如文章的标题所言，罗敏在努力回应一切，他甚至亲自下场，在评论区跟网友们一一辩驳。比如，在面对趣店放高利贷的指责下，罗敏直接放言，“如果任何人发现趣店的名义和实际利率超过 36%，将提供 100 万元的赞助资金”。

这篇回应不仅在互联网上掀起了巨大的反响，还在现实世界中引发了一系列的震荡。首当其冲的便是趣店的股价，美国东部时间 10 月 23 日，趣店单日跌幅一度超过 20%，最终收盘报 26.59 美元，总市值缩水至 87.72 亿美元。

当时趣店还没有组建成熟的公关团队，面对突如其来的舆论危机，彻底蒙圈了。在“回应”一文发表后，趣店曾紧急计划召开一场媒体见面会，但当数十位记者到场后又被通知，见面会临时取消。

罗敏后来还注册了一个叫“我是罗敏”的公众号，2018 年 1 月 14 日发出的第一篇文章——《趣店罗敏回应一切，我犯了哪些错？》，便是对于这场舆论危机的反思。

在这篇文章中，罗敏坦言，IPO 的成人礼来得太快，作为一家上市公司 CEO，自己没有做好面对公众的心理准备。他还反省到，取消媒体见面会是“鸵鸟政策”，本质上是一种逃避。

只是这个反思来得迟了一些，在此之前的两个月里，趣店的舆论危机已经快速发酵。除了趣店自己的股价一路坍塌之外，原计划在它之后上市的新金融企业——拍拍贷、乐信集团、和信贷、简普科技等也被波及。

更要命的是，这场趣店的公关危机上升到了整个市场，甚至监管部门对于在线借贷业务的关注。原本就处在敏感地带的新金融企业再一次被推至风口浪尖，所有现金贷款产品都被打上了暴利、嗜血等标签。

被推倒的多米诺骨牌

正当趣店忙于应对舆论危机时，一场更大的暴风雨开始酝酿。

2017年11月21日，一纸标注"特急"的文件[①]下发到各省（自治区、直辖市）的整治办（互联网金融风险专项整治工作领导小组办公室的简称），网络小额贷款公司（简称网络小贷）的审批被叫停。

网络小贷牌照之于现金贷市场有着特殊的意义，这张由地方金融办准入、却能够在全国展业的类金融牌照，是P2P、现金贷等平台们在寻求身份认同和展业资格时的优先选择。

据不完全统计，当时全国已有接近200家网络小贷公司，其中，仅2017年前7个月的牌照发放量便已经接近2016年全年。而当时已经上市或冲击上市的新金融公司，大都拥有一张或多张网络小贷牌照。[②]

对于此政策出台的原因，文件言简意赅地指出，"近些年，有些地区陆续批设了网络小额贷款公司或允许小额贷款公司开展网络小额贷款业务，部分机构开展的'现金贷'业务存在较大风险隐患"。

网络小贷暂缓新增透露出了一个不好的信号，监管可能要出台更为严厉的整治措施。

市场很快做出了反应，当天，趣店的股价在盘前大跌30%。公司随即宣布了一项股票回购计划，表示在未来12个月最多回购价值1亿美元的美股存托股（ADS），希望以此提振投资人的信心。

但此举并没能挽回颓势，除了趣店之外，另外几家已经上市的新金融公司信而富、拍拍贷、宜人贷，截至当日收盘分别下跌17%、14%和13%，创下了这几家企业单日跌幅的记录。

果然，10天后，一份针对现金贷业务的文件正式下发。

根据这份《关于规范整顿"现金贷"业务的通知》，无特定场景依托、无指定用途的网络小额贷款要暂停发放，逐步压缩存量业务，限期完成整改。此外还明确了高利率、多头借贷、暴利催收、信息泄露等整治重点。

文件中所指的"无特定场景依托、无指定用途的网络小额贷款"几乎涉及市面上绝大多数新金融企业，甚至直接掐住了不少企业的命脉——因为这类业务是它们最为核心的利润来源。

悲观的预期开始在市场上蔓延。另外一家在商业模式和发展路径上与趣店

① 即《关于立即暂停批设网络小额贷款公司的通知》。

② 网络小贷公司数量难以准确统计的原因在于，有一部分公司是创立初期直接获得的网络小贷资质，例如最早的阿里小贷；另外还有一部分公司是后来获得监管批复，扩充了经营范围。

颇为相似的公司——乐信，因为正处于冲击 IPO 的紧要关头，而成为这轮风暴中“受伤”最严重的公司之一。

乐信 IPO 路演时，投行们的反馈非常积极，超额认购每天都在上演。CEO 肖文杰预计，公司至少可以融资 5 亿美元以上，但现金贷监管政策一出，之前哄抢乐信股票的买家们，一夜之间全都消失了。

从 12 月 2 日开始，肖文杰和团队每天都泡在香港中环，轮番拜见投资人，甲方变乙方。一是解释为什么乐信符合新政的每条硬性要求，二是打折，把 5 亿美元的融资额度降到 1 亿多美元，缩减近 7 成。①

一波三折之后，乐信赶在圣诞节前完成了 IPO，但发行价格和融资规模都大幅下调。而此时，另外三家上市不久的新金融公司——拍拍贷、简普科技、和信贷，都已跌破发行价。

多米诺骨牌还在不断倒下。一大批筹谋上市的新金融企业受到牵连，不得不暂缓，甚至放弃上市计划。一部分原因是现金贷整治影响了这批企业的发展和盈利，而另一部分更讳莫如深的原因是，这批企业到境外上市引起了监管部门的关注。

到第四季度财报发布时，几家上市的新金融公司的数据上都反映出了新增放缓、利润下滑、逾期上升等趋势。最典型如趣店，相较第三季度，其第四季度的利润减少了 1 亿元，活跃用户数从 750 万人次下降到了 690 万人次。

在此背景下，趣店又一次开始了大刀阔斧的改革。

刚刚进入 2017 年第四季度，趣店便宣布进军汽车金融业务，上线了新车直租品牌大白汽车。在短短两个月时间里，趣店在全国招聘了数百位应届毕业生，布局了 150 多家自营门店，并立下了 2018 年要销售 10 万辆车的目标。

急于布局新赛道的趣店只是当时中国新金融市场的一个缩影，因为原有的商业模式和盈利模型被打破，一大批新金融企业不得不转而找寻新的业务方向，而频繁的战略转型也让这些本来就很“年轻”的公司愈发吃力。

回头来看，这场现金贷风暴成了新金融行业发展过程中一个重要的分水岭。一个高增长、高利润的核心业务被迫“急刹车”。短期内，企业必然急于寻求新的收入来源，而长远考虑，这批公司不得不重新勾勒一张发展蓝图。

至此，中国的新金融行业进入到了一个全新的阶段，以过去 to C 模式为主导，转向 to B、to C 双轮驱动。上市公司们讲述的资本“故事”更多地转向了

① 方浩，《乐信往事：穿越最疯狂的赛道》，公众号“接招”，2019 年10 月15 日。

以技术输出为主的企业服务模式。

相较于 to C 模式，to B 服务的科技属性更强，对于核心技术有着更高的要求，相对应的，这是一条盈利周期漫长的发展路径，很难像 C 端服务一样，通过低价策略快速形成规模效应。

当然，这个转型的方向也是基于一个大背景，当时移动互联网爆发的红利渐渐殆尽。C 端的创新空间不断缩小并随之细化，商业模式已呈现出由 C 端创新逐渐向 B 端创新转变的态势。

但这种转向对新金融行业带来的不利影响就是，成为公众公司对于业务的拉动和品牌的助力远不如预期，而与此同时，它们又要面临来自监管部门和资本市场的双重压力。

尤其，进入 2018 年以后，包括 P2P 在内的新金融企业面临愈发严厉的行业整治。既要配合监管的整改和规范，又要保持业务的增长和收入的稳定，这显然是不现实的。

业务增长乏力，股价跌跌不休，两者又相互作用，导致局面情况愈发艰难。事实上，后来上市的新金融以及新经济公司，都没能走出这个困境。对于这些新兴的公司来说，上市的压力已经远多于动力了。

附录大事记

附：新金融公司融资及 IPO 大事记

- 2014 年 12 月，美国网贷平台 Lending Club 上市，首日股价大涨，市值 85 亿美元。
- 2014 年 12 月，美国网贷平台 OnDeck 上市。
- 2014 年年底，陆金所完成 5 亿美元 A 轮融资，估值达 180 亿美元。
- 2015 年 6 月，众安在线获得 9.34 亿美元融资，成立 17 个月估值已达 500 亿元。
- 2015 年 7 月，蚂蚁金服完成 120 亿元的 A 轮融资。
- 2015 年 11 月，宜人贷正式递交首次公开招股文件。
- 2015 年 12 月，e 租宝涉嫌非法集资 500 多亿元被正式立案调查。
- 2015 年 12 月，宜人贷上市。
- 2016 年 1 月，陆金所获得 12.16 亿美元 B 轮融资。
- 2016 年 1 月，京东金融完成 66.5 亿元 A 轮融资，借贷宝完成 25 亿元 B 轮融资。
- 2016 年 4 月，蚂蚁金服完成 B 轮融资，金额超过 45 亿美元。
- 2016 年 5 月，Lengding Club 创始人丑闻爆发。
- 2017 年 4 月，信而富在纽交所上市。
- 2017 年 8 月，圣盈信登陆纳斯达克。
- 2017 年 9 月，众安在线登陆港交所，市值近千亿港元。
- 2017 年 10 月，趣店登陆纽交所，市值逼近百亿美元。
- 2017 年 11 月，拍拍贷、简普科技先后在纽交所上市。
- 2017 年 11 月，《关于规范整顿“现金贷”业务的通知》下发。
- 2017 年 12 月，乐信在纳斯达克上市 。
- 2018 年 3 月，积木集团入股港股上市公司，曲线上市。
- 2018 年 3 月，点牛金融登陆纳斯达克。
- 2018 年 6 月，第三方支付公司汇付天下、在线借贷平台维信金科在港上市。
- 2018 年 7 月，51 信用卡登陆港交所。
- 2018 年 7 月，汽车金融服务平台灿谷金融在纽交所上市。
- 2018 年 9 月，小赢科技登陆纽交所。
- 2019 年 10 月，品钛科技在纳斯达克上市。
- 2018 年 11 月，凡普金科向港交所提交的招股书显示“失效”。
- 2018 年 11 月，泛华金融、微贷网在纽交所上市。

- 2018 年 12 月，360 金融[①] 登陆纳斯达克。
- 2019 年 1 月，WeLab 向港交所提交的招股书显示“失效”。
- 2019 年 1 月，美美证券在纳斯达克上市。
- 2019 年 3 月，富途证券、老虎证券先后在纳斯达克上市。
- 2019 年 4 月，拉卡拉登陆深交所。
- 2019 年 5 月，嘉银金科在纳斯达克上市。
- 2019 年 5 月，联想控股的附属公司正奇金融向港交所提交的招股书显示“失效”。
- 2019 年 5 月，嘉银金科登陆纳斯达克。
- 2019 年 8 月，玖富在纳斯达克上市。
- 2019 年 11 月，泰然金融向 SEC 提交招股书一年后，创始人向杭州警方自首。
- 2019 年 11 月，比特币矿机生产商嘉楠科技在纳斯达克上市。
- 2019 年 12 月，金融壹账通在纽交所上市。
- 2020 年 3 月，上交所发布《科创板企业发行上市申报及推荐暂行规定》，金融科技、科技服务等领域的企业被纳入科创板服务范围。
- 2020 年 7 月，蚂蚁集团宣布，启动在上交所科创板和港交所主板寻求同步发行上市的计划。
- 2020 年 11 月，蚂蚁集团暂缓上市。

① 2020 年8 月，360 金融正式对外公布品牌升级，启用“360 数科”为新品牌，正文因统一原则，仍沿用360 金融。

第九章
大象之舞

一个非常关键的问题：第二曲线必须在第一曲线到达巅峰之前就开始增长，只有这样才能有足够的资源（金钱、时间和精力）承受在第二曲线投入期最初的下降；如果在第一曲线到达巅峰并已经掉头向下后才开始第二曲线，那无论是在纸上还是在现实中就都行不通了。

——查尔斯·汉迪《第二曲线》

自2013年互联网金融兴起之后，商业银行有过相当一段时间的彷徨期，有过震惊和恐慌，也有过傲慢与不屑。但是，当新金融的潮水日渐浩荡之际，它们逐渐正视现实，以理性、积极的态度面对一切。在2017年商业银行与科技公司结盟热潮之后，2018年开始，传统银行不再遮遮掩掩，也不再犹豫踟蹰，而是公然地成为金融科技的拥护者、推动者。曾经的被革命者开始主导革命。

银行会被科技公司颠覆吗？关于这个问题的争论，大概持续了数十年之久。

事实是，21世纪以来，科技公司的势力日渐强大，并没有伴随着金融机构的衰落。

恰恰相反，在科技公司崛起的同时，金融业通过自我革新继续蓬勃向前。它们一直都是信息革命与全球化浪潮的受益者。

翻开金融史，我们进一步发现，银行从来没有被科技公司打败过。那些垮掉的银行，都不是败给了科技。

诸如，日本长期信用银行亡于房地产泡沫，美国华盛顿互惠银行死于业务过度激进，英国巴林银行栽在了内部人严重犯罪……如此种种，不胜枚举。

这意味着，银行是不是科技公司并不重要，金融科技还是互联网金融也不重要，真正重要的是，银行需要在尊重专业、敬畏风险的同时，保持危机感，始终创新，不断进化。

唯有如此，银行才能在新一轮的科技革命中，依然占据着金融王者的地位。

王者归来

在金融领域，银行是无可辩驳的王者。尤其在以间接融资为主导的中国，相比其他类型的金融机构，银行占据着压倒性的优势。

数据显示，截至 2019 年四季度末，我国银行业金融机构本外币资产 290 万亿元，同比增长 8.1%。其中，大型商业银行本外币资产 116.8 万亿元，占比 40.3%，资产总额同比增长 8.3%；股份制商业银行本外币资产 51.8 万亿元，占比 17.9%，资产总额同比增长 10.1%。

一家国有大行的体量，就相当于其他任何金融子行业的全部。诸如，工商银行的总资产突破了 30 万亿元，超过了所有保险公司的资产总和，也超过了所有信托公司的总和。

自 2013 年互联网金融兴起之后，商业银行有过相当一段长时间的彷徨期，有过震惊和恐慌，也有过傲慢与不屑。但是，当新金融的潮水日渐浩荡之际，它们逐渐正视现实，以理性、积极的态度面对一切。

在 2017 年商业银行与科技公司结盟热潮之后，从 2018 年开始，传统银行不再遮遮掩掩，也不再犹豫踟蹰，而是公然地成为金融科技的拥护者、推动者。

而金融科技带给商业银行的改变，正在快速向各个业务领域蔓延，并且覆盖了前、中、后台几乎所有环节。

如今，金融科技已经普遍被视为商业银行中长期战略规划的重心了。同时，以金融科技为支点，金融生态圈、开放银行、平台银行等创新理念深入人心，给银行业带来了全新的气象。

曾经的被革命者开始主导革命。

老银行要打翻身仗

“近些年来传统银行一直备受金融科技公司的折磨，现在我们可以说，老银行也要颠覆它们了。”

2018 年 3 月 28 日，建设银行在香港举办 2017 年度业绩发布会，在回应记者关于互联网公司冲击银行业的提问之时，履新不久的董事长田国立谈笑风生。

在此次会上，建设银行管理层介绍，建行内部已经建成新一代核心系统，建成国内银行业规模最大的私有云。建行还将打造完全市场化的金融科技力量，为同业、企业和战略伙伴提供领先的金融级 IT 服务。

同一时间，在2017年中国银行业绩说明会上，时任董事长陈四清的表述是，“金融科技不应是独角兽企业的专利品，传统银行一定会在科技领域打一个翻身仗”①。

陈四清指出，中行现在把科技引领摆在战略发展的首位，目标是3年见成效，5年形成势，将中行打造成金融科技公司。

据他介绍，为打造数字化银行，中行将确保每年对科技创新的投入不少于集团营收的1%，同时要加快人才队伍建设，在3~5年内将集团内科技背景人才占比提升到10%，重点培养产品经理、数据分析师、客户体验师、互联网安全专家等数字化人才。

在两位国有大行掌门人发出这番豪言壮语之际，新金融公司的转向姿态已然赤裸。

2018年4月，在博鳌亚洲论坛间隙，京东金融CEO陈生强称，未来京东金融将不再做金融，将把全部的金融资产转让给银行等金融机构，为金融机构服务。

没过几天，4月18日，乐信集团CEO肖文杰在乐信集团第二届合作伙伴大会上公开表示，乐信将进一步开放现有的技术、场景和用户，“不做金融业务、不参与金融业务竞争，做各大金融机构最好的合作伙伴”。

相对而言，蚂蚁金服的战略调整要更及时和果决。早在2017年年初，蚂蚁金服宣布，将自身定位为“TechFin”，以后只做技术（Tech），帮助机构做好金融（Fin）。

2017年6月，在蚂蚁财富开放平台大会上，时任蚂蚁金服CEO的井贤栋将蚂蚁金服定位为一个科技公司，而进入金融领域则是“一不小心”，传统金融机构则是这一领域的老师。井贤栋还称，蚂蚁金服所积累的技术能力，将全面向金融机构开放。

井贤栋说，蚂蚁金服在过去几年逐渐积累了金融云计算、风险管理、人工智能、信用体系等一系列的技术能力；蚂蚁金服在开放上不会走回头路，希望看看把这些能力开放出来后，能不能为更多金融行业的合作伙伴提供帮助。

一进一退，时代风气之变，再明显不过了。

为什么会这样？监管环境的变化固然是一个至关重要的原因。决策层明确了金融科技的本质还是金融，一切金融必须纳入监管，并加强牌照准入。这样

① 戎女、骆阳，《中国银行发力金融科技》，《财经》，2018月9月3日。

一来，监管套利空间越来越窄，与之对应的合规风险越来越高。

不过，从商业模式和资本市场的角度来说，新金融公司在本质上又必须成为科技公司。只有这样，他们才能享受科技公司的估值，而不是传统金融公司的估值。

这就是为什么蚂蚁金服能够在2018年6月完成140亿美元的战略融资，投后估值超过1500亿美金，已经与中国银行和农业银行的市值相当。

如果将蚂蚁金服视作一家金融机构，从规模和盈利能力来说，它显然配不上如此之高的估值。但如果它是一家科技公司呢？故事与逻辑就全然不同了。

河东河西，并非坏事。老玩家重拾信心，回归舞台中央，新玩家以退为进，找到了更好的出路，彼此不用那么剑拔弩张，也算是各得其所。

科技公司，银行造

在田国立语出惊人之后没几天，2018年4月18日，建信金融科技有限责任公司在上海挂牌成立，建行由此成为国有大行中第一家设立金融科技公司的银行。

建信金融科技公司是建行旗下的全资子公司，注册资本16亿元，经营范围为金融信息科技、平台运营和金融信息服务等，建行副行长庞秀生担任公司法定代表人，建行信息技术管理部总经理朱玉红任公司副董事长，注册地在上海自贸区。

这是国内商业银行内部科研力量整体市场化运作的第一家。公司创立初期的工作人员，全部由原建行总行直属七个开发中心与一个研发中心3000多名员工整体转制而来，公司建立初期的服务对象主要是建行集团及其子公司。

建行提到，金融科技公司的落地，是该行实施金融科技战略的重要一步，目前建行集团内部正推行科技体制改革，重构科技创新治理结构。

建行并非第一家成立科技公司的商业银行。

2015年12月，兴业银行率先开创了银行系金融科技子公司成立的先河。兴业银行通过旗下兴业财富，与高伟达软件、深圳金证科技、福建新大陆云商等三家公司共同设立了兴业数金。对内，兴业数金全面负责集团的科技研发和数字化创新工作；对外，兴业数金为商业银行数字化转型提供解决方案，输出科技产品与服务。

2016年2月，招商银行全资子公司招商云创成立。招银云创的主要业务为云服务，业务定位是作为招商银行的科技输出平台，将招商银行积累的零售能力、交易银行、消费金融及金融 IT 解决方案输出给同业，同时也扮演着服务招商集团及探索前沿科技的角色。

尽管如此，建信金科作为第一家由国有大行成立的金融科技公司，有着强烈的风向标意义。这之后，银行业掀起了一股创立科技公司的热潮，这也是银行业的翻身第一仗。

既然蚂蚁金服、腾讯可以向金融机构尤其是中小金融机构提供服务，老资格的大中型银行为什么不能对外输出技术和服务？

既然蚂蚁金服、腾讯可以面向非金融机构和政府部门服务，银行为什么不行？毕竟，银行同样贴近实体经济，也一直与各级政府保持着密切联系。

换句话说，银行变成了金融科技的主力军，那就要有主力军的风范——成立专门的科技公司，通过对外输出证明自己，就显得甚为迫切了。

紧随建行的步伐，2018 年 5 月，民生银行宣布民生科技在京正式成立。新设立的民生科技有限公司定位于“立足母行、服务集团、面向市场”，即主要服务于民生银行集团、各子公司和业务伙伴，推动民生“科技金融银行”建设，同时提供科技能力输出，为中小金融机构、民营企业和小微企业提供金融科技转型所需的解决方案和专业科技产品。

进入 2019 年，华夏银行、北京银行、工商银行和中国银行也先后成立了科技公司。其中又以工银科技的声势最为浩大。

2019 年 5 月 8 日，工银科技在雄安新区开业，注册资本为 6 亿元，主要业务方向是以金融科技为手段，聚焦行业客户、政务服务等金融场景建设，开展技术创新、软件研发和产品运营。

有别于其他银行系金融科技子公司注册地集中在北、上、深，工银科技是首家在雄安新区设立的银行金融科技子公司。开业当天，工银科技和雄安新区管委会改发局签署了《金融科技合作备忘录》。

政务领域正在成为银行业科技输出的重要方向。诸如建设银行与云南政府合作了智慧政务项目，上线运行“一部手机办事通”；工商银行与宁夏回族自治区政府则合作推出了“我的宁夏”政务移动端 App。

在此之前，2014 年，阿里巴巴就协助浙江省政府推出了“浙里办”，成为浙江全省统一的政务服务互联网门户；2018 年，腾讯联合广东省政府推出了微信小程序“粤省事”。目前，这两个平台的用户数都达到了数千万的级别。

这些商业银行的视野与格局，让我们看到了顶尖互联网巨头的影子。他们不再固守信贷扩张的老路，也不再局限于传统的金融领域，而是着眼于 B 端、

C端和G端，通过科技手段寻找"第二发展曲线"。

金融科技进入深水区

设立银行系科技公司，是大中型商业银行加强金融科技布局的一个标志性动作。

但事实上，借助金融科技，商业银行的变革创新正在全面开花，这也加速推动了银行业的数字化进程。

接下来，我们透过工商银行、招商银行和平安银行的2019年财报，窥探银行业在金融科技领域的最新面貌。

工商银行

宇宙行有着深厚的科技底蕴，因而面对新兴势力的挑战与冲击，向来充满底气。

2019年，工行对内大刀阔斧调整组织机构，成立工银科技有限公司、金融科技研究院，构建了"一部、三中心、一公司、一研究院"金融科技新布局；同时发布智慧银行生态系统"ECOS"，赋能全行业务转型发展。

12月16日，工行与阿里巴巴、蚂蚁金服签订了战略合作协议，开启双方"互为场景、互为生态、互为客户的新型合作伙伴关系"，这在行业里引起不小的轰动。

截至2019年年末，工行累计专利公开量615项；本年度获得专利授权54项，累计获得专利授权603项，居银行业第一。2019年金融科技投入163.74亿元；金融科技人员数量3.48万人，占全行员工的7.8%。

根据《中国工商银行金融科技发展规划（2019—2023年）》，该行将着眼于推进集团跨境、跨业、跨界转型发展要求，以"金融+科技"打造智慧银行生态体系，纵深推进金融科技创新发展，打造"数字工行"。

招商银行

招行早在2017年就明确提出了要打造金融科技银行，在银行业界可谓开风气之先。

在2019年财报里，招行行长田惠宇指出：科技是唯一可能颠覆商业银行经营模式的力量；要真正实现"轻经营"和"轻管理"，也必须依靠科技的力量。因此，我们旗帜鲜明地提出打造金融科技银行，把探索数字化经营模式作为转型下半场的主攻方向。

近年来，招行紧紧围绕客户和科技两大关键点，深化战略转型，促进对外开放与内部融合，在自我迭代中打造 3.0 经营模式。

其中，招行以大数据为驱动，以月活用户（MAU）为“北极星”指标，抢占未来发展战略制高点，构建线上用户获取与经营新模式，深入推进零售金融 3.0 数字化转型。

2019 年，招行信息科技投入 93.61 亿元，同比增长 43.97%，占营业收入的比重为 3.72%。截至 2019 年年末，该行累计申报金融科技创新项目 2260 个，累计立项 1611 个，其中 957 个项目已投产上线。

平安银行

平安银行是继招行之后又一个明星银行，不管是零售业务还是金融科技。

在 2019 年财报里，平安银行提到，该行持续深化“科技引领、零售突破、对公做精”十二字策略方针，始终坚持科技是第一生产力的理念，以领先科技作为发展引擎，全面构建零售业务、对公业务、资金同业业务“3+2+1”经营策略。

据介绍，平安银行将前沿科技运用于产品创新、客户服务、业务运营和风险控制等经营管理的各个领域，升级传统业务，创新业务模式，推动其整体科技能力进入股份制银行第一梯队、部分专业领域成为行业引领者。

在零售业务方面，2019 年，平安银行以敏捷机制为基础，以 AI Bank 为内核，推行全面 AI 化，着力加强 AI 中台能力建设。目前 AI 底层技术已基本完备，AI 客服、AI 营销、AI 风控与管理等成果已转化为中台能力，具备了全面推广的基础。

截至 2019 年年末，平安银行科技人员（含外包）超过 7500 人，较上年年末增长超过 34%；2019 年，该行 IT 资本性支出及费用投入同比增长 35.8%，其中用于创新性研究与应用的科技投入 10.91 亿元。

可以看到，对领先的商业银行而言，其金融科技转型正在进入深水区，从零售到对公业务，从前台、中台到后台。

这既是本轮新金融浪潮推动的结果，也是银行业向科技传统的一次回归。

但对这些老牌银行来说，还远远没有到举行庆功宴的时候。

这是因为，才诞生没几年的互联网银行已然强势崛起，它们既持有银行牌照，又坐拥互联网巨头的流量与场景资源，更有着无可比拟的体制机制环境。

新物种来势汹汹。

新物种奇袭

2015 年 1 月 4 日，国务院总理李克强在深圳前海微众银行敲下电脑回车键，卡车司机徐军拿到了 3.5 万元贷款，这是中国首家开业的互联网民营银行完成的第一笔放贷业务。

当银行业还在纠结线上线下的时候，当很多银行家们还在以监管套利给自己找台阶下的时候，阿里巴巴和腾讯牵头发起成立的互联网银行，又一次震动了他们。

过去几年里，以微众银行和网商银行为代表的互联网银行，以惊人的速度成长起来。它们不设物理网点，没有线下团队，通过科技手段在线展业，服务了数千万客户，资产质量、盈利能力均领先全行业，表现出了强大的生命力。

这些新物种的蓬勃发展，还产生了“鲶鱼效应”，进一步促进了传统银行的改革创新。

银行业的新势力

在中文里，互联网银行往往被称作数字银行或虚拟银行；在英文里，近年来兴起的 challenger bank、neo bank 实际上指的也是互联网银行。

这些概念背后所对应的本质是一致的：互联网银行不依赖实体网点，主要通过互联网渠道提供服务，同时充分利用人工智能、大数据等新技术开展业务，这也是互联网银行区别于电子银行、网上银行和手机银行的核心特征。

在中国，互联网银行首先是民营银行。如果不是中央在政策上给民营银行开了口子，互联网银行也就不可能诞生。

毕竟，受体制机制等诸多因素的影响，我们无法指望传统商业银行先做出一家纯粹的互联网银行。要知道，直销银行的发展磕磕绊绊，也正是因为很难打破既有的利益格局。

严格意义上，民营银行并不是一个特定的概念。改革开放以来，民营资本在信用社、股份行、城商行和村镇银行等金融机构的发起设立过程中，都扮演过重要角色。其中一些银行完全由民营资本主导，称得上是民营银行，最出名的当属民生银行。

从监管的角度，发展民营银行，本意是希望通过它们促进小微融资，以推动民营经济发展。遗憾的是，绝大部分民营银行都没能踏上差异化的发展道路，与国有银行上演了同质化竞争，逐渐远离服务小微的初衷。

仅有的少数探路者走得并不顺利。民生银行一度以服务中小企业而知名，但在激进扩张过后陷入了坏账困境；地方上的包商银行、稠州银行做出过一些成绩，但远远谈不上成功。其中，包商银行更是在2019年成为21世纪以来首家被接管的商业银行。

尽管如此，决策层发展民营金融机构的决心坚定，而建立多层次、多元化的金融机构体系也是我国金融改革的重要目标。

2012年，银监会发布《关于鼓励和引导民间资本进入银行业的实施意见》，首次提出"民营企业可通过发起设立、认购新股、受让股权、并购重组等多种方式投资银行业金融机构"。2013年11月，十八届三中全会通过《关于全面深化改革若干重大问题的决定》，要求扩大金融业对内对外开放，允许具备条件的民间资本依法发起设立中小型银行等金融机构。

在新金融浪潮之下，这一次，民营银行超越了资本结构本身，作为"新银行"登上了历史舞台，并被寄予了银行业体制机制创新与金融科技创新的厚望。

2014年3月，银监会确定了首批民营银行试点方案，尔后相继批复筹建了深圳前海微众银行、浙江网商银行、上海华瑞银行、天津金城银行、温州民商银行等5家民营银行。

2015年6月，银监会出台《关于促进民营银行发展的指导意见》，将组建民营银行由试点经营转为常态化设立。2016年12月，银监会发布《中国银监会关于民营银行监督的指导意见》，进一步明确了民营银行的监管标准。2016年，共有12家民营银行获批筹建，掀起了一股成立热潮。

不过，2017—2018年，民营银行热潮反倒出现了阶段性降温，没有一家民营银行获批筹建。2019年，江西裕民银行与无锡锡商银行拿到了监管批文，打破了长达两年多的冰冻期。截至2019年年末，获批筹建的民营银行共19家，开业18家。

在这些民营银行中，实力最强、影响最大的当属网商银行和微众银行，这两家互联网银行被视为民营银行的"双子星"。

在"一行一店"的政策要求下，民营银行通过铺设线下网点扩张业务的路子被堵死了，因此不管愿意与否，从诞生的那天起，民营银行的发展壮大就必须高度重视金融科技，在线上杀出一条血路。

所以，领先的民营银行，不管业务模式有何差异，其本质必然是互联网银行。

微众银行：借力微信，横扫市场

微众银行成立于 2014 年 12 月，由腾讯、百业源和立业等多家企业发起设立，是国内首家开业的民营银行，也是中国第一家互联网银行。

在业务上，微众银行面向个人和小微企业提供信贷服务，采用联合贷款模式，目前主要产品是微粒贷、微车贷与微业贷，尤其微粒贷，是当前唯一能与蚂蚁金服的借呗一争高下的广义现金贷产品。

依托腾讯及微信平台，微众银行有着显著的获客优势与风控优势，而微粒贷等产品的收益又相对较高，因此这家银行的盈利能力，在整个银行业都属于领先水平。

微众银行 2019 年年报显示，该行全年实现营业收入 148.7 亿元，同比增长 48.26%；净利润 39.5 亿元，同比增长 59.64%。

截至 2019 年年末，微众银行资产总额 2912 亿元，比年初增长 32%；服务的个人客户突破 2 亿人，法人客户达 90 万家，管理贷款和管理资产余额双双突破 4400 亿元。

作为微众银行的明星产品，2019 年年末，微粒贷已向超过 2800 万客户发放超过 4.6 亿笔贷款，累计放款额超过 3.7 万亿元；授信客户中约 77% 从事非白领服务业，约 80% 为大专及以下学历，笔均贷款约 8000 元，彰显了其普惠特征。

在很多人看来，微信流量红利成就了微众银行，尤其微粒贷，很早就在微信“九宫格”占据了一席之地。

这种说法不无道理，但是将微众银行的成功完全归结于流量优势，同样有失公允，因为并不是所有进入了九宫格的产品和服务，都能取得如此傲人的成绩。而微众银行近年来所展现出的科技实力以及野心，同样不容小觑。

在行业里，微众银行首创了分布式银行核心系统，已成功服务超过 2 亿客户，实现年均日交易 3.6 亿笔，单日交易峰值近 6 亿笔，显著降低了每账户运维成本。

目前，传统国有银行整体 IT 运维户均成本大多是 20~60 元，大型股份制银行则多在 20~100 元，国外大银行更是在 70~300 元，而微众银行这样的新兴民营银行仅在 4~16 元。

从研发投入来看，2017—2019 年，微众银行累计投入接近 30 亿元。其中，2019 年研发投入达到 13.72 亿元，占到全行营业收入的 9.22%，远高于金融行业平均水平。

此外，从 2018 年开始，微众银行成立了专门的人工智能团队，由首席人工智能官（CAIO）、国际人工智能联合会（IJCAI）理事长杨强领衔，它也成为第一家设立 CAIO 的商业银行。

微众银行 AI 团队在国内首次提出“联邦学习”，用加密的分布式机器学习解决人工智能应用落地过程中的“数据孤岛”和“数据隐私”挑战。截至目前，在金融、医疗、零售、智慧城市等多个领域，微众银行积极开展联邦学习落地应用实践，并吸引了腾讯、华为、平安、京东等众多合作伙伴的参与。

2020 年 4 月，知识产权媒体 IPR Daily 发布 2019 年全球银行发明专利排行榜（Top100），在 2018 年榜单中排名第五的微众银行，2019 年以 632 件专利申请量跃居首位。

不难看出，微众银行所呈现出来的面貌，更像一家科技公司。2017 年 10 月 31 日，微众银行成为第一家获得国家高新技术企业资格认定的商业银行。

在资本市场上，微众银行又被看作持有银行牌照的科技公司，因而像蚂蚁金服那样享受到了远胜于金融机构的估值倍数。根据 2018 年 10 月坊间流传的一份交易材料：微众银行的市场估值已经达到 1200 亿元人民币，已经与北京银行、华夏银行旗鼓相当。

网商银行：背靠阿里，小微之王

网商银行于 2015 年 6 月开业，由蚂蚁金服牵头发起成立。

人们习惯将微众银行和网商银行放在一起进行比较。毕竟，它们都是首批试点的民营银行，都背靠互联网巨头，都瞄向了普惠金融，都有着鲜明的科技色彩，都采取了开放合作的发展模式。

然而，正如腾讯与阿里在商业模式和企业文化上均有着巨大差异，这两家银行在定位和使命上是迥然不同的，这决定了两家银行在发展道路上的分化。

虽然网商银行与微众银行均将普惠金融作为自身的使命，但在客群上还是有着明显的区别。微众银行以个人为主，也在不断拓展小微企业，网商银行主要面向阿里巴巴体系内部的小微商户和个体商户，从线上到线下。

不同于腾讯，在成立网商银行之前，阿里巴巴及蚂蚁金服在小微金融领域进行了持续多年的摸索。

从 2002 年起，阿里就有意识地通过“诚信通”等手段，积累和运用原始商户数据，为后来的小贷业务铺平了道路。2007 年，阿里与建行、工行合作，推出“e 贷通”及“易融通”等电商贷款产品。2010 年，阿里小贷成立，开启了中国互联网小贷的先河。

以此为基础，网商银行一开始的主要客群正是来自淘宝、天猫等平台的小微商户，向他们提供网商贷等产品。由于网商银行掌握了充分的经营信息，使得大数据风控成为可能。

网商银行成立不久，就在行业里推出了“310”小微贷款模式——3分钟申贷、1秒钟放款、0人工介入，成为小微信贷发展史上的一个重大突破。

如果网商银行的客群仅仅局限在电商，那就存在明显的天花板。而伴随着支付宝生态的持续延伸，网商银行的服务范围也在不断扩大，从网商拓展到码商。

通俗地说，凡是使用支付宝二维码收款的商家，就叫码商。这些码商就是我们日常生活中看到的路边摊、夫妻店。蚂蚁金服的逻辑是，基于二维码商业场景和数据，线下小微商家可以获得经营分析、账务管理、理财、保险、贷款等多维的金融科技服务。

在此背景下，2017 年 6 月，网商银行联合支付宝收钱码推出“多收多贷”，也就是码商贷，为网商银行打开了新的业务蓝海。

2018 年 5 月，支付宝宣布，将全面整合商业支付能力，面向线下接近 1 亿的码商推出“码商成长计划”；除了延续免费提现等既有的投入，将在未来 3 年为码商提供 1 万亿的贷款额度，解决其融资难的问题。

2018 年 6 月，网商银行启动“凡星计划”，向行业开放所有能力和技术，与金融机构共享“310”模式，目标在未来 3 年，与 1000 家各类金融机构合作，共同为 3000 万小微经营者提供金融服务。

乘着手机淘宝与二维码支付大爆发的东风，网商银行在短短数年里一跃成为中国最大的小微银行。

据财报，截至 2019 年年末，网商银行累计服务小微企业和小微经营者客户 2087 万户，同比上涨 70%，其中，涉农贷款服务的用户数达到 344 万。

这意味着，网商银行提前并超额完成了阿里巴巴创始人马云提出的目标。在网商银行成立时，马云制定了 5 年内服务 1000 万家小微企业的 KPI。

在网商银行服务的小微企业中，绝大多数都是首次获得贷款，且都是纯信用贷款。这表明，网商银行在很大程度上填补了传统商业银行的服务空白，有着突出的普惠特征。

就盈利能力而言，现阶段网商银行远不及微众银行。不过，这是两家银行不同战略目标所带来的结果，网商银行很大程度上肩负着为阿里数字经济体“输血”的职能，不得不弱化盈利导向。

2019 年全年，网商银行营业收入为 66.28 亿元，同比上涨 5.71%；净利润为 12.56 亿元，同比上涨 90.88%，但是仍不到微众银行的 1/3。

数据显示，截至 2019 年年末，网商银行资产总额 1395.5 亿元，负债总额 1290.3 亿元，所有者权益 105.2 亿元，资本充足率 16.4%。2019 年以来，该行合作金融机构超过 400 家。

在技术方面，依托蚂蚁金服，网商银行同样有着强劲的实力。它是中国第一家将核心系统架构在金融云上的银行，拥有处理高并发金融交易、海量大数据和弹性扩容的能力。

作为阿里巴巴及蚂蚁金服全球化战略的一部分，网商银行的信贷服务模式正在向其他国家拓展。蚂蚁集团 CEO 胡晓明则声称，希望网商银行成为“全球服务小微企业最多但是最微利的银行”。

另一种可能

2018 年 10 月，我在题为“大革命：正在降临的开放银行时代”的文章中写道：

> 开放银行（Open Banking）正在成为全球银行业愈演愈烈的一股新浪潮……或许多年后回过头看，我们会将 2018 年视为中国的开放银行元年。

那篇文章引起的反响大大超过预期，在它发表后不久，2018 年——开放银行元年这一提法，很快就传开了。

根据美国银行创新教父布莱特·金（Brett King）的理论，全球银行业正在从 3.0 时代迈向 4.0 时代。他认为，银行 1.0 至银行 3.0，是基于物理网点的服务渠道扩宽；银行 4.0 则是回归到对银行本质的重新审视，升级为嵌入生活的智能银行服务。①

布莱特·金指出，在银行 4.0 世界中唯一的获胜方式是：反思整个产品范式，把银行平台的功能融入人们的生活中。

在布莱特·金看来，应当运用“第一性原理”重新思考银行体系——就像马斯克的 SpaceX 火箭和乔布斯的 iPhone，之所以能在各自领域具有划时代的

① 布莱特·金，《银行4.0》，广东经济出版社，2018 年12 月。

革命创新，关键在于他们并非是对于之前产品的小修小补，而是重新改写了人们对于行业和产品的定义。

银行即服务

布莱特·金所提出的银行 4.0，与开放银行概念高度一致。如今，开放银行已然成为全球银行业愈演愈烈的一股新浪潮。

在中国，伴随着金融市场改革与金融科技兴起，近年来，从新兴的民营银行，到股份制银行和国有大行，纷纷向开放银行转型。

对银行业而言，电子银行、网上银行和手机银行本质上是渠道革命，互联网银行则将这场革命提升到了深层次的业务逻辑与业务形态层面。

开放银行更进一步，它正在重新定义银行，不仅在于它颠覆了原有的商业模式，还在于它全面刷新了我们对银行的认知：银行是一种服务，而不是一种场所。

开放银行并不是一个确切和固定的概念，与之类似的提法诸如银行开放平台、无界银行等。

过去几年里，咨询公司 Gartner 对开放银行的研究相对权威。该机构认为，开放银行是一种平台化商业模式，通过与商业生态系统共享数据、算法、交易、流程和其他业务功能，为商业生态系统的客户、员工、第三方开发者、金融科技公司、供应商和其他合作伙伴提供服务，使银行创造出新的价值，构建新的核心能力。①

兴业数金总裁陈翀曾撰文指出，开放银行是 API 经济在银行业的具体应用，即银行把自己的金融服务，通过 Open API 或 SDK 等技术方式开放给合作伙伴乃至客户。在这种情况下，银行在整个服务链条中位置后置，通过开放自身金融服务接口给第三方使用，这就是开放银行。

中国互联网金融协会对开放银行的定义是：开放银行是商业银行数字化转型的重要组成部分，强调以用户为中心，以 API、SDK 等技术实现方式为特点，通过双向开放的形式深化银行与第三方机构的业务连接和合作，将金融服务能力与客户的生活、生产场景深度融合，从而提升金融资源优化配置和服务效率，实现双方或多方合作共赢。

目前，开放银行大体呈现出两种不同的组织形态：一种是大中型银行自主

① 《Gartner：探索开放银行平台业务模式》，《中国金融电脑》，2019 年第 10 期。

搭建开放银行平台，体现为“引进来”；另一种是中小银行通过第三方平台的开放 API，融入金融科技生态圈，也就是“走出去”。

究其本质，开放银行旨在通过开放与共享，打造银行生态圈，实现服务升级与价值再造。这将带来一种全新的银行业态，促使银行服务随时随地、无处不在，全面回归以用户为核心。

这是一场深层次的革命，意味着“银行是一种服务，而不是一种场所”，以及“用户在哪里，银行的服务就在哪里”。

一句话概括：银行即服务。

实际上，什么是开放银行不是最重要的，最重要的是银行必须意识到唯有开放才能走向未来。过去多年的互联网金融及金融科技的发展，充分证明了这一点。

对大银行来说，如果它们不积极打造开放银行平台，蚂蚁金服和腾讯金融们会取而代之——事实上后者正在成为超级金融平台，留给银行的时间并不多；对中小银行来说，如果拒绝开放，只会在未来的竞争中输得更惨。

根据中国互联网金融协会 2019 年年末发表的《开放银行发展研究报告（2019）》，65% 的商业银行已建立开放银行平台与合作伙伴深入开展合作，逐步探索以用户为中心，通过开放与共享打造银行生态圈。

该协会认为，总体上来看，“开放银行”一词虽然起源于国外，但是中国在开放银行领域的实践并不落后于欧美发达国家，而且得益于金融科技的广泛应用，在开放的广度和深度上甚至处于国际领先地位。

开放银行在海外

一些海外研究者将 PayPal 在 2004 年推出 PayPal API 视为开放银行的先声。

在银行业，2011 年，法国农业信贷银行成为全球首批提供 SDK 和应用程序商店的银行之一，以便第三方开发者可以构建新的移动应用程序，帮助客户更好地管理他们的财务状况。

2013 年 7 月，欧盟委员会宣布对《欧洲支付服务法案》（Payment Service Directive，简称“PSD”）进行修订，发布 PSD2，这成为欧盟国家开放银行的立法基础。

根据 PSD2，欧洲银行必须把支付服务和相关客户数据开放给客户授信的第三方服务商，主要目标是推动支付行业的创新，通过引入第三方支付服务提供商，促进市场竞争和活力。

可以看到，PSD2并没有专门针对开放银行做出规定，而是在更宏观的层面，要求银行业对外共享数据，通过打破数据垄断促进金融市场发展。

在欧洲国家之中，又以英国政府的态度最为积极，其在开放银行理念的形成过程中，做出了重大贡献。

英国竞争和市场管理局（CMA）早在2013年就着手推出开放银行计划。2015年8月，英国财政部牵头成立开放银行工作组（OBWG），研究制定开放银行框架与标准，并于2016年3月发布《开放银行标准》。2018年1月，CMA要求包括汇丰银行在内的9家机构实现数据共享，英国成为首个落地实施开放银行的国家。

欧盟及英国的监管举措，在全球范围内产生了重要影响，并得到了新加坡和澳大利亚等国政府的积极响应。

2016年11月，新加坡金融管理局联合新加坡银行协会发布《金融服务：API指导手册》（API Playbook），在API选择、设计、使用环节给出相应指导，提出相应的数据和安全标准建议，引导银行与金融科技公司实现数据共享。

2018年5月，澳大利亚政府发布开放银行实施计划。根据该计划，澳大利亚四大银行要在2019年7月前实现信用卡、借记卡、储蓄和交易账户数据的开放，在2020年2月前实现按揭贷款数据的开放，其他银行在后续12个月内完成数据开放。

在金融业里，花旗银行、富国银行等知名金融机构走在了开放银行的前沿，它们的探索步伐甚至领先于监管部门。

2016年，花旗银行在全球推出Citi开发者中心，开放出包括用户账户、授权、转账、信用卡、花旗点数等7大类API。开发者既能搭积木般用花旗银行的API模块“拼凑”出想要的金融应用程序，还能使用花旗银行海量的数据。

富国银行也于2016年创建了API开放平台“Wells Fargo Gateway”，基于邀请对合作伙伴开放了数据信息服务和支付2大类14小类API服务进行开放。如今，富国银行提供了超过25个API应用场景，是全球一流的开放银行平台之一。

BBVA较早确立了BaaP（Bank-as-a-Platform）的平台型银行定位，于2016年正式启动开放API项目。2017年5月，在经过一年测试后，BBVA开放了8大类API，实现了BaaP的转型。截至2019年年初，BBVA在西班牙、墨西哥、美国3个国家共计开放12类API接口。

在亚洲，星展银行于2017年年末推出API平台，共有155个API，横跨

20 个范畴，包括转账、奖励、移动付款应用 PayLah 以及实时付款。

2018 年 5 月，星展银行提出了“Live more, Bank less”的全新品牌定位。意为在数字时代，银行服务应该不断追求更简单、更顺畅，轻松易用，让客户感觉不到它的存在，从而客户可以有更多时间花在自己在乎的人和事上。

“Live more, Bank less”，这是对开放银行再贴切不过的阐释了。

开放银行在中国

如果说海外研究者将 PayPal API 视为开放银行先声，那么，我们大可以将中国开放银行的发展起点拉回到 2003 年。

这一年 10 月，淘宝推出支付宝服务，各家商业银行陆续开放 API 接口支持本行客户通过支付宝进行支付。

2009 年 3 月，光大银行开放式缴费平台正式投产，以 API 方式将银行的电、水、煤等缴费业务输出至各合作公司渠道，这是银行业里最早将金融服务融入生活、生产场景的尝试之一。2012 年，光大银行还率先将智能存款产品“定存宝”输出至支付宝渠道，开启了金融产品走出去的先河。

2012 年，中国银行在行业里正式提出开放平台的概念，并在 2013 年发布中银开放平台，开放了 1600 多个接口，涉及跨国金融、代收代付、移动支付以及地图服务、网点查询、汇率牌价等服务。

伴随着互联网金融与金融科技的发展，尤其是微众、网商等互联网银行的快速崛起，推动开放银行的概念快速升温。

进入 2018 年，多家大中型商业银行都对外明确释放了打造开放银行的信号，并推出了相应的开放银行平台或者应用，由此很多人将这一年视为中国开放银行元年。

以工行为例，这家银行在 2018 年提出构建开放、合作、共赢的金融服务生态圈，向服务无所不在的“身边银行”、创新无所不包的“开放银行”、应用无所不能的“智慧银行”转型。

基于上述思路，工行借助具备“嵌入场景、输出金融”特征的 API 开放平台、以“绿色部署、敏捷上线”为特性的金融生态云平台、聚合优势线上金融产品和功能的聚富通平台，聚焦用户核心，树立场景导向，打造金融服务生态圈。

同期，另一家大行——建行推出了“开放银行管理平台”，将建行已有的金融服务，如账户开立、支付结算、投资理财等，以标准统一的接口封装到软件开发工具包中，以产品的概念对外发布，通过标准化的接入流程嵌入第三方场景。

通过开放平台，建行发布了"惠懂你"、直销银行、生活服务、贷款服务、信用卡、账户管理等产品;通过与战略合作伙伴如中国联通、万科、碧桂园、海尔、小米、菜鸟驿站等建立合作关系，产品覆盖政务工商、住房租赁、三农务工等方面。

相形之下，招行的步子迈得更大一些，更有互联网公司开放平台的色彩。

2018 年 9 月，招商银行宣布迭代上线两款 App 产品的 7.0 版本——招商银行 App7.0、掌上生活 App7.0。招行提出，银行卡只是一个静态的产品，而 App 是一个生态，因此要将其打造为一个开放式平台。

基于这种经营理念，招商银行两大 App 支持非招行卡用户注册手机号、绑定多家银行卡，打破了封闭账户体系，转向开放用户体系。招行还通过 API、H5 和 App 跳转等连接方式，实现金融与生活场景的连接。

另一边，新兴的民营银行在开放银行方面并不落于下风。尤其是部分互联网银行，在近年来所探索出来的创新发展之路，很大程度上可以归结为开放银行模式的成功。

以微众银行为例，主打产品微粒贷与微业贷等产品，就是开放银行的产物。该行一方面连接了诸多中小型金融机构，提供联合贷款，另一方面连接了众多商业服务平台，将金融产品嵌入不同的服务场景中。2017 年，微众银行还首度提出"分布式商业"理念，进一步打开了银行业的服务边界。

还有网商银行，该行与金融机构共享"310"模式，计划与 1000 家各类金融机构合作，共同为 3000 万小微经营者提供金融服务。这种开放与共享，正是开放银行的核心特征。

百信银行提出了"开放银行 +"生态策略，目标是连接金融机构、金融科技公司和场景生态伙伴，搭建一个完全开放的智能金融生态圈，助力金融服务供给更加结构化、多元化和普惠化，赋能商业新生态。

同为民营银行的上海华瑞银行和四川新网银行，亦是开放银行的积极践行者。

2017 年 4 月，上海华瑞银行推出了一款综合金融服务 SDK 产品"极限"，通过互联网技术将金融服务直接融入生产生活场景中，通过合作场景寻找客户和服务客户。

新网银行自称"活在手机里"的互联网银行，依托金融开放平台，与电子商务、移动通信、乳业、二手车等多个场景平台进行深层次的跨界融合，将网点开到合作伙伴的 App 里，满足场景闭环内的碎片化金融需求。

在监管层面，目前央行与银保监会尚未出台开放银行相关的监管文件。这并不表示监管层不关注开放银行发展，恰恰相反，监管部门的态度是鼓励与包容，放开手让市场主体先行先试，类似于 21 世纪前 10 年里第三方支付行业的蓬勃发展。

在 2019 年 9 月颁布的《金融科技（Fintech）发展规划（2019—2021 年）》中，央行提出：

> 以促进金融开放为基调，深化金融科技对外合作，加强跨地区、跨部门、跨层级数据资源融合应用，推动金融与民生服务系统互联互通，将金融服务无缝融入实体经济各领域，打破服务门槛和壁垒，拓宽生态边界，形成特色鲜明、布局合理、包容开放、互利共赢的发展格局。

“开放银行”一词并未出现，但这段话恰恰是对开放银行的生动阐释。毕竟，真正重要的不是概念，而是事物本身。

番外：中国信用卡大革命

> 那美好的仗我已经打过了，当跑的路我已经跑尽了，所信的道我已经守住了，从此以后有公义的冠冕为我永存。
>
> ——《圣经》

银行业作为作为信息密集型行业，每一次科技的革新它都不曾缺席。我们选取了一个相对独立的“样本”——信用卡，它是中国银行业中最早与国际接轨的板块，也是最先发力线上应用科技的领域。从这个切面，我们可以看到金融王者——银行，自我进化和迭代的过程，也可以一窥中国消费金融、零售金融，甚至金融科技的演进过程和未来走向。

从 1985 年发行第一张信用卡，到 2003 年前后专营机构出现；从早期的“跑马圈地”到“精耕细作”，再到移动互联网时代的平台化、后台化……中国信用卡行业经历了 35 年的变迁。

而从另一个维度来看信用卡中心，它们独立于总行之外，是商业银行现代化经营的探路者；它们没有网点，是线上化运营的急先锋；它们早早地实现数字化、自动化的作业流程，是中国金融科技发展历程中的特殊样本。

如果回溯中国信用卡市场的发展，可以看到，它与个人征信、消费信贷、移动金融都有着千丝万缕的关联。放眼未来，它不仅是银行"大零售"发展的重要推手，也是银行获取和服务客户的重要入口。

本章试图记录中国信用卡市场从 0 到 1，再从 1 到 N 的历程，这也是一部商业银行向现代化、数字化演进的微缩史。在这场轰轰烈烈的信用卡大革命中，无数行业精英留下了珍贵的印记，他们后来也成为零售金融、金融科技发展浪潮中重要的引领者。

1985—2003 年

信用卡是指"无抵押循环贷款"，这 7 个字倡导的是向银行"先借后还"的个人信贷消费观念。

从钱货两清，到超前消费，信用卡的诞生与发展刷新了人们对生活的理解，也刷开了社会信用体系的新天地。

但从第一张信用卡在中国诞生，到真正走入寻常百姓家，经历了漫长的时间，直到 2003 年信用卡中心陆续成立，这个"舶来品"才真正在中国开花结果。

暗夜潜行

1979 年秋季广交会期间，广州友谊商店总经理廖剑雄从外宾手中第一次接触到了被称为"信用卡"的塑料卡片。"不用付钱就可以拿走东西"，廖剑雄感到非常新奇。

当时人民币的最大面额只有 10 元，对于生意人来说，携带现金很不方便，银行汇票也不支持异地取款。所以为了方便参会外宾交易，中国银行与香港东亚银行签署代理东美信用卡取现协议，第一次将国外信用卡引入了中国内地。

直到 1985 年，中国银行珠海分行才正式发行了中国第一张信用卡——中银卡。这张薄薄的卡片不仅引入了提前预支模式，还开启了信用社会的到来。

不过，在那个米面粮油还需要凭票供应的年代，量入为出才是老百姓的常态，超前消费连想都不敢想。所以，此后的 10 多年时间里，工商银行、招商银行、广东发展银行的信用卡相继问世，但是都没逃过"长期冬眠"的命运。

而且，当时不仅是老百姓不敢用信用卡，银行也不敢直接放手去做。办卡时，申请人要先储蓄或担保，这意味着银行还需要向用户支付一笔利息，信用卡就这样被改造成了中国特色的贷记卡、准贷记卡。

根据1996年颁发的《信用卡业务管理办法》，第11条规定，单位或个人领取信用卡，应按规定向发卡银行交存备用金；第17条规定，透支限额为金卡1万元、普通卡5000元。

于是，信用卡从一个透支产品变成了储蓄产品，变银行资产业务为负债业务，变利息收入为利息支出。所以到了90年代，有些银行的信用卡账户上，居然常年趴着数百亿元的储蓄存款，而属于信用卡“本职”的利息收入却寥寥。

信用卡定位的混乱也折射出当时中国银行业的经营理念：不重视个人业务，且个人业务以储蓄为主，几乎没有借贷。只有企业能向银行借钱，所以，信用卡也一度转成了对公模式。

但由于当时银行的数据还没有大集中，信用卡的发行和运营都在各地分行，导致风险管理良莠不齐。这一时期发生了后来被称为新中国成立以来最大的银行资金盗窃案——中行开平案，其中部分被盗用资金就是通过对公信用卡产生的。

这一横跨多年的案件也牵出了中国信用卡发展之困的根源——机制。

与其他银行业务不同，信用卡部门就像一个“小银行”：从发卡、商户谈判、清算，一直到持卡人的账务管理和催收，甚至核销，都在一个部门里，这几乎就是一个完整的银行体系。

在总分行的体制之下，信用卡的组织形态是：总行制定政策、各省级行传达政策、二级分行执行政策。这样一来，总行和省行的职能几乎重合，而具体的发卡权和运营权又沉淀在二级分行。

这个机制决定了信用卡业务难以做上规模，不同于对公业务，动辄千万上亿元的规模，信用卡几千元的授信申请如果逐笔人工审批、甚至办理担保，成本高且效率低，各地分行也难有足够的动力去推进。

除此之外，总分行机制下的信用卡模式还有一个硬伤是：标准不明、风险难控。可能同一个人在工行北京申请信用卡的额度是2000元，到了上海申请的透支额度就能达到6000元；有的分行要求担保，有的又不需要。

这样一来，原本就发展迟缓的信用卡业务变得更加混乱，更别提为银行贡献利润了。

爆发前夜

一曲《相约一九九八》拉开了改革开放20周年的序幕，社会经济飞速发展、大众消费意识开始萌动。1998年年初，《泰坦尼克号》引进中国，创造了3.6亿元的票房神话。要知道，当年北京二环的房价才每平方米2000元。

那一年，Windows 98 系统正式发布，美国 .com 泡沫到达顶峰。以腾讯、新浪、搜狐、京东为代表的一批中国互联网企业先后成立，一个群星闪耀的中国互联网时代开启了。

1998 年，国务院颁布 23 号文，即《国务院关于进一步深化住房制度改革加快住房建设的通知》，提出从 1998 年下半年开始，停止住房实物分配，逐步实行住房分配货币化。这是一个划时代的文件，个人信贷市场开始腾飞。

一些先知先觉的人开始提议建立征信系统，上海资信有限公司也因此开始筹建，并于 2000 年 6 月 28 日正式成立。央行上海分行、5 家商业银行和上海资信公司组成了中心理事会，形成了一个信息共享体系。

上海资信的使命是把分散在各家银行和社会有关方面的个人信息和信用信息汇集起来，进行加工存储，形成个人信用档案的信息数据库，为银行和社会有关方面全面了解个人的信用和信誉状况提供服务。

对个人信用信息评估和甄选的能力是个人信贷业务发展的基石。

临近千禧年，商业银行也把更多的目光投向个人信贷业务，房贷、车贷产品陆续出现。这些个人固定资产的消费信贷，为更广义上的消费金融筑起了层层台阶，让个人信用数据积累的广度和深度更进一步。

越来越多的银行开始设立“个人银行部”，信用卡业务也被划归其中。但在当时，即便如业内公认个人业务最好的股份行——招商银行，依然没能走出叫好不叫座的窘境。

1999 年，招行的个人存款总额占到银行总资产的 1/3，每年新增个人存款超过 100 亿元。但几年下来，个人银行部的累计收入才几亿元，即便是明星产品“一卡通”，也因不赚钱而在内部颇遭遇微词。

这一年 3 月，招行迎来了第二任行长——马蔚华，结果上任一周他便遭遇了招行历史上最著名的两大危机：央行叫停离岸业务、沈阳分行挤兑风波。这两次流动性风险也让招行开始重新思考自己的定位和长远的规划。

参考海外市场，个人信贷业务是推动银行发展的优质资产，而相比房贷、车贷等质押贷款、按揭贷款，信用卡更是一个高盈利的潜力股。尤其在 12 亿人口的中国市场，信用卡无疑是一个很好的突破口。

于是，在全行挺进个人资产业务的战略背景下，招行的信用卡业务被再次激活了。个人银行部、信息技术部和总行的领导一起进行了一场深度讨论，后来这次会议也被视为重启信用卡的“遵义会议”。

重新开始关注信用卡业务的不止招行一家。

1999年，Visa国际组织在昆明举办了一个中国信用卡业务发展高级研讨班，各家银行个人银行部的中高管成员几乎全部到齐，这次培训重新唤醒了沉睡已久的信用卡行业。

当时，台上的讲师几乎清一色都来自中国台湾，在这个人口不到2000万的地区，信用卡和现金卡已有1800多万张，透支余额过千亿台币。如果对应到中国市场，信用卡的前景不可估量。

值得一提的是，中国台湾最大的三四家发卡机构全是本土企业，它们凭借积极的营销策略疯狂跑马圈地，连花旗信用卡这样的全球信用卡龙头也只能往后靠。这一活生生的例子摆在眼前，现场的银行高管们都为之一振。

这也为日后中国信用卡市场的发展埋下了伏笔，尤其是爆发初期，从人才，到理念，再到运营，都深深地烙上了中国台湾模式的印记。

而在政策层面，1999年3月1日开始实施新的《银行卡业务管理办法》，相较于1996年的“旧版”，打破了诸多限制。比如，明确将信用卡划分为贷记卡和准贷记卡两种，并扩大了信用卡的消费信贷功能。

一方面，放松了对透支限额的限制，个人卡账户月透支额提高到5万元；另一方面，大幅度降低了透支利率，最高日息由万分之15统一改为万分之5，准贷记卡计收单利，贷记卡计收复利。

信用卡元年

2003年的第一个工作日，一位笔名叫“老榕”的人收到了人生中的第一张信用卡，他在自己的博客上激动地记录下了这张招行信用卡从申请、到手、再到第一次使用的全过程。

“没有担保，没有预存，除了一个表格和一个电话，什么也没有。虽然这个起始数额其实不大，可它也是北京最低收入保障的120倍，是俺申报的月收入的X倍。无论如何，2003年，我个人开始真正有了信用。”

老榕的本名叫王峻涛，他被人称为“中国电子商务第一人”，创办了8848网站。但对于网民来说，老榕这个名字可能更为出名，曾经的一篇《大连金州没有眼泪》一度被认为是“全球最有影响的中文帖子”。

老榕的这个用户体验贴在信用卡圈疯传，“2003年是中国信用卡元年”也成为一个公认的说法。而他不知道的是，在这张薄薄的卡片背后，中国信用卡行业刚刚经历了一场翻天覆地的变革。

2001年12月到2002年12月，招行、工行、建行相继成立了独立于总行之外的信用卡专营机构，建立了一个集中运营、清算、发卡、催收的机制。到

2003 年、2004 年时，中信、浦发、交行等信用卡中心也陆续开业。

在机制上的创新成了一个重要的信号：中国的信用卡市场开始与世界接轨。

而率先独立的三家银行选择了不同的经营模式和发展路径，也成为中国信用卡市场颇有代表性的几种方式——

招行信用卡中心选择引入顾问，构建独立品牌，并且它采取了事业部制，与招行个人银行部平级，从一开始便实行内部独立核算，这在当时的银行业引起了不小的震动。

而工行的牡丹卡中心则包含了信用卡、准贷记卡以及其他各种各样的借记卡和联名卡；建行也是走了信用卡专营的路线，后来还曾引入美国银行进行战略合作。

作为一个舶来品，信用卡在海外市场已经非常成熟，引入外资行经验是最为直接而有效的方式。所以，很多银行都选择了合资模式。

比如最典型的，交行和汇丰银行、浦发和花旗银行，都合资成立了信用卡中心，实现了深度的战略合作。当然，也有一些银行选择自力更生，例如中信、光大等。

在信用卡元年之前，还有两件重要的事情不可忽略，它们一起推动了信用卡新时代的开启。

2002 年 3 月，脱胎于金卡工程的银联公司在上海成立，它搭建了跨行交易清算系统，实现了系统间的互联互通，进而使银行卡得以跨银行、跨地区和跨境使用。并且统一了银行卡的受理市场，包括 POS 机的普及等。

2003 年，由原央行征信局局长戴根友牵头，开始推进全国统一的企业和个人征信系统的建设。这个方案经过了整整两年的论证，人民银行希望建立一个覆盖全国所有商业银行和贷款机构的数据库。

市场环境和征信体系的优化，大大推动了信用卡业务的发展。

到 2003 年年底时，中国的信用卡发卡行已经扩展到 10 家银行，发卡量由年初的 100 多万张增加到近 400 万张。此外，这一年信用卡的交易额、贷款余额也有了显著的增长。

2004—2008 年

在信用卡元年之后的两年里，各家信用卡中心大都经历了短暂的阵痛和调整。央行征信中心刚刚起步，海外模式大都“水土不服”，盈利困局难以突破。

但很快，随着市场环境的变化和各家银行的调整，中国的信用卡市场迎来了第一波爆发式的增长，不同的机构也逐渐找到了自己的节奏和发展的路径。

不过，从 2007 年开始，中国金融市场将全面开放，外资行携技术和经验进入中国，市场竞争变得愈发激烈，信用卡行业面临的挑战才刚刚开始。

困于征信

2002 年，美国，旧金山。

下班之后的陈建和往常一样在网上浏览新闻，他是 Fair Isaac 公司的策略科学部高级经理。这家公司有一个更广为人知的简称——FICO，它的信用评分模型被全世界数百家银行使用。

这一天，一则来自中国的消息引起了他的注意：中国央行下设的征信中心获批筹建了。作为一个信用卡风控及管理专家，陈建敏锐地捕捉到了新闻背后的意义：中国的信用卡市场要真正启动了。

当晚，陈建去公司附近的伯克利大学参加北大校友聚会时，兴奋地把这个信息分享给了两位老同学，一位是在伯克利读博的陆挺（现野村证券中国首席经济学家），一位是同在旧金山 FICO 工作、后来成为 GE 资本信用卡首席风险官的沈复初。

在校门外的一个小餐馆里，三个 20 多岁的热血青年开始畅想即将蓬勃发展的中国金融市场。

说干就干，陈建很快做出了选择，他放弃了已经拿到的 MBA 录取通知，转而开始为回国做准备。当时，银行专营的信用卡中心才刚刚在国内出现，整个信用卡市场还处于萌芽状态。

如何把美国成熟的信用卡经验带回中国？陈建决定花上一些时间做系统的调研，并梳理一下信用卡发展的全球经验。

当他完成一系列准备工作时，已经是 2004 年的夏天。这一年，中国有越来越多的银行开设了信用卡中心，央行征信中心也在 2 月正式成立了，中国的信用卡市场越发活跃起来。

2004 年 10 月，30 岁的陈建被提拔为 FICO 历史上最年轻的总监，派至中国，负责筹备 FICO 中国公司。回国后，他将过去两年的研究成果结集出版，分别是《信用评分模型技术与应用》《现代信用卡管理》。

这是中国最早关于信用卡的两本专著，也成为中国信用卡从业者的“圣经”，当时几乎人手一套当作“操作手册”。不过，尽管带着 FICO 的光环，再加两本书打前站，陈建回国的“创业”之路也并不顺利。

信用分与“征信”不同，后者是一份关于个体信贷行为记录的集合，或者说是信息的加总，提供事实，而非判断。信用分则是基于征信数据，并通过算法加工后得出的评定结果，为机构放贷决策做参考。

换言之，征信数据是信用评分的基础。数据维度越多、准度越高，评分的效果则越好。在美国，FICO 分是基于全联（Trans Union）、艾可飞（Equifax）、益百利（Experian）三大征信局的数据构建的评分模型。

但当时的中国市场，央行征信中心和各行的信用卡中心才刚刚成立，数据的集中和规范尚未完成，巧妇难为无米之炊，再好的模型也跑不出结果。再加上，当时中国银行业的 IT 系统也难以提供足够的算力去支撑。

急切等待央行征信中心——个人信用信息基础数据库上线的，不止陈建和他身后的 FICO。

2004 年，第一批信用卡中心刚刚起跑便遭遇了一场重大的危机。集中运营和发卡带来了产能的大幅提升，2004 年国内信用卡市场新增发卡 540 万张（有循环信用功能的信用卡），增长率为 100%。

以最早成立信用卡中心的招行为例，2003 开业首年便发卡超过 60 万张，一举刷新亚太地区发卡新纪录。2004 年全年新增发卡 222 万张，是 2003 年新增卡量的 3.6 倍。

信用卡中心的产能上来了，征信系统的效率却难以匹配，一度造成大量压件。这次“压件危机”也让大家意识到，信用卡市场的发展不止需要银行一方在制度和模式上突破，更需要征信体系、刷卡环境、用户习惯等全方位的改善。

到 2004 年 12 月，央行征信中心的个人信用信息基础数据库实现 15 家全国性商业银行和 8 家城市商业银行在全国 7 个城市的联网试运行。而真正完成与全国所有商业银行和部分有条件的农村信用社的联网运行则要到第二年的 8 月了。

从某个角度来说，信用卡的发展在征信体系建立初期起到了决定性的作用。因为在房贷、车贷等个人信贷业务刚刚萌动的时代，使用相对高频的信用卡提供了更多维而丰富的个人信用数据。

对比美国市场，同样可以看到类似的发展脉络。

20 世纪后半叶，消费信贷在美国经历了爆炸式的增长，传统征信机构从报纸等分散渠道获取各类可疑、未经求证信息用以进行信贷决策的模式越来越显得低效且精确度低。

尤其是 60 年代末信用卡诞生后，随着申卡人数的增加，美国的银行和发卡机构意识到，用户信用评价方式数据化的重要性，它要远比从其他渠道获取信息来进行主观臆测的精准率更高，而且适用于高速发展中的市场。

与中国不同的是，美国已经形成了以艾可飞（Equifax）、益百利（Experian）和全联（TransUnion）三大征信局为主体的征信格局，并有充分的市场需求（企业、发卡机构、商家等）和丰富的信用产品供给（例如 FICO 分）。

征信体系和信用产品的发展成了信用卡，乃至整个消费金融市场发展的基础。反过来，消费金融市场的发展又为征信体系的完善和信用产品的丰富提供了更多维度的数据和长远的动力。

直到 2005 年，中国的银行信贷登记咨询系统才升级为全国集中统一的企业信用信息基础数据库。同年，人民银行发布了《个人信用信息基础数据库管理暂行办法》，并相继出台配套制度。

这样一来，既保障了个人信用信息基础数据库的建设和运行，又规范了商业银行报送、查询和使用个人信用信息的行为。值得注意的是，为了配合这个全国统一的征信系统建立，也倒逼各个商业银行升级了自己的技术系统。

运营战事

由于信用卡的盈利模式较为单一，在集中化运营的情况下，规模效应尤为重要，其中，营销则是最关键的一环。国内的信用卡中心大都参考海外模式或中国台湾模式构建，运营方式也几乎被照搬了过来。

2004 年 6 月，来自花旗银行中国台湾分行的曾宽扬被任命为浦发花旗信用卡中心首席执行官。等他到岗时发现，自己在上海并不寂寞，曾经的一些老朋友、老对手也在同一时期北上，加盟了不同银行的信用卡中心。

比如，他在花旗的前同事、后来也是花旗信用卡在台湾最大的竞争对手——中国信托金融控股公司（简称“中信金控”）的副总裁仲跻伟，已经先他一步来到上海，出任招行信用卡中心总经理。

2003 年年底，平安信托与汇丰银行联手收购福建亚洲银行，此桩收购完成后更名为“平安银行”，总部设在上海。跟仲跻伟一样，曾经同为中信金控副总裁的陈昆德被平安集团挖角，出任平安银行首任行长。

当时，几乎每一个信用卡中心都能找到几个台湾顾问，他们见证了中国台湾信用卡市场从 0 到 1、从鼎盛到衰退的全过程。随着他们的到来，台湾模式也被复制到了大陆市场。

到 2005 年 6 月时，中国台湾地区的信用卡总量超过 4300 万张，已经是中国台湾地区人口数的两倍。其中，发卡量最大的中信金控就有超过 705 万张，而台湾花旗成为最大的外资发卡行，拥有超过 200 万张卡。

彼时，距离中国台湾全面开放信用卡市场不过12年时间。之所以能够取得如此快的发展，与中国台湾发卡机构激进的运营策略不无关系。尽管这种方式一直饱受诟病，但在一个新市场起步初期还是非常奏效的。

当时，各个信用卡中心一开业便祭出各种营销活动：从免年费、送赠品，到联名卡、刷卡送礼、消费积分，一个都不落下。

这在当时造成了颇为轰动的效应，引发了媒体和网友的热烈讨论，网上各种刷卡换车的攻略层出不穷。

往深一层看，积分换车的背后其实是信用卡产品逻辑和服务理念的改变。在世界范围内，消费积分都被商家广泛作为提高消费者忠诚度、增加客户黏性的方法。

曾宽扬所在的浦发信用卡在营销方面同样大手笔，只要申卡成功，并在3个月内刷卡超过3000元，持卡人即可获得价值近千元的礼品。相对于当时每信用卡100元左右发卡成本，这无疑是天价投入。

在信用卡市场发展初期，积极的运营策略，效果是显而易见的。就如同后来互联网公司的线下铁军，大量人力和资金的投入得以快速砸出一个新市场。

从2003年到2005年的3年时间里，国内信用卡发行规模扩大了600%。

不过，台湾经验也不是万能解药，因为两地的用户基数和市场环境差异较大，随着内地信用卡规模的快速增长，一些新的问题出现了。

比如，当时信用卡中心的客服大都参照了中国台湾的经验，一个客服对应一定比例的卡片数，以此类推，同比例增加。因为信用卡中心没有网点，所以客服的数量和质量在很大程度上直接影响信用卡的运营效率和服务水平。

但后来发现，这样的配比完全没办法应对快速增长的客群。由于咨询量暴增，不少信用卡中心的客服部门一度濒临瘫痪。

此外，还有一个信用卡中心都碰到的挑战——账单寄送。由于中国地域辽阔，每月邮寄信用卡账单是一笔不小的成本，而且天气、邮局，甚至印刷厂的效率，都会影响它的送达。

其实，不管是客服和账单，本质上都是银行管理效率、成本控制的问题。这也倒逼信用卡中心很早便开始投入大量资源在运营和管理的优化上，包括对于科技的应用也普遍走在了商业银行其他业务部门之前。

盈利迷途

世界范围来看，100万张信用卡、5年盈亏平衡、8年收回投资，这基本是信用卡行业的共识。但从中国市场来看，一家银行如果没有300万张活卡，则很难盈利。

究其根源，还与中国市场的特殊环境和盈利能力有关。

通常来说，信用卡的收入主要来源于三部分：利息、回佣、年费。后两者差不多可以覆盖信用卡的获客和运营成本，而循环授信带来的利息收入才是最主要的利润来源。

但不同市场、不同机构，这三部分收入的比例也不尽相同。

比如，全球最有代表性的发卡机构——美国运通，它的主要收入就来自高年费和高回佣。运通模式之所以能走通，一方面，它树立了精英的品牌形象，给持卡人带去了光环；同时它提供了大量优质的客户服务。

运通最有名的百夫长黑金卡，俗称“黑卡”，是世界公认的“卡片之王”。它早已超越了一张信用卡，成为顶级身份的象征，额度无上限，邀请制办理。对于持卡人的服务更是无微不至、无所不包。

另一方面，针对商户端，运通的闭环支付网络可以为商户提供更多增值服务，如著名的“忠诚度计划”，即商户可以根据持卡人在既定时间段内的累计刷卡金额、笔数来提供回馈计划。

所以即便是全球金融危机之后，不少知名的信用卡中心都出现了亏损，美国运通在 2009 年的交易额也下降了 9%，但交易笔数却并没有太大波动，这充分说明了其用户的忠诚度。

这也是运通模式难以被复制的原因，其强大的支付受理系统再加上高素质的特定持卡人才支撑了它得以向商户收取高于行业平均水平的回佣。

除了美国运通之外，另一家美国公司——Capital One 的发展路径也颇具代表性。而与美国运通截然不同的是，利息收入是 Capital One 最主要的营收来源。

20 世纪 80 年代末，在 Capital One 的信用卡业务正式入场、发力之前，美国的信用卡市场已经非常成熟，几近饱和状态，信用较好的美国家庭一般都持有多个银行的信用卡。

当时，各家银行或发卡机构普遍采用“20+19.8”的收费模式，即 20 美元的年费和 19.8% 的年化利率，没有任何差异化的费率策略。Capital One 的两位创始人 Fairbank 和 Morris 抓住了这个市场空白，设计出了个性化定价的产品。

信用卡市场群体大概可分为三类：1. 信用良好、按时还款的高收入群体，典型如运通的客户，按时还款、从不分期；2. 过度借贷的高风险客户；3. 贷款经常展期但能保证最低还款额的次级客户。

前两类客户都无法给银行或发卡机构贡献太多利息收入，Capital One 将目标锁定在了第三类客户，创始人之一的Morris说过一句很经典的话，“傻子都知道借钱，但赚钱的秘诀是找到其中会慢慢还钱给你的人”。

当然，光找准目标客户和市场定位还不够，真正让Capital One成功的要义还有，它们摒弃了传统的信用评估方式，通过大量的数据分析对客户进行识别，并实现差异化定价和定制化服务。

回到中国市场，不管是美国运通模式，还是Capital One模式，都有一些追随者，但一落地却发现行不通。

比如，年费。当时的中国市场，刚从借记卡发展到信用卡，用户还不习惯被扣减年费这件事，甚至频频发生因为扣年费而状告银行的事件。所以后来，很多信用卡中心一度取消了固定年费，改成了中国特色的“弹性年费”。

利息收入部分的发展就更慢了。中国缺少借贷文化，在信用卡起步初期，使用循环授信的人占比极少。因为它们需要支付的利率在18%左右，而当时个贷的利率大概在4%-6%，用户难以接受这样的差距。

在这种情况下，中国的信用卡中心大都采取了中间路线，糅杂了运通模式和Capital One模式，逐渐走出了自己的特色。

但也因为循环授信使用比例长期在低位徘徊，生息资产规模有限，在相当长的一段时间里，各家银行的信用卡中心都没有摆脱盈利难、盈利少的窘境。

直到2003、2004年，以招行信用卡中心为代表的银行开始试水POS分期、邮购分期等产品，逐渐摸索出了一条路，抓到了新的营收增长点。当然，这对风控又提出了更高的要求，所以各家信用卡介入此类业务的时间和程度各有不同。

几种路径

在信用卡元年之后的两年里，各家信用卡中心大都经历了短暂的阵痛和调整。但也很快，中国的信用卡市场便迎来了一波爆发式的增长，不同的机构也逐渐找到了自己的节奏和发展的路径。

相对而言，工、农、中、建、交几大行在网点和品牌上优势明显，信用卡业务也仰仗了这些资源，因此在发展初期显得中规中矩。反而是一些股份行，因为不具备网点优势，只能在战略和战术上另辟蹊径。

比如，风格激进的广发银行，在信用卡方面就推崇“不求风险最低，但求利润最大”的原则，将风险视为成本的一部分，认为信用卡的经营管理就在于找准风险与利润之间的平衡点。所以，它也是最早实现信用卡业务盈利的银行之一。

而合资模式大都经历了一段“本土化”的改良过程，典型如浦发花旗信用卡中心，第一年（2004 年）的发卡量才 2 万张。这个成绩也让外界一度质疑外资模式“水土不服”。

事实上，曾宽扬也并非浦发花旗信用卡中心的第一任首席执行官，在他之前还有一位华裔 CEO 朱仁焘，也是 20 多年的“老花旗”，其上任不足一年便匆匆换人，传言是源于业绩表现不如预期。

按照当时管理层的解释，浦发信用卡发行量不大主要是由于运用了花旗全球风险管理经验，对申请人的信用审核比较严格。比如，申请人至少要提供四份文件——身份证、年收入 3 万元以上的收入证明、工作证明以及家庭住址。

同样的信用评定制度，花旗在其他国家和地区都能适用，但在中国却难以推进。一方面，这些证明开具起来颇为烦琐，另一方面，验证证明的成本也比较高。比如，在美国等地，银行可根据纳税情况来了解收入，但在中国却不太适用。

后来，经过持续的本土化改革，浦发花旗信用卡才渐渐走出了自己的一片天。进入 2005 年，浦发的信用卡发卡量每月以 30% 的速度增长，到了年底已经突破 20 万张。

另一家总部位于深圳的中信信用卡中心则主打“高端客群”，也摸索出了一条差异化的发展路径。

中信银行自 2004 年 1 月份正式对外发卡，不到 3 年时间发卡 200 多万张。其中，中信白金卡的发卡量排在了全国各大银行的第一位。等到 2006 年 5 月 30 日服务升级时，中信则直接打出了“打造中国白金服务第一品牌”的口号。

招行信用卡的发展路径则与总行的大零售战略一脉相承。2005 年，时任行长的马蔚华提出，要加快零售业务、中间业务和中小企业业务的转型，这也标志着招行一次转型拉开序幕。到 2005 年年底时，招行信用卡业务收入在招行零售的中间业务收入占比已经达到 40%，而在个人贷款业务中则占有 7% 的份额。

那是一个百花齐放的阶段，中国信用卡市场开始焕发活力，各家银行投入了大量的资源来“跑马圈地”。

央行数据显示，2006 年年底，我国银行信用卡发卡量为 4958 万张；2007 年前 3 个月，信用卡发卡量每月平均增长 100 万张以上。而截至 2007 年下半年，工行、招行、建行等银行都已经宣布信用卡发卡量超过 1000 万张。

一个更为重要的时代背景是，到 2007 年，除了农业银行，工商银行、建设银行、中国银行和交通银行等国有商业银行都完成了 A+H 股上市，招商银行、中信银行等股份制银行也都登陆了资本市场。

上市让中国的银行们步入了更加市场化的发展阶段，即便 2008 年发生了全球金融危机也没能减缓这一步伐。虽然这场危机让券商和公募基金陷入了低谷，但却意外地把中国银行业推入了一个“黄金时代”。

中国政府于 2008 年 11 月推出了进一步扩大内需、促进经济平稳较快增长的十项措施，俗称“四万亿计划”。换言之，这场金融危机，并没有成为击垮中国银行业的炸弹，反倒开启了一段前所未有盛世。

包括信用卡在内的个人消费信贷也进入了一段长达 10 年的上升期。

2009—2015 年

国内信用卡市场经历了第一次“大爆发”之后，“跑马圈地”的发展方式走向末路，各家银行开始更加关注细分市场和精细化运营。

伴随着移动互联网时代的来临，互联网巨头们极大地冲击和影响了用户习惯和市场环境。信用卡开启了一段新的征程：转向移动化、平台化。

纵观信用卡行业的发展，它们很早便开始应用数字化的审批、风控和运营体系，可以说是银行体系内最成熟的金融科技板块。

在新的浪潮中，信用卡行业再一次乘风破浪，完成了迭代升级。

精耕细作

中国信用卡的第一次“大爆发”在催生市场繁荣的同时，也伴生了不少风险。

当时，信用卡风险主要分为信用风险、欺诈风险，后者又包括伪冒申请和伪卡使用等。在 2008 年以前，伪冒申请的问题占到了 9 成，主要就是虚假注册等。随着发卡量的暴增，伪冒风险更是急速攀升。

很快，2009 年 4 月 27 日，央行、银监会、公安部、工商部联合下发了《关于加强银行卡安全管理预防和打击银行卡犯罪的通知》（简称“142 号文”），对信用卡的发卡流程和业务边界做了更明确的规范。

这也是影响中国信用卡行业发展最深远的文件之一，因为它为信用卡业务画下了一套清晰的监管框架，此后不管行业如何变迁，都没有突破 142 号文里的核心规则。

比如，142 号文强调信用卡发卡“三亲原则”，包括亲见本人、亲见申请资料原件、亲见本人签名，不得全程自助发卡。而这实际上是为后来一些互联网消费金融产品、类信用卡产品的出现留下了空间。

当然，更多的问题还出在管理上。

过去几年，信用卡的发卡量虽然上升迅猛，但持卡客群高度集中，这对于发卡机构来说这是一种资源浪费，风险过于集中。另一方面，信用卡中心的盈利水平长期在低位徘徊，循环信用的使用率较低，生息资产占比小。

所以，除了少数几家利润可观之外，大部分信用卡中心的发展质量和效益并没有随着发卡规模的高速增长而提升。并且，由于授信额度远高于用户实际使用规模，过高的闲置信用额度导致银行不必要的资本储备和风险敞口。

到 2009 年时，全行业有 1.86 亿张卡，当年交易额约 3.5 万亿元。几家国有大行和招商、广发等第一梯队的信用卡中心，发卡量早就迈过了千万量级，第二梯队的中信、光大、浦发等也在千万左右。

这个数据说明，信用卡在中国已经成为一种比较常见的消费金融工具。但尴尬的是，信用卡中心却没能产生足够好的经济效益，甚至不良率出现了大幅的上升（部分原因是受到 2008 年全球金融危机的波及）。

2009 年 3 月，上海银监局向在沪商业银行和信用卡中心发出风险提示：截至 2008 年年底，上海地区信用卡发卡存量达 3250 万张，已近人手 2 张；上海各持牌信用卡中心不良贷款率为 2.42%，相比 2007 年 1.66% 的不良率，上升了 45.8%。

更重要的是，2009 年开始，几家国有大行觉醒，开始发力信用卡。借助网点和品牌基础，规模化优势迅速转到了它们手中。

从 2009 年到 2011 年，国有五大行累计发行信用卡达 15497 万张，比全国股份制商业银行的 8531 万张，几乎高了近 1 倍。相形之下，股份行“跑马圈地”所积累的优势被逐渐磨平。

在此背景下，不少嗅觉灵敏的股份行已经先行一步，开始调转船头，寻找新的差异化发展路径。

2008 年年底，招行信用卡中心开启了新的战略转向：从“跑马圈地”到“精耕细作”。当年 12 月，时任招行北京分行副行长的刘加隆出任信用卡中心总经理，开始主导信用卡中心的第二次管理变革——精细化、智能化。

招行信用卡变革的另一个背景是，当时招行“一次转型”带来的增长势头开始衰退。随着中国金融自由化、利率市场化的进程，招行希望通过精细化管理把“外延粗放型”发展道路转向“内涵集约型”。

当然，意识到要转变发展方式的不止招行信用卡一家。

起步较晚的平安信用卡则借助了综合金融集团的优势，利用其保险网络和资源，以“交叉销售”的方式快速起量。尤其，2010年以后，平安银行与深发展银行开始整合，两家信用卡中心也逐步完成合并，向信用卡的第二梯队发起了冲刺。

总部位于广州的广发信用卡也在那一时期开始了一次战略升级，同样也伴随着一些人事变动，2010年1月，原美国运通国际部风险政策总监王玉海加入，担任首席风险官。

5个月后，在花旗（中国台湾）银行工作20多年的利明献空降广发银行任行长，他在零售金融的丰富经验也给广发带去了不少新气象。从数据上看，2010年以后，广发信用卡又进入到一段新的爆发期，不仅发卡量迅速增加，利润也颇为可观。

其中，一个最重要的改变就是：更加注重开发存量客户的分期需求，即在信用卡常规授信的基础上，根据用户的不同需求辅以相应的分期产品，包括现金分期、账单分期、消费分期、场景分期等。

这一策略大大提升了广发信用卡的生息资产占比，让其盈利能力稳居信用卡行业第一梯队，类似的产品很快便在全行业风行起来。当然，做大生息资产的前提是风控能力的提升，以及相应的审批流程和效率的优化。

在此背景下，包括FICO分等成熟的信用评估工具被广泛采纳，以数据驱动的全流程风险管理体系也在一些信用卡中心率先落地了。这不仅培养了一批专业人才，也为后来大数据风控、在线借贷、金融科技等发展埋下了伏笔。

所以，相比其他银行板块，信用卡中心更早地便进入自动、实时、智能的作业模式中。

到2010年以后，精耕细作的理念被越来越多的信用卡中心采纳，继2003年前后那波“独立运动”之后，信用卡行业再次迎来一轮管理变革，从运营、产品，到风控、服务，都发生了不小的改变。

比如，中信信用卡就开始着手建立数据仓库，从2010年4月到2011年5月，中信信用卡中心实施了EMC Greenplum数据仓库解决方案，这帮助其实现了近似实时的商业智能（BI）和秒级营销，运营效率得到全面提升。

新的对手

正当中国的信用卡行业准备再次起飞时，新的对手出现了。

2010年冬天，在上海一个寒风瑟瑟的夜晚，几家信用卡中心的负责人临时组了个局，来了个“围炉夜话”。不过，这一次老友见面的气氛不如往常活跃，他们要商议一件正在改变信用卡格局的大事。

当时，阿里巴巴旗下的支付宝正在与一些银行合作，准备上线一个新功能，也就是后来被大家所熟知的“快捷支付”。

与传统银行的网银支付相比，快捷支付在开通环节省去了持卡人到银行渠道（柜面或者在线）签约的环节。而在开通后，银行也无需对每一笔支付进行验证，只需要根据支付机构提交的指令完成扣款即可。

除了第一次绑卡时需要提供姓名、身份证号码、银行卡号和手机号等信息，一旦绑卡完成，持卡人只需要输入支付密码，或者通过手机校验码，便可完成支付。这样大大提升了用户体验，也让支付宝的支付成功率得到了大幅的提升。

这样一来，原本就兼具支付和账户属性的支付宝又向信用卡靠近了一大步。让这些信用卡从业者更加不安的是，因为快捷支付的出现，支付宝可以跨终端、跨银行地积累更多维度的数据，这将让它在金融上的想象力惊人。

因为当时，阿里小贷已经成立，基于生态所积累的商户数据，阿里已经介入了互联网小微贷款。而快捷支付的出现，可以让阿里快速积累 C 端交易数据，这将为其打通 C 端金融服务奠定重要的基础，这也为后来的花呗、借呗的出现埋下了伏笔。

这几位信用卡行业的“老兵”早就关注到这个快速崛起的支付巨头，就在 2010 年，招行信用卡的元老级人物仲跻伟、原总经理助理宋靖仁、资深顾问薛永嘉等一批信用卡领域的资深人士齐齐被挖角到支付宝。

对于信用卡从业者来说，2010 年以后，他们被包括支付宝在内的支付巨头、互联网巨头带入了一个新的战场。这是一个与过去，甚至与世界其他国家和地区都截然不同的境况。

那一年，移动互联网的发展已成燎原之势。

在 2010 年 6 月 8 日的苹果夏季发布会上，iPhone 4 问世、iOS 平台升级，一个重要的分水岭出现了。智能机开始大规模替代功能机，安卓和苹果系统渐成主流，3G、4G 发展更加速推动了移动互联网的渗透。

2011 年年初，央行网上支付跨行清算系统全国推广。年中，首批第三方支付牌照发放，支付宝、财付通、银联商务等开始发力移动支付市场。到这年年底，央行已经发放了三批共 101 张第三方支付牌照。

移动支付的崛起深刻地改变了支付、消费和金融市场的格局，大众的消费习惯和工具也发生了革命性的变化。信用卡行业再次面临新的挑战，移动支付的崛起让中国用户直接跳过了“卡片”支付时代，进入到电子化支付的阶段。

废掉卡片

2012年年初，在一次招行的内部会议上，马蔚华给信用卡的高管提了一个新目标——废掉信用卡。尽管当时手机银行、移动支付的提法已经多了起来，但这种自我革命要废掉卡片的想法还是让当场的人暗暗捏了一把汗。

彼时，招行信用卡的App“掌上生活”刚上线一年多。初期，这个App的定位是“信用卡工具箱”，尝试改变及培养客户的使用习惯，希望能够有效率地满足客户简单的查账、还款、调额等基础需求。简单来说，就是信用卡功能的线上化。

这与当时不少手机银行的定位相似。

事实上，当时商业银行的电子化替代率已经大幅提升，尤其国有大行、股份行纷纷从“物理网点 + 电子银行”的业务模式向着“水泥 + 鼠标 + 拇指”的新格局演变。

到2012年年末，我国网民规模达5.64亿人，互联网普及率为42.1%；其中手机网民达到4.2亿人，超过台式电脑成为上网第一终端。得益于智能手机、3G网络和云计算等发展，移动金融渐成气候，已有近50家银行推出了手机银行。

尽管大家都看准了这一趋势，但线下转线上并非易事，从技术、系统，到产品、流程，再到理念和商业逻辑，都会发生变化。但实际上，大部分手机银行就是把PC端的基础功能复制过去，而非基于移动端的开发。

正当商业银行慢慢探索线上化转型时，新的变局出现了。

2013年初夏，一款兼具了余额理财和支付消费功能的互联网产品应运而生。这个名叫余额宝的产品叩开了“新世界”的大门，这一年后来被叫作“互联网金融元年”。

很快，微信红包、O2O大战的接连出现推动了移动支付、二维码支付的普及，P2P的发展刺激了线上理财、在线借贷等产品的繁荣。这一切让信用卡所面临的市场环境和用户习惯发生了巨大的变化，它们被快速推进了新时代。

这一年，距离中国信用卡元年正好过去10年，一个崭新的周期开始了。只是当时，那些信用卡老兵们都没有料想到，中国信用卡的下一个10年会是如此波澜壮阔，而他们所面临的对手并不是来自金融业。

2013年，招行原常务副行长、中国银联创始人万建华出了一本书，里面阐述了一个最重要的观点：得账户者得天下。

到了移动互联网时代，支付账户不仅是构建实名体系、增强用户黏性的重要基础，也是形成资金和信息流闭环、沉淀交易数据的必要条件，更是C端金融服务以及 B 端科技服务的重要抓手。

这也是当时让所有信用卡人感慨要“变天了”的根源，虚拟账户 + 快捷支付 + 二维码的组合让信用卡的核心属性——账户、信贷、支付、介质（物理卡片或其他形态）被加速解耦。

信用卡要如何在移动互联网时代重拾价值？这是那几年横在所有从业者面前的难题。发力线上渠道、强调用户思维、拓展生活场景、联手互联网公司，成为最核心的几大策略。在这一阶段，又属招行、浦发、中信的表现最具代表性。

如果仔细对比招行“掌上生活”App 在 2013—2015 年几个版本的迭代，可以从一个侧面看到当时信用卡的求索之路。“掌上生活”从 1.0 到 3.0 是第一阶段，核心是运营模式的重构、物理介质的迁移，从实体卡片走向“云”端建卡；从 4.0 到 5.0，开始形成“金融 + 生活”的场景结构。

逐个转变可以看到招行信用卡从线下走到线上的过程及变化，平台通过介入高频的线下交易场景，以支付环节作为连接点，让用户从线下向线上转移。并通过多样化的运营手段，包括补贴、优惠、生态圈互动等，提升用户黏性。

另外两家股份行的信用卡也有类似的发展路径。

2012 年，花旗与浦发合作到期后，派驻的高管也陆续撤离。2014 年，原浦发银行北京分行副行长刘显峰接任浦发信用卡中心总经理，由此开启了一系列战略调整。包括推出“合伙人”计划，借助社交关系链获客；50 多个信用卡产品无条件终身免年费；上线“浦大喜奔”信用卡专属 App 等。从功能上看，App 也是集合了信用卡的各项基础功能、交易、权益于一体，覆盖了衣、食、住、行、玩等场景。

中信信用卡则在对外合作方面更为积极主动。

2014 年 3 月 11 日，中信信用卡宣布了一系列新的合作计划，包括联合腾讯推出微信信用卡，并与阿里旗下支付宝合作发布淘宝异度卡。两张卡均是虚拟信用卡，合作保险公司均为众安在线财产保险。

与传统的信用卡不同，支付宝和微信上的实名用户可以通过现有支付宝或微信账号申请开通虚拟信用卡，省去填写各种资料的麻烦和烦琐的审批程序，即申即用，同时还能享受免年费的优惠和长达 50 天的免息期。

尽管两天后，这次虚拟的信用卡试水便跟二维码支付一起被叫停，但这也打开了一个新的思路，金融机构与金融科技公司联合运营客户和风控的方式逐渐成为趋势。

随着信用卡的发展重心往移动端迁移，“卡片”的形态越来越弱化，用户使用信用卡越来越频繁，但真正拿出卡片刷卡的次数却寥寥可数。

信用卡越来越后台化，产品的内涵和外延都发生了极大的变化。支付消费不再是唯一重要的功能，与生活场景的融合、客户的维护和运营开始占据越来越重要的分量。

除了招行的“掌上生活”和浦发的“浦大喜奔”，行业里相对活跃的信用卡 App 还有交行的“买单吧”、平安的“口袋银行”、广发的“发现精彩”、中信的“动卡空间”、光大的“阳光惠生活”、中行的“缤纷生活”、民生的“全民生活”、兴业的“好兴动”等。

从名称和定位上，信用卡 App 大都更接地气，更贴近生活场景。而从数据上看，这一时期，那些更快跟上互联网思维和发力线上渠道的信用卡都取得了跨越式的增长。

2016—2020 年

2016 年至今，在金融科技发展、零售金融复兴的当下，信用卡成为商业银行最重要的获客和营收来源之一。可以说，得信用卡者得零售，得零售者得未来。

信用卡的第二次“大爆发”带来了发卡量和活跃度的激增，但风险也很快显现出来，市场格局再一次出现新的分化。

信用卡进入存量时代，竞争的关键不在于发卡规模，更在发展方式和用户运营上。

下一个 10 年，中国的信用卡市场会走向何方?

二次爆发

消费金融的发展以及金融科技的应用深化，催生了互联网信贷市场的繁荣。

一时间，各种类信用卡产品层出不穷。例如，分期类的花呗、白条，现金类的微粒贷、借呗，都在很短的时间内打出了市场。尤其在年轻群体，更是占得用户心智和使用习惯上的优势。

以微粒贷为例，到 2017 年 8 月，这一款产品的余额便超过了 1000 亿元，而彼时距离这款产品上线不过 2 年时间。

这是什么概念呢？当时，上海银行、宁波银行等头部城商行的个人贷款规模也不过在 1000 亿元左右（包括个人房贷在内）。这意味着，微众——这家新型互联网银行，仅凭一款产品就超越了一些头部城商行历时 20 年所积累的零售规模。

同时期，蚂蚁金服旗下的花呗、借呗，同样增势迅猛。此外，还有一些围绕信用卡生态的“代偿”产品，同样风生水起。而这些“鲶鱼”的出现，给当时的包括信用卡在内的零售金融市场带去了极大的震撼。

市场环境和用户习惯的改变也让商业银行开始重新审视零售业务。2016年以来，越来越多的银行转而发力零售金融，而作为“大零售”的重要组成部分，信用卡也借势迎来一次爆发式增长，开启了第二次行业跃迁。

2017年，国内信用卡累计发卡量从前一年的4.65亿张猛增至5.88亿张，累计发卡量同比增长26.45%，高出同期借记卡增速18.9个基点，这也是近年来罕见的信用卡增速超过借记卡。

其中，工行、建行、招行三家累积发卡超过1亿张，先后迈入了信用卡的亿级俱乐部。而股份行中的平安银行、中信银行也增势迅猛，2017年新增发卡同比增长80%、70%。

从规模来看，自2010年起，国内信用卡信贷余额始终保持了20%以上的增速，从约0.5万亿增长至2017年年末的5.56万亿，2017年的增速更是高达37%，其在信贷总额中的占比也从不足1%提升至2017年年末的4.63%。

信用卡第二次爆发式增长的背后还有一个重要的行业背景是，受利率市场化、金融自由化的冲击，中国银行业的盈利能力出现大幅下滑，这也让银行更有动力加大包括信用卡在内的零售金融权重。

麦肯锡选取了中国40家颇具代表性的上市银行作为研究标的，2016年，它们的税前利润为18842亿元，经济利润为3335亿元，相比上一年经济利润下降33%。

通过分析这40家银行2016年的财报，这份报告得出了不少有意思的结论，比如，零售贷款组合占40家银行贷款33%，但创造的经济利润高达2214亿元，资本回报高达24.5%。

这也意味着，上市银行的“零售贷款占比越高，单位资产市值越高”。

结合中国的市场环境和国外的发展经验，麦肯锡也在报告的最后做出预判，未来5~10年，零售银行对于银行业的利润贡献会超过50%。而中国则具有发展零售金融的条件：人均收入增加、消费习惯改变以及金融科技的发展。

这种趋势性的转变在国有大行身上会格外明显。

作为一家为国家基础设施项目服务而生的商业银行，建行对公业务的投入和占比在相当长一段时间内都是远超个人板块的。但它从2014年开始发力个人信贷，并在2016年超越工行，成为国内最大的个人贷款银行。

后来，建行又提出“零售优先”的口号。进一步进军住房租赁市场，并进一步加大了信用卡、小微贷款等业务的发展力度。到 2017、2018 年建行新增贷款投向个人贷款的比重分别达到了 75% 和 80%。

伴随着信用卡行业第二次大爆发，市场格局也发生了微妙的变化：招行一骑绝尘，平安、浦发、中信势头凶猛，大行之中的建行快速崛起。在业务上，各家机构都开始大力拓展分期产品和现金产品，做大生息资产规模。

这时的信用卡中心已经与成立初期时的境况截然不同，不少银行的信用卡业务异军突起，甚至成为最重要的营收来源之一，也是大零售板块最核心的驱动引擎。

当然，这第二次行业“跃迁”引发了不少争议，也埋下了一些风险隐患。

存量时代

转折来得很快。

央行数据显示，从 2017 年三季度开始，信用卡行业发卡量增速陡然下降，从近 7% 的高位一路跌至 2019 年一季度的 0.63%，俨然从“盛夏”进入“寒冬”。

与之相对应的，信用卡资产规模增量从 2018 年开始进入下行通道。并且，信用卡的“不良”开始抬头，这其中有很大一部分因素是 P2P、现金贷等整治所导致的共债风险加速暴露的结果。

信用卡发展放缓，有观点认为，这是银行出于对风险的考虑及监管要求，主动放缓了新增发卡的动作，这当然是主要因素。而也有一种声音是，过去几年中国信用卡的市场渗透率本就被过于低估了。

过去十几年里，商业银行凭借国内巨大的市场空间实现信用卡业务迅猛增长，发卡量从 1.86 亿张增长至 9.7 亿张，增长了 4.2 倍；交易总额从 3.5 万亿元增长至 38.2 万亿元，增长超过 10 倍。

如果参考成熟市场的指标，按照人均持卡量看，我国的信用卡渗透率并不算高。央行数据显示，截至 2019 年四季度末，国内人均持有信用卡和借贷合一卡 0.53 张。

但被忽略的是，跟成熟市场（例如美国）相比，两地的人口结构是不同的（美国和中国的农业人口占比分别为 18%、41%）。并且，作为信用卡服务的主要人群，中国劳动年龄人口数量和比重已经连续 7 年出现双降。

此外，同一时期伴随着新金融的发展，各种消费金融产品、“类信用卡”产品层出不穷。这除了带来更充分的市场供给之外，还伴生的一个问题就是加剧了“共债”的可能性，因为这些体系外的产品没有进行“刚性扣减”[①]。

所以，这是一道并不复杂的算术题，作为分母的目标人群数量在萎缩的同时，作为分子的信用卡和“类信用卡”产品却在增加。加上银行本身所采取的收缩策略，行业内逐渐形成共识——信用卡的“存量时代”已经到来。

根据央行数据，截至2019年四季度末，信用卡和借贷合一卡新发卡0.45亿张，环比下降15.95%，这也是近3年来，信用卡市场第一次出现发卡量环比下降，也是历史上第一次环比降幅达到两位数。

当然，新金融对于信用卡的冲击不仅体现在发卡数量上，也在发展方式和服务模式上。

互联网头部平台依托场景和流量优势跨界布局，并快速渗透个人消费信贷业务。同时，这些互联网巨头通过线上线下的场景垄断，重塑了人们的支付习惯，使银行在支付场景中逐渐被后台化。

随着互联网彻底颠覆平台与客户的连接方式，以卡片为载体切入支付场景再衍生出其他金融服务的业务逻辑，在整个业务链条上的发展空间都被逐渐压缩。

换言之，以金融交易为核心的单一商业模式，已经难以留住客户并为他们创造更多的价值。而当线上流量红利消失，规模扩张的方式不再适用，当市场强敌环伺，用户基数不再是难以跨越“护城河”，信用卡的上半场已然终结。

“银行卡只是一个产品，App却是一个平台，承载了整个生态。”这是招商银行行长田惠宇在该行2018年财报中喊出的一句话。

在其他信用卡App上同样可见这一发展趋势，大量生活场景和功能被并入其中。因为，对于不少银行来说，信用卡App已经成为一个重要的获客入口，也是金融科技成果的展示窗口。

奇点已至

经历了两年的急速狂奔之后，中国的信用卡行业在2019年走到了拐点。

从上市银行的2019年报来看，信用卡市场的新增发卡大幅萎缩、交易规模增长放缓、资产质量明显下滑……信用卡业务之于银行的价值、定位也发生了一定的变化。

而从市场格局来看，工行、建行累积发卡量最大，招行则在交易规模、营

① 商业银行授信审批和额度调整时，要在本行核定的总授信额度基础上扣减申请人在他行已获累计信用卡的授信总额。

收、App 活跃度等方面一骑绝尘。平安、浦发、光大、中信银行等稳居第二梯队，而长沙、盛京、郑州等一批城商行则格外活跃，开始发力信用卡业务。

按照行业经验，信用卡的“不良”通常会在发卡 12~24 个月之后才进入爆发期。而 2020 年伊始，受新冠疫情影响的叠加，信用卡的资产质量无疑将承受更大的压力，有关信用卡危机的担忧也不绝于耳。

从 2019 年的年报数据来看，上市银行的信用卡“不良”普遍处于低位，但同比上升的速度却是过去 10 年的高位。其中不良率最高的民生、交行、浦发，分别为 2.48%、2.38%、2.3%。

更值得关注的是，当信用卡“不良”超过 2% 的分水岭，该业务的盈利空间也大打折扣，曾经追求的规模效应反而会成为负担。长此以往，必然会影响信用卡板块自身的良性发展，以及总行的投入力度。

到 2020 年，中国信用卡行业已经步入第 35 个年头，期间历经数次沉浮和变迁。如今再次走入发展的十字路口，它是会再次逆流而上、涅槃重生？还是困于现状、停滞不前？相信在不久的未来，我们便可以看到答案。

第十章

往何处去

现代化的过程，即便当它剥削和折磨我们的时候，也给我们带来了力量和想象，鞭策我们把握和面对现代化所带来的世界，并努力将它变成我们自己的世界。

——马歇尔·伯曼《一切坚固的东西都烟消云散了：现代性体验》

有伟大，也有失败，有荣耀，亦有彷徨。发展总是有代价的，而创新几乎必然意味着破坏性，这是我们无法逃避的宿命。在人类历史上，每一次对未知地带、对新生事物的探寻，总是伴随着新问题、新挑战的出现。既然选择了阳光，就要勇于面对阴影。

有阳光的地方，必有阴影。这才是真实世界的样子。

新金融本身是一个尚未定型的领域，监管规则有待完善，在其高速发展的过程中，既有艳阳高照，也有暗影重重。

我们有很多种理由为腾讯、阿里等科技巨头们感到骄傲，它们所提供的产品和服务改变了整个社会的面貌；同时，我们又必须警惕这些掌握了海量数据、坐拥数万亿元人民币市值的庞然大物，以防止它们变成“恶龙”。

这是一个绝对隐私正在消亡的世界。通过大数据、人工智能等技术，我们切实享受到了技术带来的便利，而交出的数据越多，往往获得便利也就越多，这就带来了个人信息保护的难题：如何确保这些信息的安全性与私密性？如何确保这些信息的使用是被允许的、是在有限范围内的？

在金融科技的推动下，数字普惠金融事业得到了快速发展，信贷服务开始覆盖那些原本从银行借不到钱的人。这类普惠金融业务的风险并不低，因此催收环节变得至关重要。然而，在中国，催收是一个既敏感又尴尬的行业。面对市场需求的爆发与监管规则的缺失，催收行业在野蛮生长之后遭遇反噬。

发展总是有代价的，而创新几乎必然意味着破坏性，这是我们无法逃避的宿命。在人类历史上，每一次对未知地带、对新生事物的探寻，都伴随着新问题、新挑战的出现。

既然选择了阳光，就要勇于面对阴影。

BigTech：世纪性监管难题

这个世界被移动互联网改变了太多太多。

今天，大部分中国人都很难离开腾讯公司的微信，也很难不去使用阿里巴巴公司的淘宝。

在欧美国家同样如此。Facebook、亚马逊、谷歌，也在大部分人生活中扮演着不可或缺的角色。

事实上，手机主宰了我们的生活，科技巨头主宰了手机。巨头们所建造的数字王国，有着数以亿计乃至十亿计的居民，深深影响着我们的日常生活。

在人类历史上，还从未出现过规模和影响力如此庞大的企业组织。

如何看待科技巨头对人类社会的影响，如何通过合理适度的监管去制衡和引导它们？这便是近年来广受关注的重大议题——BigTech。

在国外，BigTech 并非新词，而是对 FAAMG（Facebook、亚马逊、苹果、微软和谷歌）这类科技巨头的统称。近年来，随着科技巨头不断涉足金融行业，BigTech 演变成了一个具有特定意义的名词。

当科技巨头跨界进入金融行业，BigTech 所引发的争议与挑战就更突出了。

中国 BigTech 的金融版图

与欧美发达国家相比，中国的金融市场发展相对滞后，尤其是面向个人和小微企业的金融服务，存在大量的空白地带。

这可以解释，为何国外的 BigTech 们在金融领域的布局，远远不及阿里、腾讯等中国科技巨头。

诸如欧美国家的信用卡支付高度发达，信用卡普及率高，用卡也比国内要简单，因此移动支付并不是一个突出的痛点，也就很难产生支付宝、微信支付这样的超级应用。

因此，如果说在欧美，人们更关注 BigTech 对公共政策的影响，那么在国内，BigTech 对金融领域的影响及其挑战显得更为迫切。

到目前为止，阿里巴巴（蚂蚁金服）控股了支付宝、天弘基金、国泰产险，以及多家小贷公司、保险代理公司、基金销售公司等，同时是网商银行与信美相互保险第一大股东，参股了众安保险、中金公司和华泰证券，并具有商业保理、企业征信等业务资质。

腾讯控股了财付通（微信支付）、财付通小贷、腾安基金销售和微民保险代理等，也是微众银行第一大股东，同时还参股了中金公司、和泰人寿、众安保险和好买财富。

百度（度小满金融）控制了度小满支付、百盈基金销售、联保龙江保险经纪以及多家小贷公司，是百信银行第一大股东，拥有企业征信牌照，是哈银消金第二大股东，但在证券、保险领域尚无斩获。

京东拥有支付、基金销售、保险经纪、小贷、企业征信和保理等牌照，是京东安联财险的第二大股东。

苏宁集团持有苏宁银行 30% 股份，并持有苏宁消费金融公司 49% 股份。同时，苏宁金服持有第三方支付、网络小贷、基金销售和保险销售等牌照。

在上述 BigTech 当中，腾讯和阿里的支付、理财和信贷等业务影响极大，具有显著的系统重要性。

尽管苏宁的金融业务影响力有限，不过这家公司有着相对鲜明的产业背景，所以在 2018 年 5 月，苏宁与蚂蚁金服率先被纳入金控模拟监管试点。

一个国际性问题

科技公司在业务上具有跨地域的特征，尤其是美国的科技公司在全球大部分国家都占据了主导地位，因此 BigTech 很大程度上是一个国际性问题。

2018 年年底，国际货币基金组织（IMF）和国际清算银行（BIS）发表了《金融大科技公司与公共政策挑战》（*BigTech in Finance and the Challenge to Public policy*）报告，主要强调 BigTech 的发展对公共政策的影响。

这份报告指出，具有成熟用户网络的 BigTech 正在挑战传统金融。从支付业务开始，它们的势力范围已经扩展到信贷、保险乃至财富管理领域，由此引发了有关竞争、金融包容性、数据保护和金融稳定等诸多方面的问题。

2019 年 2 月 14 日，金融稳定理事会（FSB）发表了《金融科技和金融服务市场结构：市场发展和潜在的金融稳定影响》（*Fintech and Market Structure in Financial Services：Market Developments and Potential Financial Stability Implications*）研究报告，重点探讨了 BigTech 对金融市场的影响。

该报告的主要观点是，BigTech 的诸多竞争优势决定了它们往往会带来垄断，从而影响金融稳定，对此监管部门应当给予更多关注。

BigTech 对市场竞争的影响可能比金融科技公司要大。BigTech 往往拥有大规模的用户群体，并且广受认可和信任。在许多情况下，凭借数据优势，以及强大的财务状况和低成本的融资渠道，BigTech 可以很快在金融服务领域实现规模化。

交叉补贴可以让 BigTech 以较低的利润率运营，并获得更大的市场份额。因此，尽管 BigTech 短期内会加剧市场竞争，但在某些情况下，长期来看并不一定会让竞争更充分。一个显著的例子是中国的移动支付市场，两家公司便占据了整个市场的 94%。

市场参与者对技术的获取可能是不平衡的。BigTech 往往同时拥有最新的技术和足够的资金去应用创新，这可能会给他们带来竞争优势。

由于金融科技整体规模比较小，因此其对金融稳定的影响通常被认为是较小的。不过，随着 BigTech 的深入参与，这种情况可能会迅速改变。

2019 年 12 月 9 日，FSB 再次发表报告《金融领域的 BigTech：市场发展和潜在的金融稳定性影响》（*BigTech in Finance: Market Developments and Potential Financial Stability Implications*）。

在这份报告中，FSB 指出，BigTech 进入金融领域可以带来许多好处，比如在金融服务中提供更大的创新、多元化和效率提升潜力。此外，BigTech 提供的金融服务还可以促进金融普惠，为中小企业提供金融服务渠道，在新兴市场和发展中经济体中尤其如此。

FSB 提到，BigTech 也可能对金融稳定构成风险，它们的某些风险与金融公司的风险相似，例如杠杆、期限转换和流动性不匹配以及其他运营风险。BigTech 拥有大量的资源和用户数据访问渠道，能够通过网络效应迅速扩张。但是，未来少数企业可能因此在金融服务中占据垄断地位，影响金融科技的多样化发展。

基于此，FSB 认为，政策制定者未来必定会面临很多额外的金融监管挑战。

监管警惕赢者通吃

与国外同行相比，以阿里巴巴为代表的中国科技巨头，很早就涉足了金融业务，也因此中国金融监管部门对 BigTech 议题的关注更早、更前沿。

BigTech 第一次在国内被公开报道，也是央行官员推动的结果。在 2018 年 11 月举行的一场金融科技峰会上，央行国际司司长朱隽和央行研究局局长徐忠同时就 BigTech 发表主题演讲，很快令 BigTech 成为热词。

在当时的演讲中，朱隽和徐忠均强调，BigTech 提高了金融体系效率，但也带来了不公平监管和监管套利现象，对金融稳定提出了挑战，因而需要进一步重视对 BigTech 的监管。

朱隽提到，BigTech 凭借技术优势和品牌效应吸引了大量客户，一方面为金融创新和金融发展提供了机遇，引入了竞争，提高了金融体系的效率，另一方面，也对传统金融体系的发展带来了冲击和挑战。监管当局在竞争与公平、效益和创新方面面临一系列的权衡。

“BigTech 一般实行混业经营，个别公司已经具备控股集团特征，增加了跨风险、跨市场、跨领域传播的可能性。如果这些企业长期游离在监管之外，也不受金融安全网保护，一旦出现问题，将会产生巨大的影响。”朱隽说。

徐忠的观点是，BigTech 涉足金融领域，一方面与其在平台、技术、客户和数据方面的优势有关，另外也与受到的监管比较宽松有关。在支付、资产管理等领域，BigTech 可能与金融机构形成一定的竞争关系，并可能因为监管标准的不统一而享有不平等、不公平的竞争优势。

对此，徐忠建议，对 BigTech 金融业务监管应实时介入，以避免相关风险从小到不值得关注演变到大而不能忽视，甚至大而不能倒。

2019 年 7 月，央行前行长周小川在《中国金融》杂志上发表了一篇署名文章，重点阐述了他对 BigTech 的看法，引起了较大反响。

周小川的主要观点是，由于网络效应的存在，BigTech 往往赢者通吃，这会导致竞争的方式发生巨大变化，监管部门要防范和应对赢者通吃的负面影响。

周小川认为，只有通过公平竞争下的优胜劣汰，才能让整个社会经济收益最大化。对此可借用 WTO 关于反补贴、反倾销的理念，对市场竞争秩序和定价机制进行必要的管理。

金控监管影响几何

针对大量涉足金融业务的 BigTech，央行着手将其纳入金融控股公司的监督管理范畴。

2019 年 7 月，央行公布了《金融控股公司监督管理试行办法（征求意见稿）》

（简称《办法》）。

根据《办法》，非金融企业、自然人实质控制两个或两个以上不同类型金融机构，并且达到一定体量就应当设立金控公司；如果体量不够，以宏观审慎监管的名义，央行亦可以要求设立。

对 BigTech 而言，如果金融业务情况符合设立金控公司的要求，要么申请金控牌照纳入监管，要么减持或者退出相关金融机构。目前来看，蚂蚁金服设立金控集团几乎板上钉钉。

在监管机制上，央行依法对金控公司实施监管，审查批准金控公司的设立、变更、终止以及业务范围；银保监会和证监会依法对金控公司所控股金融机构实施监管；财政部负责金控公司财务制度管理。

这一体制整体类似于美国的伞形监管制度，即由美联储对金控公司进行监管，子公司则按照业务类型分别接受货币监理署、证券交易委员会、州保险厅等的功能监管。

纵观《办法》全文，其核心在于第五条所述的监管理念和原则：中国人民银行会同相关部门按照实质重于形式原则，对金融控股集团的资本、行为及风险进行全面、持续、穿透监管，防范金融风险跨行业、跨市场传递。

基于上述原则，《办法》从资本金来源、股权结构、并表管理、风险管理和关联交易等方面进行了规定。

在设立金控之后，BigTech 就可以更加名正言顺地介入金融行业，这有利于规范发挥协同效应。

《办法》指出，金融控股公司与其所控股机构之间、其所控股机构之间可以共享客户信息、销售团队、信息技术系统、运营后台、营业场所等资源，发挥协同效应。

与此同时，《办法》要求，在开展业务协同时，金融控股公司、其所控股机构应当依法以合同等形式明确风险承担主体，防止风险责任不清、交叉传染及利益冲突。

针对 BigTech，央行在《办法》中留了“小心机”。

第十一条，金融控股公司的控股股东或实际控制人不得存在以下情形：（三）滥用市场垄断地位或者技术优势开展不正当竞争。

第四十七条，金融控股公司对所控股金融机构、金融控股集团造成重大风险，并可能影响金融稳定、严重扰乱金融秩序、损害公众利益的，央行可以区别情形，对金融控股公司采取下列处置措施：（七）必要时提请国务院反垄断部门启动反垄断调查，依法作出处理决定。

这两条放在一起，可以看到监管部门对 BigTech 凭借技术优势赢者通吃的警惕，乃至将反垄断这一“大杀器”纳入了工具箱。这正是央行前行长周小川所呼吁的政策手段。

总而言之，这份征求意见稿整体符合市场预期，短期内不会对蚂蚁金服、腾讯等 BigTech 的金融业务造成显著影响。毕竟，此前从支付、理财到信贷等业务，一系列的强监管措施纷纷落地。

更重要的是，既然监管套利时代一去不复返，金融强监管木已成舟，那么有规则一定比没规则强，成文规则一定比不成文规则强。比起没完没了的窗口指导和现场检查，制度化、常态化的监管是一个更优的情形。

从另一个角度来看，金控监管办法的出台，意味着民营、互联网金控被正式肯定，虽然短期会有整顿和阵痛，长期而言，新兴的金控正规军将登上历史舞台，与老牌金控巨头同台竞技。

数据行业覆灭记

我们真的有隐私吗？

在回答这个问题之前，不妨想一想，除了一些公共部门，腾讯和阿里等互联网巨头对你的了解，是不是到了毛骨悚然的地步？

从通信、网购、旅行、外卖、网约车到扫码支付，这些年你在互联网上留下了多少个人信息？直观来说，你的微信数据占据了多少手机存储空间？你在淘宝、京东上的购物记录，你在滴滴上的打车记录，又有多少条？

每个人可能都遇到过这样的情形：当你在一家现金贷平台进行了手机注册，接下来几天里你很可能会收到其他多家现金贷平台的骚扰短信，无论怎么发送“N”或“TD”都退订不了，并且隔一阵子就会来“骚扰”你；一些你早已卸载的社交 App 或者生日提醒 App，突然有一天通过短信提醒你，又有好友给你发送私信或者送花，并且直接显示这些好友的姓名。

可以说，中国新金融市场在短期内的迅猛发展，一定程度上是以牺牲用户隐私为代价的。

随着近年来互联网数据监管的不断加强，所谓的数据红利，也到了行将就木之际。在此过程中，我们见证了第三方数据行业的崛起与陨落。

据央视网报道，2019 年 11 月，江苏淮安警方依法打击了 7 家涉嫌侵犯公民个人信息犯罪的公司。其中，2015 年 3 月以来，北京考拉征信公司非法提供查询返照 9800 余万次，获利 3800 余万元，警方在公司服务器中查获并收缴被非法获取并存储的公民姓名、身份证号、照片近 1 亿条。

海量信息泄露的背后，是一整条完整的个人信息挖掘、收集、交易、利用的产业链，以及其所带来的巨大利益诱惑。

在这条产业链上，公民个人信息被称为“流量”，可以随意被打包倒买倒卖，甚至一个普通员工的电脑里都可以存储几万人的隐私信息。而一条包含了用户姓名、身份证号、住址、电话、银行卡号等个人信息的“流量”，价格只有几毛钱。

此前，公安部通报“净网 2019”专项行动工作情况及典型案例时也提到，专项行动的成果之一是捣毁了一批为“套路贷”提供技术、数据服务的科技公司。据财新报道，涉案的部分大数据服务商分别为新颜科技、聚信立、信川科技、魔蝎科技。

相比与 C 端与用户直接接触的贷款平台，这些公司的名字可能并不为大众所知，但他们所掌握的数据库和客户数量远超过我们的想象。

在过去几年时间里，伴随着互联网贷款行业的快速发展，他们以低廉的成本获取用户信息，再通过各种方式变现获得了超额利润，同时也裹挟了大量资本，顶着“科技”的光环一往无前。

如今，这场残暴的欢愉，终将以残暴终结。但在一地鸡毛之外，这个行业值得一场更全面的反思。

风口之上

时间回到 2013 年，时任阿里巴巴集团安全部技术总监将离职创业的消息一经传出，投资圈便开始躁动。因为，“2013”“阿里巴巴”“互联网金融”这几个关键词凑在一起，一个标签呼之欲出——独角兽。

那一年，余额宝问世，P2P 崛起，移动支付普及，在阿里系的离职创业大军中，互联网金融成为一个重要领域。那一年，何俊创办了铜板街，钱志龙试水爱学贷，被 IDG 紧盯的李治国出任挖财 CEO，这些创业公司无一例外都成了资本追逐的对象。

而蒋韬带着几乎是全“阿里巴巴”的班底创立同盾科技，无异于手握一张天使轮融资百万美元起步的底牌。风口之下，形势一片大好。同盾科技产品总监祝伟当时刚刚升职拿到阿里巴巴的期权，还没捂热乎就转头加入了蒋韬的创业团队。

华创资本的当家人吴海燕在与蒋韬见面后迅速敲定了这笔投资，并为蒋韬介绍了第一个客户。IDG 资本也参与了投资，天使轮的融资规模便在千万级人民币。资本、团队、项目逐一到手，而这一切发生时蒋韬离职不过才 1 个月。

当然，并非所有的创业者都这般幸运。

同样是 2013 年下半年，罗皓在结束了一场为期一年零七个月的创业后，注册了上海诚数信息科技有限公司，也就是后来我们熟知的“聚信立”。见完了一波又一波的投资人后，他终于拿到了 100 万元的启动资金，而等这笔钱到账已是 2014 年年中的时候了。

如蒋韬般幸运也好，如罗皓般不易也罢，在 2013 年前后，一大批数据公司如雨后春笋般涌现。但在互联网金融刚刚萌芽的初期，在数据市场还处于一片混沌的时候，这些探路者的进程并不顺利。

当时，国外已经出现 Sift Science、 Signifyd 等利用大数据反欺诈的公司，其主要的客户是电商，通过设计反欺诈监测模型，帮助电商平台及其他公司监测虚假账户、虚假支付记录、低俗内容等，以减少损失。

最初，蒋韬想要复制这个路径，通过 SaaS① 服务先切入电商、支付市场。但当时线下收单企业没有风控需求，线上支付主要被巨头垄断，而这些大公司都有风控部门，会依据自己的数据做评分、建模，并不会选择与外部公司合作，因此同盾科技不得不转而寻找其他方向。

事实上不只是同盾科技，罗皓此前已经在大数据领域有过一次失败的创业经历。当时那个项目主要是为用户提供微博的精准营销，但这一领域对于数据量级有着较高的要求，再加上社交数据壁垒高，客户很难将其交给第三方，清洗挖掘难度也很大，最终他不得不关停项目。

与数据公司们在诸多领域艰难探索相对应的是，P2P 行业以一种近乎野蛮的速度开始崛起。

据前瞻产业研究院发布的《2016—2021 年中国 P2P 行业市场前瞻与投资战略规划分析报告》数据统计，从 2013 年到 2015 年，中国市场上 P2P 网贷平

---

①SaaS 是英文Soft as a Service（软件即服务）的简写。SaaS 并不是指代一个行业或者一种技术，它是一种2B 的专业型软件租赁使用模式。

台数量就从 800 家增长至 2595 家，累计交易规模超过 1.4 万亿元。而从业务逻辑来看，网贷业务与数据业务有着天然的契合。

在这样一个急速扩张的市场里，大部分 P2P 网贷平台的数据能力、风控能力却极为薄弱。因为 P2P 网贷平台无法获得央行征信数据，若要大规模展业，必须依赖第三方大数据辅助做风控。而这无形间也为同盾科技、聚信立这样的公司创造了巨大的市场机会。

“爬虫”崛起

2015 年年初，聚信立发布了一款新产品，标志着公司彻底放弃在社交等其他领域的数据服务探索，转而专注于互联网消费金融领域。

在该产品发布的同时，罗皓骄傲地向媒体宣布，在过去一年多时间里，该产品将数据分析的维度从 50 个扩展至 5000 多个，授权获取的网站超过 100 个，接入数据接口增加到 80 个。

在今天看来，“爬虫”技术是个人信息泄露的罪魁祸首，但在当时它却是炙手可热的“宝贝”。作为一种诞生已久的互联网技术，它帮助这些数据公司以最低的技术门槛和最低的成本迅速拓展数据源。

而对于第三方数据公司，数据是一切商业模式的起点——没有足够的数据就无法建立起有效的模型，而模型的效果不好就无法吸引更多客户使用服务，没有数据源的扩充也就进一步丧失完善模型的可能。如此，环环相扣。

这也成为科技公司提供后续服务的起源。

为了加快数据沉淀，不同公司都有一套自己的方法论。具体来看，聚信立通过 B 端合作来驱动 C 端主动授权提供个人信息。方法也很简单，他们与大量的网贷平台、小贷公司等合作，当后者接到贷款申请时，他们会要求用户提供一份由聚信立提供的信用评估报告。

C 端客户在聚信立平台填写完三要素[①]后，聚信立对用户授权后的信息进行整合清洗，并将非标准化信息转为标准化，最终形成对借款人的综合评估。

杭州信川科技有限公司[②]运营的产品“数聚魔盒”路径也类似，他们在早期通过免费的方式大量拓展 B 端平台，“认可效果再付费”是他们快速发展的重要战略之一。

---

① 实名验证的三要素：姓名、身份证号码、手机号。

② 同盾科技的子公司。

算法的上限是数据，如果一家公司只是依赖自己的数据去做分析，不管多牛的团队和算法，它的效果都是有上限的。也正因为如此，数据公司不得不想尽办法拓展自己的数据来源，甚至不惜游走于法律的灰色地带。

在当时，这是一个看起来“三赢”的生意，借款人获得了资金，平台有效控制了风险，第三方数据公司获得了数据，甚至看起来没有任何不合规——数据公司在爬取数据之前先获得了用户的授权。

但是，当用户交出个人信息、数据公司以极低的成本聚拢了海量数据之后，隐患便已经埋下。只是在市场发展早期，一切规则都尚未成型，互联网贷款市场的急速扩张、资本市场的加速涌入，使得市场参与者都来不及多想。

公开信息显示，截至 2015 年 10 月，同盾科技累计服务客户超 2000 家，这一数字在一年之后便增长至 5000 家。在数据调取上，同盾科技每天的数据被调取量约为 3000 万，其中信贷业务平均每天约 500 万笔。

也是在 2015 年，同盾科技完成 B 轮 3000 万美元融资。

鲜花簇锦

高歌猛进的互联网贷款行业也将数据公司带入了发展的高峰。

2016 年年初，时任 51 信用卡 CTO 的周江翔离职，随后便创办了魔蝎科技；天翼征信前副总经理黄向前也离开供职多年的“电信系”金融科技公司，出任新颜科技 CEO；在银行体系内有着丰富技术研发经验的杨攸斌也“下海”创办了白骑士科技公司。

越来越多有着专业背景和光鲜履历的创业者扎进了数据行业。

这种现象的出现并非偶然。2016 年，尽管 P2P 网贷平台增速有所放缓，但现金贷平台汹涌。数据显示，这一年国内现金贷平台数量有千家，放贷规模已达万亿元量级，这是一个比 P2P 还要野蛮的领域。一个更直观的例子是，仅二三四五这一家互联网平台在 2016 年的放贷金额就增长了 20 倍。

而每一家平台，从获客到风控再到催收，都需要“数据”的支持，而频繁的数据调取、使用，让数据公司赚得盆满钵满。

新流财经曾披露一份文件，同盾科技在 2016 年的付费调用量已经达到 4.99 亿次，这一数据在 2017 年攀升至 18.08 亿次，到 2018 年进一步增长至惊人的 22.87 亿次。与此同时，单次调用的价格也水涨船高，从 2016 年的 0.09 元 / 次增长至 2018 年的 0.21 元 / 次。

事实上，经历了前几年的发展，此时的数据公司们已经形成了完整的底层

数据 + 产品服务 + 增值服务的业务链，可以为现金贷平台提供从基础数据到创新产品的全流程服务，需求如井喷般涌现。

以聚信立为例，当时它的爬虫接口可授权爬取总计 1200 家网站，覆盖所有电商网站、90% 以上的公积金网站、主流保险网站，涵盖央行征信、运营商数据、学历学籍、信用卡账单、电商数据等信息。

由于现金贷平台无法接入央行征信，当然它们获得征信报告的意义也并不大，因为其覆盖的用户大多缺乏在传统金融机构的信贷记录，那么只能通过其他渠道的数据来甄别是否有欺诈风险、共债风险。

在这样的背景之下，第三方数据公司所扮演的角色已然发生了转变。如果说之前它们更多是扮演金融“外包”的角色，那么在建立了一定的客户和数据基础后，它们无形间成为互联网贷款市场中隐形的“征信”中心，或者说信息共享中心。

由于覆盖的群体特殊，连不少持牌金融机构都开始寻求合作。

末路狂欢

上帝欲使人灭亡，必先使其疯狂。

2017 年下半年开启的现金贷整治不仅没有让这些数据公司及时收手，还让它们随着现金贷行业开始了“最后的狂欢”。

“只要有人还在借钱，就会有数据需求，而且行业越是收紧、风控越是严格，头部数据公司的生意也就越好。”一个从业者朋友如是感慨道。在巨大的利益面前，不少数据公司都选择最后收割一把。

2017 年年中，魔蝎科技便被媒体曝出，其开发的“同业爬虫”产品直接将其他现金贷平台的放款额和风控数据爬出来，手段太过野蛮。当时魔蝎科技 COO 张俊九在内部信中表示：“未来 2 个月，我们将逐渐关停爬虫业务，同时会启动向已签约客户的赔偿机制。”

然而，事后证明，魔蝎科技的爬虫业务并未关停，反而变本加厉。

当时的现金贷行业已经陷入疯狂，“714 高炮”① 等超利贷产品屡禁不止。为了在最短时间内收割最大的利润，一些现金贷平台疯狂到只要拿到运营商报告（通话详单），能够保证催收，就可以放款。

---

①“714 高炮”是一种非法借款业务，期限极短，通常为 7 天、14 天，同时成本极高，“高炮”是指其高额的砍头息及逾期费用。

前述被调查的考拉征信，更是牵出了一条由数据公司主导的黑产链条——考拉征信从上游公司获取接口后，将查询接口出售，非法缓存公民个人信息，供下游公司查询牟利。

而更令人发指的是，这些上下游的公司不仅通过贩卖信息获利，还经营现金贷平台，利用手上掌握的个人信息进行贷款推销、软暴力催收。

从某个角度来看，第三方数据服务本身就是一个生于灰色地带的边缘产业。一部分业务长在阳光下，不断获得资本的浇灌，向人们描绘着这个行业未来会开出灿烂的花、结出诱人的果。但另一部分业务却潜藏在地底，不断在法律和道德边缘试探。

这场践踏了法律与道德底线的狂欢，终究不可持续。

2017 年，徐玉玉案发，开始引起全社会对于信息泄露的高度关注。

一个女大学生接到了为她“量身定制”的诈骗电话，以教育部门下发奖学金为借口被骗走了全部学费。当晚，在报案后回家的路上，徐玉玉突然晕厥，不治身亡。此事掀起了一场关于数据行业的挞伐。

从 2017 年年中开始，中央网信办、工信部、公安部和国家标准委等部门就开始密集合作，针对国内大数据行业野蛮生长中的各种乱象展开各种行动，先后将 30 家大数据风控平台列入调查，其中就包括新三板上市公司数据堂。

调查结果显示，在 8 个月内，涉案公司日均传输公民个人信息 1 亿 3 千万余条，累计传输数据压缩后约为 4000GB，公民个人信息达数百亿条，数据量巨大。

进入 2018 年以后，重点垂直行业的数据监管力度进一步提升。尤其是新金融领域，包括个人征信试点机构、上市公司等都屡屡受到波及。2018 年 11 月，针对大数据行业乱象，监管再次带走大量从业者调查。

眼下，数据行业迎来第三轮整治。杭州、北京、深圳等地全面排查数据公司，央行、最高人民法院、最高人民检察院等各部委接连下发打击套路贷、加强个人信息数据保护等文件，连助贷、催收等业务链上的各个环节都被严查。

拷问未来

数据行业戴上“紧箍咒”。

2019 年年中，国家互联网信息办公室发布《数据安全管理办法（征求意见稿）》，文件系统地规定了网络运营者数据收集、数据处理使用、数据安全监督管理等覆盖数据全生命周期的综合合规要求，以及强制捆绑授权、网络爬虫等新型数据安全问题。

随后，《信息安全技术移动互联网应用程序（App）收集个人信息基本规范》最新版草案则对于网络支付、金融借贷等部分服务类型所需最小必要信息进行完善，内容包括不应强制读取用户的通讯录；仅用于实现用户借贷历史查询和处理用户纠纷的使用要求下，可收集借贷交易记录等。

数据行业的野蛮生长，就此画上休止符，但由此引发的风暴却远未停止。

按照这个逻辑，不只是独立的第三方数据公司，所有自身不产生数据（而又高度依赖数据）的商业模式可能都将面临艰难的处境。比如，金融科技公司、人工智能公司等没有数据的持续"喂养"，如何迭代各种模型？

所以，长期来看，这一次数据行业的"地震"，所波及的范围可能比想象中要广得多。在缺少了上游数据服务商以及其所提供的"白名单""黑名单"等服务之后，首当其冲的当然是那些缺乏风控能力的贷款平台。

此外，如果仔细查看这些数据公司的合作伙伴名单就会发现，它们的合作对象早已不止于现金贷、P2P 网贷平台，消费金融公司甚至全国性银行都在名单之列。事实上，已有持牌金融机构因供应商突然中止提供数据服务而暂停放款。

数据行业的陨落揭开了过去几年新金融、新经济盛景的另一面：通过在灰色地带的试探催生了繁荣，牺牲隐私交换了便捷的体验。而结果就是，发展越快、风口越盛，所引发的混乱和失控也就越触目惊心。

一切的进步，都应该在底线之上，否则这些进步很可能会将我们引向更加黑暗、更加失控的未来。

催收行业何去何从

金融就是经营风险，有风险就有坏账，有坏账就有催收。所以，催收是金融行业必不可少的一个环节。

无视催收会带来极其恶劣的外部性——纵容失信者，这将恶化金融市场的土壤，因为坏人会更加肆无忌惮。

建设一个强大且规范的催收行业，不仅是减少金融损失、提高金融行业利润率的需要，也是强化信用意识、净化市场环境的需要——这对中国金融市场的长远发展具有深远意义。

有个比喻很贴切，催收就像排水系统。在车水马龙、灯红酒绿的背后，离不开排水系统，这也是衡量一个城市治理水平的重要标尺。

在国内，许多城市基建大跃进，地铁、高架建个不停，但是对地底之下的排水系统缺乏重视，一到降雨量多的时候，下水道就会掉链子。

这像极了催收行业的悲催命运。我们的金融体系不断膨胀，资产负债表越来越漂亮，国有大行在国际名列前茅，但是催收行业却被高度边缘化，根本上不了台面。

在国民经济行业分类里，催收行业甚至没有姓名，被归入其他行业。

无名分必然无规则，也就乱象丛生。尤其在互联网消费金融兴起之后，催收行业进入野蛮生长，多次引发舆论炮轰，最终在现金贷整治大潮中被严打，全行业遭受重创。

催收行业何去何从，也是留给监管部门的挑战。

没有姓名的行业

在金融领域，不良资产的产生是必然的，要处理这些坏账，催收是一种常见手段。

尽管金融机构都有自己的贷后管理团队，但是鉴于催收业务的复杂性，出于成本和管理等方面的考虑，它们通常需要与第三方催收机构合作，尤其那些逾期时间比较长的坏账。

随着我国金融业的迅速扩张，累积的不良资产越来越庞大，推动催收行业快速发展起来。尤其是信用卡业务和消费信贷的发展，给催收行业创造了巨大的生存空间。

银保监会数据显示，截至 2019 年第四季度末，我国银行业金融机构本外币资产 290.0 万亿元，同比增长 8.1%；商业银行不良贷款余额 2.41 万亿元，较上季度末增加 463 亿元。

在银行体系之外，还有成千上万家的小贷公司、担保公司、保理公司等非银机构，它们的业务更加下沉，因此坏账风险更高，也就更离不开催收。

既然催收如此重要，催收市场如此庞大，那么我国催收行业现状如何呢？

很遗憾，直到目前为止，我国不存在以催收命名的机构，这个行业并没有得到官方的正式认可。催收机构多以商务咨询、信息科技、服务外包等名称存在。

根据国家统计局 2019 年最新公布的《国民经济行业分类》（GB/T4754–2017），这份长达 222 页的文档里，压根找不到“催收”二字。在实践中，催收行业一般被归类为第 72 大类中的第 7299 项“其他未列明商务服务业”。

这是催收行业之所以如此悲催的根本原因。既然连名分都没有，也就没有正式的监管部门，没有成文的法律法规。当需求爆发之后，这个行业必然走向无序的野蛮生长，悲剧命运也就在所难免。

由于缺乏官方统计数据，从公开资料来看，目前全国市场上约有数千家各式各样的催收机构，从业者至少数十万人。

在遭遇监管严打之前，催收行业的处境就很不妙。谈及催收，很多人的第一印象，或许是光头、文身、金链子，由此联想到恐吓、暴力、涉黑……

人们甚至压根没有将催收视为金融行业的一部分，至于催收从业人员，更是无法享受到其他金融岗位所获得的社会地位及收入水平。

除了无名分、无监管，这个行业的悲惨之处还在于，长期以来中国金融业过度依赖贷前和贷中风控，但对于贷后风控以及催收的重视力度还远远不够。

久而久之，从业者素质参差不齐、手段粗放、效率低下成为普遍存在的问题，过度催收乃至暴力催收并不鲜见，催收变成了金融领域不可细说的敏感地带。

自作孽，不可活

催收行业的大爆发，要归功于过去几年互联网金融的发展，从 P2P、校园贷到现金贷相继爆发，催收行业迅速膨胀起来。

这些互金平台主要面向信用资质较差的客群，因此坏账率高企；与此同时，它们大多没有金融牌照，缺乏强有力的法律保护，对借款人的威慑力远不及银行等金融机构，这进一步加剧了坏账压力。

在此背景下，互金平台高度依赖催收机构。某种意义上，它们需要通过催收弥补风控的粗糙，催收在整个风控中扮演着至关重要的角色。

于是，互金行业与催收行业，两个同样缺乏名分、缺乏监管的行业紧密联结在了一起，造成了更可怕的乱象。

从 2016 年以来，关于暴力催收的新闻屡见不鲜，而且往往伴随着大学生、自杀等关键词，一次又一次在社会上引起公愤。

如此触目惊心，必然天怒人怨。可以预期的是，监管严打接踵而至。

2017 年 4 月，银监会发布《关于银行业风险防控工作的指导意见》，要求做好“现金贷”业务活动的清理整顿工作，严格执行最高人民法院关于民间借贷利率的有关规定，不得违法高利放贷及暴力催收。

2017 年 6 月，银监会、教育部、人力资源社会保障部联合印发《关于进一步加强校园贷规范管理工作的通知》，其中提到：对涉嫌暴力催收等严重违法违规行为的，移交公安、司法机关依法追究刑事责任。

在2018年中央发起“扫黑除恶”之后，公安机关大举介入，真正的暴风雨降临了。

2018年5月，银保监会、公安部、市场监管总局、中国人民银行联合发布《关于规范民间借贷行为 维护经济金融秩序有关事项的通知》，明确要求：严厉打击以故意伤害、非法拘禁、侮辱、恐吓、威胁、骚扰等非法手段催收贷款。

此后，围绕“暴力催收”的一系列整顿行动不断升级，各地不断传出有催收公司被一锅端。这场行动一直延续并贯穿了整个2019年，其中一个标志性事件是，10月22日，港股上市的51信用卡被曝因委托外包催收公司使用软暴力手段催收债务而被警方调查。

经过2018—2019年的整肃，催收行业基本半死不活，从业者噤若寒蝉，原本常用的杀手锏——轰炸通讯录、P图恐吓等手段均被明令禁止，这也直接影响了互金行业的坏账率与盈利状况。

只不过，这种运动式的严打，治标不治本。毕竟，金融业还是离不开催收这一环。

这时候，另一种极端情形出现了。

反催收趁火打劫

既然催收行业被有关部门摁住了，一个为逃废债而生的特殊行当兴起了——反催收。

近年来，随着互联网金融整治的持续加码，新金融机构的发展环境日益恶化，催收环节更是遭受重创。

“趁你病要你命”，有组织、有体系的反催收势力趁机崛起。一条灰色的反催收产业链随之形成，乃至吸引了一些原来的催收从业者加入。

这些反催收组织获客有道，充分利用微博、抖音、快手和闲鱼等平台，以各式各样的手段触达潜在用户。而所谓的智能算法推荐，大大提高了他们的获客效率。

在反催收组织的教唆和引导下，越来越多的借款人走上了恶意违约之路，反催收组织则从中收取服务费以牟取暴利。

比如他们会故意激怒催收人员，以“钓鱼”方式获取不当催收的证据，并利用第三方投诉平台，动辄扣上套路贷、暴力催收等帽子聚众造势，再加上某些自媒体的煽风点火，新金融机构损失惨重却有苦难言。

面对这些反催收组织，新金融机构很难有什么强有力的反制措施。毕竟，监管部门和社会舆论，往往不会站在他们那一边，而是偏向看似弱势的借款人。

雪上加霜的是，此次新冠疫情又给反催收组织带来了新的抓手。

2020 年 1 月 31 日，中国人民银行、财政部、银保监会、证监会、外汇局发布《关于进一步强化金融支持防控新型冠状病毒感染肺炎疫情的通知》。

其中第四条提到：对因感染新型肺炎住院治疗或隔离人员、疫情防控需要隔离观察人员、参加疫情防控工作人员以及受疫情影响暂时失去收入来源的人群，金融机构要在信贷政策上予以适当倾斜，灵活调整住房按揭、信用卡等个人信贷还款安排，合理延后还款期限。

还有第十四条提到：要合理调整逾期信用记录报送，对因感染新型肺炎住院治疗或隔离人员、疫情防控需要隔离观察人员和参加疫情防控工作人员，因疫情影响未能及时还款的，经接入机构认定，相关逾期贷款可以不作逾期记录报送，已经报送的予以调整。

一条为延后还款开了口子，另一条为逾期不上征信开了口子，出发点都是好的，也是很有必要的，但是在客观上给新金融机构埋下了大雷。

如此一来，催收更难做了。在反催收组织的推波助澜之下，大批借款人拿着伪造的医疗证明或者工作证明，以疫情为借口拒绝履行还款义务。

信用文化被进一步败坏掉了。罪恶当道，坏人得志，必然会刺激更多借款人以及潜在借款人走向失信，这才是行业不能承受之重。

当此之际，一些从业者建议金融监管部门联合网络管理部门，开展“互联网金融环境净化行动”，让反催收组织的不法行为在互联网上失去立足之地。

在立法层面，他们呼吁加大对反催收行为的惩戒力度。建议参考《刑法》里“妨害信用卡管理罪”和“信用卡诈骗罪”，对于干扰正常金融秩序、教唆和引导消费者违约的行为予以严惩。

此外，还需要尽快将合规的数字信贷全面纳入征信体系，彻底提升借款人的违约成本。

互联网金融也好，金融科技也好，都不是法外之地，对从业者如此，对消费者更是如此。

归根到底，在数字信贷日渐发达的今天，我们期待数字信贷能够像传统的银行信贷那样，获得平等的法律地位和监管待遇。

令人欣慰的是，2020 年年初，央行上海总部协助上海市公安局破获了一个职业投诉人犯罪团伙。央行上海总部表态称：消费者应通过合法合理的途径反映诉求，不可采取缠诉、重复恶意投诉等方式非理性维权。

还有未来吗?

催收不可或缺，但是谁来给名分，谁来负责监管?

在国际上，美国是催收行业发展最早、立法也最早的国家。1977年，美国国会就通过了《公平债务催收作业法》(FDCPA)，从债务催收主体、债务催收行为以及执行机制三个方面确立了一套完善的债务催收行为监管法律制度。

此后，英国、日本、德国等国家，也相继仿效美国，制定了关于债务催收的法律法规。

在我国，尽管催收行业的整体规模和影响力已经相当之大，但是到目前为止，我国催收行业仍然没有可供遵循的相关法律。

2019年两会期间，全国政协委员、最高人民法院国际商事专家委员会委员王贵国提出了《关于加强债务催收行业自律的建议》。他认为，破解中国债务催收行业困境的根本出路，是推动行业立法。而组建催收行业协会，发起成员内部自律，并由此配合和推动行业立法，这一路径或是催收立法的最佳模式。

问题是，要想注册正规的行业协会，需要先过民政部这一关，如果没有工商或者金融监管部门从中协调，可能性微乎其微。

要想打击、破坏一个行业，并不难，也不需要很久，但是要想建设、扶持一个行业，需要很长时间，也需要克服很多困难。

除了监管问题，催收行业自身在作业方式上就面临着空前的挑战。

传统的信贷业务，主要是企业贷款和相对大额的个人抵押贷款，但随着互联网金融与金融科技的兴起，小额、分散的无抵押贷款在近年来迅速放量。

这带来的一个首要问题是，传统的、依赖人力的、偏重线下的催收方式，并不适用于小额、分散的无抵押贷款业务。单从成本的角度来说，传统催收就无能为力。哪怕不考虑成本，从技术和能力的角度，传统催收也跟不上了。

债务人群体的变化也不容忽视。随着消费升级与普惠金融的发展，越来越多的普通大众群体成为债务人，其中大部分又是低龄的90后乃至00后人群，传统的催收还能适用于这些新生代人群吗?

更重要的是，以“扫黑除恶”的名义，不正当催收受到地方政府和有关部门强力整治，很多原先的灰色操作手法，现在被列入了禁区。

这意味着，催收行业急需洗心革面，这不仅是发展的问题，也是生存的问题。对此，既需要相关法律法规的尽快出台，也需要更多借助技术手段。

总而言之，随着消费信贷规模的进一步扩大，催收行业扮演的角色将越来越重要，催收行业只有在合法合规的基础上进行科技创新突破，才能等到被正名的那一天。

第十一章 时间的玫瑰

镜中永远是此刻
此刻通向重生之门
那门开向大海
时间的玫瑰
——北岛《时间的玫瑰》

谁也无法否认“水大鱼大”的市场潜力和金融科技的无限可能。至少今天，在金融这件事上，大多数人享受到了更便捷、高效、灵活，甚至低成本的服务。眼下，改变仍在发生。新金融行业蕴藏着改变整个商业格局的潜能，无论未来如何发展，它都将成为这个时代最深刻的烙印。

金融本身或许并不直接产生价值，但它可以融入所有行业中，间接地加速价值的产生。

经过多年的发展及与不同产业和场景的深度融合之后，新金融行业的内涵和外延发生了极大的变化，我们已经无法孤立地来看待它，更难以用单一维度来衡量它的好坏以及判断它的走向。

这个行业的转型之难、跨度之大已经超出人们的想象。眼下，改变仍在发生。新金融行业蕴藏着改变整个商业格局的潜能，无论未来如何发展，它都将成为这个时代最深刻的烙印。

在这一章里，我们选取了几个话题，希望从不同的视角来展望新金融的未来。数字货币、网络互助、基金投顾以及小微金融，它们所牵动的可能是支付、保险、理财以及普惠金融的新一轮变革。

数字货币新时代

始发于民间的数字货币，最终登堂入室，成为各国政府追逐的目标。

2013 年以来，比特币始终伴随着巨大争议，并且在一些国家遭到了封杀，但是它依然活跃着，并且价格一度逼近 2 万美元。

在此过程中，数字货币以及区块链技术展现了强大的生命力，就算再顽固的反对者和质疑者也不得不改变态度：既难灭之，何不用之。

如今，数字货币的主导力量，正在从草根群体转移到企业巨头和各国政府手中，这是一个从理想主义到不断妥协、和解的过程，大抵也是不可避免的历史进程。

我们正在进入一个数字货币新时代。

杀不死的数字货币

2013 年 12 月，人民银行等五部委发布《关于防范比特币风险的通知》，明确提出各金融机构和支付机构不得开展与比特币相关的业务等一系列要求。

中国由此成为全球少有的禁止比特币交易的国家。鉴于中国市场在比特币交易中的占比相当之高，这导致 2013 年年末之后，比特币价格直线下跌，步入了一段漫长的熊市。至 2015 年年初，比特币从 2013 年年末的 1160 美元，跌到了 150 美元，跌幅达 87%。

不过，比特币这把星星之火，一旦被点燃，就很难被扑灭了。从 2015 年开始，比特币价格又开始进入上升通道，并带动莱特币、以太坊以及一大堆山寨币跟风而起。

相较比特币后来的疯狂，这称得上是一次长牛行情，到 2017 年年初，比特币价格再次达到 1000 美元，并很快突破了 2013 年年末的高点 1160 美元。

属于比特币的神奇时刻才刚刚开始。从 2017 年 1 月到 10 月，比特币价格从 1000 美元涨到了 5000 美元，公众入场不断提速，到了 12 月份，这波行情终于全面爆发。

2017 年 12 月 7 日，比特币价格首次突破 1.5 万美元（10 万元人民币）。在此前的一周内，比特币的价格上涨了几乎 70%。而在 2016 年 12 月 7 日，一枚比特币价格还只有 766.75 美元，一年之间价格暴涨 20 倍。

历史记录最终被钉在 2017 年 12 月 17 日，比特币价格达到 19850 美元。当时，比特币期货推出的消息刺激了市场——芝加哥期权交易所（CBOE）在 12 月 10

日推出比特币期货，成为全球首个推出比特币期货合约的交易所。

暴涨之后便是暴跌，历史又一次重演了。整个2018年，比特币在震荡中一路下跌，当年年末跌破了4000美元，此后虽然有过几波小行情，也是在1万美元出头波动，再未能创下新高。

尽管央行的禁令很大程度上了封堵了境内数字货币的交易，但是对于这类数字资产，行政封杀很难完全禁绝，因此中国投资者依然在市场上占据着重要地位。

另一个不可忽视的现象是2017年爆发的ICO狂潮，引发了监管部门更为强力的介入。

所谓ICO，源自股票市场的首次公开发行（IPO）概念，是区块链项目首次发行代币，募集比特币、以太坊等通用数字货币的行为。2017年以来，ICO在国内爆红，一时间鱼龙混杂，以ICO为名的集资诈骗泛滥。

2017年7月，国家互联网金融安全技术专家委员会发布的报告显示，仅当年上半年，境内ICO累计融资达到26.16亿元，累计参加人次约10.5万。同时，关于ICO的管理制度几近空白，导致市场乱象频现，投机活动泛滥。

当年9月4日，中国人民银行联合网信办、工业和信息化部、工商总局、银监会、证监会、保监会等机构，联合发布《关于防范代币发行融资风险的公告》，对ICO进行了严厉定性："本质上是一种未经批准非法公开融资的行为，涉嫌非法发售代币票券、非法发行证券以及非法集资、金融诈骗、传销等违法犯罪活动。"

基于此，监管部门明令禁止从事ICO活动：交易平台不得从事法定货币与代币、虚拟货币相互之间的兑换业务，不得买卖或作为中央对手方买卖代币或虚拟货币，不得为代币或"虚拟货币"提供定价、信息中介等服务。

这之后，国内的ICO活动基本销声匿迹，但无法赶尽杀绝，还是有很多项目转战海外，相关的产业链条依然活跃着。

显然，政府的力量无法完全浇灭公众对数字货币的热忱。

正如我们在前述章节中所提到的那样：作为去中心化的产物，它在观念层面的冲击是巨大的，代表了一种货币理想，甚至是社会理想，既契合了人们对现有金融体系的无力感，又迎合了人们对移动互联网突飞猛进的亢奋情绪。

Libra震惊世界

为什么我们不能用手机像给朋友发消息一样简单快速地转钱呢？

为什么不能创造一种稳定、安全并且能在全世界范围内使用的货币？

我们能不能让每个参与全球经济的人都平等地享受金融服务？

2019年6月18日，Facebook官方发布了其布局已久的内部项目Libra的白皮书与测试网。

在Facebook发布的一段介绍视频的开头，首先提出了上述三个问题。Facebook声称，Libra将是一种低门槛的、稳定的、全球化的数字加密货币，其使命是打造一套简单的、无国界的货币和为数十亿人服务的金融基础设施。

我们相信，开放、即时和低成本的全球性货币流动将为世界创造巨大的经济机遇和商业价值。

如果这个系统能让世界上任何个人或公司以公平实惠的方式即时支取自己的资金，它就是成功的。例如，成功将意味着，在国外工作的人可以通过一种方便快捷的方式将钱汇回家，而大学生则可以像买咖啡一样轻松地支付房租。

无论您居住在哪里，从事什么工作或收入怎样，在全球范围内转移资金应该像发送短信或分享照片一样轻松、划算，甚至更安全。金融生态系统的新产品创新和新参与者将有助于降低每个人的获取资本的难度，同时为更多人提供顺畅无缝的支付体验。

这是继2009年比特币诞生之后，最令人瞩目的数字货币计划。不仅如此，Libra的野心是要打造一个基于区块链技术的全球性金融基础设施。

Facebook的巨大影响力令人不得不重视它。数据显示，2019年第四季度其日活跃用户16.6亿，月度活跃用户人数为25.0亿，差不多占到全球总人口的1/3。

消息一出，立马在全球范围内引发了轰动。2019年夏天，Libra一次又一次占领财经新闻头条，成为各国政府与国际组织的头号议题。

为了推进Libra项目的落地，Facebook联合了27家合作伙伴共同发起并组建Libra协会，首批成员机构包括Visa、Mastercard、Uber、PayPal等知名科技公司。

根据白皮书的阐述，Libra将全部使用真实资产储备作为支持，由买卖Libra并存在竞争关系的交易平台网络提供支持。Libra稳定币的价值并非锚定某一货币采用固定汇率，而是采用类似浮动汇率的方式，价格随一揽子储备资产价格的波动而波动。

这种储备机制，旨在解决现有数字货币价格易出现较大波动的问题。Libra意图保持数字货币价格的稳定，让数字货币持有者产生价格会保持相对稳定的预期，从而实现货币的主要功能。

Libra储备不由Facebook控制，而由多个成员机构组成的Libra协会共同掌控。Facebook计划到2020年该协会的成员机构数量增加到100个，每个成员机构将支付1000万美元以换取在协会内的投票权用于决定Libra背后的储备资产组合及Libra的汇率。

在Facebook宣布推出Libra之前，已经有不少巨头行动了起来。

2018年8月，纽交所母公司洲际交易所集团（ICE）与微软、波士顿咨询集团和星巴克合作，成立加密数字资产服务机构Bakkt；几乎同一时间，IBM正式推出区块链全球支付系统World Wire，使金融机构能够在几秒钟内清算和结算跨境支付。

进入2019年，摩根大通于2月份发布用于机构间清算的数字货币摩根币，拟用于改善批发支付业务的服务效率；6月，Visa宣布推出跨境支付区块链网络B2B Connect，通过支持银行间的直接交易，为国际支付提供便利。

与Facebook相比，这些巨头的区块链应用相对务实，对现有的金融体系与监管框架也没有构成直接挑战。换句话说，Libra想要取得成功，需要突破的阻碍要大得多，首先便是来自各国政府的质疑与抵制。

哪怕在美国，虽然Libra与美元的密切挂钩有利于美国国家利益，监管部门依然疑虑甚多。2019年7月10日，在美国国会货币政策半年期听证会上，美联储主席鲍威尔在回答议员提问时表示，Facebook的加密货币Libra项目正在引发隐私、洗钱和金融稳定的担忧。

除了来自外部的监管压力，Libra协会内部也不安稳。2019年10月以来，先后有包括Visa、PayPal在内的多家创始成员退出Libra协会，此后Facebook又陆续有几家新成员加入。截至2020年4月，Libra协会的初始成员从最初的28家减少到了如今的20家。

为了缓解监管压力，推动Libra尽快落地，2020年4月16日，Libra公布了2.0版本的白皮书。与1.0版本相比，该版本的调整主要体现在以下四个方面：

1. 除了锚定多种资产的稳定币外，我们还会提供锚定单一货币的稳定币；
2. 通过稳健的合规性框架，提高Libra支付系统的安全性；
3. 在保持Libra主要经济特性的同时，放弃未来向无许可系统的过渡；

4. 在 Libra 储备的设计中加入强大的保护措施。

其中，第三点意味着 Libra 放弃未来向公有链的过渡，只打算以联盟链的形式存在。显然，这更容易获得监管认可，但也背离了之前完全去中心化的目标。

总体来看，Libra 2.0 更加体现出了其与监管机构“合作共赢”的态度：“我们认为，降低进入现代金融体系的壁垒，不应降低强大的监管标准的门槛。”

最新的白皮书并称，运营一个能够支持负责任的金融服务创新的支付系统，需要与区域、国家和国际各级的主要利益相关者持续接触。为此，Libra Networks 正在向瑞士金融市场监管局（FINMA）申请支付系统许可证。

从目前的种种迹象来看，2020 年，Libra 很有可能率先在美国和瑞士落地。

被惊醒的央行们

Libra 犹如平地一声雷，虽然尚未落地，却彻底惊醒了货币当局。

在此之前，不管是比特币还是其他数字货币，主要是一小撮的技术狂人与理想主义者参与的结果，公众更多将其作为投资品看待。就算比特币价格突破 1 万美元乃至直逼 2 万美元，也无法对法定货币的地位构成根本威胁。

Libra 不一样。一是其发起者 Facebook 是全球最大的科技巨头之一，从资金实力、技术能力以及用户基础等维度来说，已然是一个超级的数字王国；二是 Libra 直接与法币挂钩，更像一种非主权国家货币或者超主权国家货币，其目标不是成为第二个比特币，而是打造一套全新的金融体系。

数字货币资产研究院的观点颇具代表性：

Facebook 正是希望通过 Libra 项目升级为数字经济世界里同时掌握铸币权和信贷权的超级银行。Facebook 将通过 100 个盟友节点建立自己的金融辛迪加体系，并且以此为基础建立一个强大的数字经济帝国。

一旦 Facebook 完成火力试探，其他的跨国公司一定会蜂拥而上。谷歌、微软、亚马逊、IBM 这样的科技公司以及华尔街的一些具有自我突破精神的金融机构，都将会投入其中。跨国公司联盟将主导非国家化数字货币的发展进程。

中国必须参与这场数字经济新竞赛，不能逃避。我们理解，对中国来说，数字货币是一个风险与机遇都非常巨大的选项。然而，Libra 的启动向我们预示，这样一场新数字经济大陆的争夺战即将开幕。我们无法承受缺席的后果。[①]

在清华大学国家金融研究院院长、IMF 原副总裁、央行原副行长朱民看来，Libra 作为升级版的数字货币，具有跨境支付、超 / 跨主权货币、新金融生态的功能和潜质。如果能顺利推出并发展，在短期内可能颠覆全球支付体系，在中期内可能颠覆全球货币体系和全球货币政策体系，在长期内最终颠覆和重塑全球金融市场生态和全球金融稳定体系。[②]

这无疑是一场前所未有的全球性挑战。美国在一定程度上掌握了主动权，那么对其他国家来说，形势或许比想象中要迫切。

央行们所焦虑的是，Libra 或许意味着下一个“布雷顿森林体系”。很多国家都旗帜鲜明抵制 Libra，并着手推出自己的法定数字货币。

正如国际清算银行（BIS）总裁 Agustín Carstens 早前所言：“在 Facebook 宣布发行数字货币的计划之后，全球央行不得不提前发行数字货币。”

2019 年 9 月，IMF 发布了《数字货币的崛起》专题报告。报告指出，数字货币与传统的现金、银行存款日渐形成竞争，这种新型的货币模式正逐步被各个国家和地区所接受。

2019 年 12 月，IMF 再次发文《中央银行数字货币：4 个问题和解答》，讨论央行数字货币的好处及挑战。文章称，央行数字货币在降低现金成本、增强金融包容性和支付系统的稳定性等方面有好处，但仍面临中央银行成本、运行风险等各种挑战，每个国家都必须根据其特殊情况权衡利弊。

进入 2020 年，各国央行以及相关国际组织都在紧锣密鼓地推进数字货币项目，因此许多观察者认为，2020 年有望成为全球央行数字货币元年。

1 月 21 日，IMF 列出了该组织新年的首要任务，IMF 相关负责人特别强调，数字货币是其 189 个成员 2020 年的头等大事。

同日，英国央行及欧洲央行表示，多家主要央行正在研究发行自家数字货币的可能性。据悉，英国、欧元区、日本、瑞典及瑞士将在一个新成立小组共享经验，国际清算银行（BIS）将为小组提供协助。

1 月 28 日，印度政府成立的非营利性公共机构印度国家智能治理研究所（NISG）在提交的《国家区块链战略》中建议发行央行数字货币。该文件提到，

① 孟岩、邵青，《Facebook 数字货币：缘起、意义和后果》，数字资产研究院，2019 年6月17 日。

② 朱民，《Libra 可能的颠覆和我们的机遇》，《中国金融》，2019 年11 月2 日。

希望到2025年印度能够成为在区块链创新、教育、商业化以及技术采用方面领先的国家之一。

2月12日，美联储主席杰罗姆·鲍威尔表示，美联储正在就数字货币的问题展开广泛的工作。他并称，Facebook旗下的加密货币“天秤币”（Libra）点燃了数字货币的“星星之火”。

就这样，数字货币的主导力量，终于从草根群体转移到了企业巨头和各国政府手中，这是一个从理想主义不断妥协、和解的过程，大抵也是不可避免的历史进程。

央行数字货币呼之欲出

在中美关系步入调整期的当下，Libra具有更加微妙的意味，很可能影响到人民币国际化进程以及中国支付机构的境外拓展。

从另一个角度来说，Libra的问世给中国提供了一个公开参与数字货币全球竞争的机遇，助推中国介入数字货币研发、监管和全球治理。

正如朱民所言，我们需要认真研究和应对Libra这类全球化数字货币的冲击、影响和机遇。我们在这个领域已有相当的基础，可以在商业化应用上迎接挑战，同时加快自身央行数字货币的研发，积极应对类似Libra这类全球性加密货币对人民币国际地位、外汇管理以及中国货币政策可能带来的巨大挑战。

过去多年来，借着移动互联网的东风，中国的移动支付与金融科技走在了世界前沿，在央行数字货币方面，中国央行同样早有准备。

2014年，在时任央行行长周小川的倡导下，央行成立法定数字货币专门研究小组；2016年年初，央行首次提出对外公开发行数字货币的目标；2017年1月，央行正式成立数字货币研究所。

此后两年多的时间里，关于央行数字货币的消息很少。直到2019年夏天，Facebook宣布将推出Libra，引起各方对央行数字货币的高度关注，随后有央行官员对外披露，国务院已经批准央行数字货币的研发，目前正在组织市场机构参与系统开发和测试工作。

2019年8月2日，央行召开2019年下半年工作电视会议，指出下半年要加快推进法定数字货币研发步伐。没过几天，在一次学术论坛上，央行支付结算司副司长、数字货币研究院所长穆长春公开表示，从2014年到现在，央行数字货币的研究已进行5年，现在“呼之欲出”。

从那之后，关于中国央行数字货币的神秘面纱被一层层揭开。

中国的央行数字货币英文简称为“DC/EP”，“DC”是“digital currency（数字货币）”的缩写，“EP”是“electronic payment（电子支付）”的缩写。因此，中国央行数字货币的主要功能就是作为电子支付的手段。

央行已经明确，央行数字货币就是数字化的人民币。它就是人民币，而不是等同于人民币，更不是人民币之外新的一种货币，其与网络加密数字币、网络稳定币、网络综合币等不是一回事。

换言之，央行数字货币主要改变的是货币形态、发放方式和支付结算方式，在货币本身并没有颠覆性变革，变革最大的是货币的支付结算方式。

最突出的特征是，中国央行数字货币设计了双层的运营投放体系，而不是由央行直接对公众发行数字货币的单层运营体系。

在双层运营体系下，上层是央行，由央行对发行的法定数字货币做信用担保，因此央行的数字货币与人民币一样具有无限的法偿性；运营投放体系的下面一层由不同的商业银行构成，商业银行等机构在负责面向公众发行央行数字货币的同时，需要向央行 100% 缴纳全额准备金，以保证央行数字货币不超发。

央行数字货币采用双层的运营投放体系有四点考虑：

第一，中国幅员辽阔、人口众多、经济结构复杂，各地区的经济发展水平、资源禀赋和人口素质都不尽相同。因此在中国发行央行数字货币是一项极其复杂的系统工程。单层的数字货币运营投放体系将让央行独自面对所有公众，给央行的运营工作带来极大的挑战。

第二，商业银行等机构已经发展出了比较成熟的 IT 技术设施和服务体系，在金融科技的运用和相关人才储备等方面已经积累了一定的经验，采用双层运营体系可以充分发挥商业银行等机构在资源、人才和技术等方面的优势，同时避免了另起炉灶的巨大浪费。

第三，央行发行的数字货币面向的用户是广泛的公众，覆盖十几亿人口的系统规模庞大，想要保证稳定高效地运行非常不容易，面临诸多风险。双层的运营体系有助于化解风险，避免风险过度集中。

第四，在单层的数字货币运营投放体系下，可能会导致金融脱媒。央行面向公众直接投放的数字货币在信用等级上要高于商业银行的存款货币，可能会对商业银行存款产生挤出效应，进而影响商业银行的贷款投放能力。

这意味着，中国央行数字货币采用了中心化的管理模式，这与以比特币为代表的去中心化数字货币有着本质区别。只要二元账户体系和原有的货币政策传导机制没有改变，央行的中心管理模式和地位也就不会改变。

此外，对一个需要支持公众广泛使用的央行数字货币体系来说，如果采用纯区块链技术的架构，目前还无法实现零售层面所需要的高并发性能。所以，在技术道路的选择上，中国的央行数字货币并不预设技术路线，也不依赖某一项技术。

用穆长春的话说，央行在技术路线选择上处于“赛马”、市场竞争优选的状态。几家指定运营机构采取不同的技术路线做数字货币的研发，谁的路线好，谁最终会被老百姓接受、被市场接受，谁将最终跑赢比赛。[①]

这也正是周小川的态度。他曾撰文指出，央行最重要的工作之一是帮助建立竞争性环境，使得最优的技术顺利凸显和发展，通过竞争选优来实现更好的技术应用。竞争是一个动态的过程，因为技术进步速度很快，因此会出现一种技术在某一阶段占有较大的市场份额，但还会有另一项新技术出来，形成一浪接着一浪地往前推进的情形。[②]

从目前来看，中国有可能成为全世界率先推出央行数字货币的国家。

颇为巧合的是，4 月 14 日，在 Libra 发布白皮书 2.0 的当天，有消息显示，中国正在深圳、苏州等地进行数字货币 DC/EP 试点工作。另有媒体报道称，苏州相城区是央行数字货币的重要试点地区，该地各区级机关和企事业单位，工资通过工、农、中、建四大国有银行代发的工作人员，将在 4 月份完成央行数字货币数字钱包的安装工作，到 5 月份其工资中交通补贴的 50% 将以数字货币的形式发放。

随后在 4 月 17 日晚间，央行数字货币研究所回应称，当前网传 DC/EP 信息为技术研发过程中的测试内容，并不意味着数字人民币正式落地发行。数字人民币目前的封闭测试不会影响上市机构商业运行，也不会对测试环境之外的人民币发行流通体系、金融市场和社会经济带来影响。

种种信息表明，央行数字货币正扩大测试的应用场景，以便为日后的正式落地发行做“演练”。

而不管愿意不愿意，中国必须比其他国家更加重视 Libra 带来的影响，这要求我们在数字货币方面加快脚步。

此前扎克伯格在美国国会听证时曾表示，Libra 的意义在于“重建”。美国的金融服务基础设施已经过时，如果美国不创新将难以保证金融领导地位，

① 出自2019 年8 月10 日穆长春在第三届中国金融四十人（CF40）伊春论坛上的讲话。

② 周小川，《周小川谈金融科技：央行选择技术要认真考虑自身角色》，《中国金融》，2019 年第15 期。

并且提及了中国正在推行的央行数字货币。

那么，中国的科技公司，是否有可能像 Facebook 一样，在全球数字货币竞争当中起到更加积极的作用呢?

朱民提到[①]，中国有当今世界最大和最丰富的电子支付系统，包括银联、支付宝、微信支付。例如支付宝已经有了 10 亿实际使用的客户，是全球排名前列的已经运营的支付系统之一，其跨境区块链系统已经在马来西亚、印尼和巴基斯坦等国家跨境营运。

基于此，朱民建议，应该鼓励和支持有条件的中国支付、金融企业进入这场竞争，创立类似 Libra 的中国新一代跨境支付、超主权数字货币、新金融生态的机构，积极从企业层面参与这场事关未来世界金融的竞争，或者先行在境外推出我国的数字支付 / 数字货币商业性支付系统。

网络互助兴起

19 世纪，一块在罗马被发现的石碑，为人们揭示了互助共济古老起源的一角。根据这块石碑的记录，公元前 9 世纪，古罗马教皇哈德良发起了一个名为格雷基亚的互助共济组织。

每个入会者需缴纳 100 泽司（古罗马的青铜货币）和一瓶敬神明的清酒作为加入费，并每月固定缴纳一定额度的会费。一旦入会者身故，格雷基亚将向其家属支付 400 泽司的葬祭费。

到了互联网时代，人们可以动一动手指就加入的大病互助计划也大抵类似。只要是身体健康、符合年龄要求者，就可以通过缴纳额度很小的费用加入互助计划，如有成员遭遇重大疾病，可申请一定金额的互助金，费用由所有成员分摊。

2019 年我国网络互助平台的实际参与人数为 1.5 亿，而根据模型推算，同年，全国社会大病医疗费用（不含商业健康保险）约为 7300 亿元，而大病网络互助金总额约为 54 亿元，网络互助金占比 0.73%。[②]

从这个数字来看，中国的网络互助市场还处于萌芽状态，但不可否认的是，它已经成为搅动保险行业的一条“鲶鱼”。

过去两年，蚂蚁集团、滴滴、美团、360 金融、苏宁、百度等互联网和新

① 朱民，《Libra 可能的颠覆和我们的机遇》，中国金融杂志，2019 年11 月2 日。
② 蚂蚁集团研究院，《网络互助行业白皮书》，2020 年5 月。

金融巨头纷纷抢跑入场，其中，起步最早、规模最大的“相互宝”，上线第一年便有超过一亿用户，一跃成为全球最大的互助社群。

不过，伴随着网络互助的爆发，争议和质疑也随之而来。

网络互助在商业与公益之间，到底扮演着何种角色？在铁的规则与边界不清的人情面前，平台该如何改进取舍？还有更重要的，它的普及到底是保险行业的倒退，还是迫使保险行业做出改变的“门口的野蛮人”？

单则易折，众则难摧

因病致贫、因病返贫的例子总是在现实生活中不时上演。

2016 年 6 月 1 日，一则名为“最心酸儿童节礼物——母亲偷鸡腿给生病的女儿”的新闻迅速登上热搜。当天，南京当地警方抓获了一个在超市盗窃的小偷，奇怪的是，她盗窃的赃物价格总计不足 100 元，其中包括一点杂粮、一个鸡腿和两本童书。

警方调查发现，她是一对双胞胎女孩的母亲，两个孩子都患有慢性肾病，家里为孩子治病已经耗尽积蓄。虽然孩子的六一儿童节愿望只是吃个鸡腿，但她兜里只有 5 元钱，只能无奈选择盗窃。

事情被媒体曝光后，很多人对这位母亲表示同情。有机构为其开设了专门的公益捐款通道，不到 3 个小时，1.6 万人次捐款金额已超 30 万元。

事实上，像这位母亲一样由于家人的疾病陷入经济困境的案例每天都在发生，但并非所有人都能得到这样的关注和救助。

尤其针对大病医疗，一方面，作为基本社会保障制度的医疗保险难以覆盖，另一方面，缴费额度高昂的商业保险也并非每个家庭都能够负担。

根据中国保险行业协会发布的数据，2010 年，中国健康险深度①仅为 0.17%，密度②仅为 50.5 元 / 人。尽管到 2017 年时，这两个数字分别增长至 0.53% 和 315.8 元 / 人，但依然与发达国家相去甚远。大众需要一种效率更高、成本更低、金额更大的保障方式。

基于这种需求，一些大公司率先尝试用这种方式来加强员工保障。

2009 年，阿里在内部启动了一个名为“蒲公英”的员工互助计划，每年每位员工自愿缴纳 80 元，公司再补贴每人 160 元。当有员工或亲人生重病或

① 一个国家一年中直接保险费收入与GDP 的比值。

② 一个国家每年每人的平均保险费数量。

发生意外时，就可以申请相应的援助金。

到 2019 年阿里巴巴 10 周年时，蒲公英计划在阿里内部帮助了超过 600 名员工和家属。这个产品就是相互宝的雏形，它也曾启发了不少阿里人，还有人带着这个灵感去创业。不过，这些都是后话了。

在阿里巴巴上线蒲公英计划的同时，不局限于企业或地域，而是完全通过互联网实现陌生人互助的模式也在开始萌芽。

2011 年，在母亲患癌离世后，年轻人张马丁开始运营一个线上的大病互助社区。在 3 年的摸索期里，社群帮助了不少患病者。张马丁决定将线上社群公司化运营，定名为抗癌公社。

他将抗癌公社的模式定义为基于互联网的小额担保，初期的运营方式是：用户免费加入，当有社员在罹患包括癌症在内的 25 种大病或身故时，公社将为其募集最多 30 万元的资金，每位社员出资不超过 10 元，并且有观察期等要求。

这种相对完善的运营思路和规则，以及公司化的经营方式，使得抗癌公社成为国内最早探索网络互助的平台之一。

2016 年，决定正式离职创业的沈鹏同样选择了网络互助这条赛道。在创业前，沈鹏在美团供职了 7 年。在这期间，除了他本身负责的外卖业务之外，令他印象最深刻的事情之一，就是人力资源部经常号召同事为患病的员工捐款。

到他快要离职前，一个外卖小哥的父亲患上重病，公司再次发起筹款。但因为外卖小哥文字能力太弱，迟迟未能募集到足够的钱。最后，沈鹏亲自上手修改文案，还发在自己的朋友圈里，才帮这位外卖小哥凑齐了治病的钱，这件事极大地触动了沈鹏。

不过作为创业赛道来看，除了市场需求井喷之外，网络互助还在当时迎来了一系列利好政策。再加上移动互联网红利的加持，这个领域也顺势成为资本竞逐的对象。

互助保险的政策红利始于 2014 年，当年 8 月，国务院发布《国务院关于加快发展现代保险服务业的若干意见》，首次明确提出鼓励开展多种形式的互助合作保险。次年 1 月，《相互保险组织监管试行办法》推出，为相互保险的设立、运行提供了法规依据。

再加上，当时大众创业、万众创新的风口，网络互助作为进入门槛较低、也是最接近相互保险的一种商业模式，成为资本青睐的对象。

公开信息显示，网络互助行业在巅峰时有超过 200 家平台。到 2016 年 4 月，保监会开闸相互保险社试点时，有超过 30 家公司排队。而各路资金更是加速涌入——在2016年的前10个月内，就有14家网络互助平台拿到总计约2亿元的投资。

其中，水滴互助获得5000万元天使投资，投资方包括腾讯、新美大、IDG、真格基金等；17互助则在2个月内先后完成天使轮和Pre-A轮融资，上线60天后，17互助的估值翻了3倍。

尚处于萌芽状态的网络互助呈现出蓬勃发展的趋势，但是在这些拓荒者们畅想绚烂多彩的未来时，来自市场和监管的压力也渐行渐近。

网络向左，保险向右

2016年4月，一份保险监管部门的《建议关注互联网公司涉嫌非法经营保险业务存在的风险》的内部文件开始在网上疯传。

该文件提到，“近期部分互联网公司脱离保险监管，以互助名义面向社会公众开展车辆等风险保障业务，涉嫌非法经营保险业务，对消费者利益保护和市场秩序维护带来隐患”。

对比当时主流的互助平台就会发现，大家的运营模式、产品设计等高度相似，尤其在大病互助领域，差别主要在于管理费用的高低。当时的这份文件给网络互助行业带去了不小的震动，监管将至的预期开始升温。

很快，2016年6月，保监会正式批准筹建信美相互、众惠相互和汇友建工相互，开始了真正意义上相互保险的探索。正规军进场，市场规则和业务边界自然要重新划定。

到2016年年底，网络互助行业迎来了一场更为彻底的整治。《中国保监会关于开展以网络互助计划形式非法从事保险业务专项整治工作的通知》正式下发，保监会对网络互助平台采取了进场排查、问题平台限期整改等措施。

文件提到，专项整治对象主要涉及违规使用保险术语、存在虚假宣传或其他不规范行为等平台，以及诱导公众产生刚性赔付预期或存在以保险费名义、向社会公众收取资金并非法建立资金池等行为的平台。

在这样的背景之下，网络互助行业在短时间内经历了一波洗牌，一大批平台悄然下线。从某个角度来看，监管的及早介入保障了这个行业发展的可能。

除了监管的雷霆行动之外，互助平台共担风险的模式决定了平台要持续运营还需要具备一个隐含条件：达到一定的参与人数。所以，一些未达规模的平台还未等到监管清理，就被市场淘汰了。

网络互助市场因此陷入了沉寂，原本计划进入的企业也变得更为谨慎。

2017 年，相互宝的前身，一个代号为 1314 的项目在开发完成准备上线前被叫停，原因是“蚂蚁金服内部对于这个项目持有怀疑态度”。事实上，当时整个网络互助行业都面临强烈的质疑声。

曾经有人这样评价传统保险与网络互助之间的运营模式差异，传统保险把简单交给了后台，由此把复杂和难度交给了前端销售。而互助把简单交给了前端获客，相应地把复杂交给后续运营。

而后续的运营包含了模式教育、成本教育、核赔及勘察、现场探访及公示、争议裁决、透明度建设、契约条款演进等一系列工作，而这些工作又将伴随着用户生命周期阶段的不同而呈现差异。

尤其是在低门槛、高保障的诱惑之下，海量用户涌入时，针对每一个需要保障的参与者，平台必须严格审核他们是否未违背健康告知、是否符合协议条例，一些网络公司在发展初期阶段，都有着规模庞大的线下驻点，会派人到实地去核实信息。

否则，少有差池就会造成上千万用户被蒙骗，这是任何一家商业保险公司所面临的骗保风险都无法比拟的。除此之外，在资本热度散去之后，网络互助平台也不得不更加严肃地审视自己的商业模式。

如果他们对于自身的定位不是公益组织，而是以营利为目的的商业行为，那么到底如何赚钱？如果仅依靠不到 10% 的管理费用，如何应付持续攀升的风险管理成本、业务成本？

很快，就有平台因无法实现商业可持续而关停。2019 年 4 月，曾经的明星互助平台 17 互助宣布终止运营，原因是“公司没有找到通过互助服务盈利的模式，导致项目亏损严重。同时，缺乏长期持续的资源投入到互助服务的运营中”。

尽管网络互助行业在经历了整治之后相对静默，但是巨大的市场需求并没有因此沉睡。在监管整治的基础之上，一个门槛更低、覆盖范围更广的互助模式开始苏醒。

2018 年年底，蚂蚁金服再次入局，上线了一款名为相互保的产品，打破了沉寂已久的网络互助市场。

根据最初的设计，虽名为大病保障计划，但背后是由信美相互保险与蚂蚁保险联合推出的保险产品。根据规则，芝麻分满 650 分的蚂蚁会员（60 岁以下），同时满足一定健康条件即可免费参与，覆盖包括肿瘤在内的 100 种大病。

基于支付宝生态，该产品上线两周参与人数就超过 1400 万人，热度甚至远超当年的余额宝。但很快，在保监会约谈信美相互保险之后，后者便退出了相互保，而该产品转为网络互助模式后也更名为相互宝。

尽管出现了一些小插曲，但不可否认的是，相互宝的崛起再次引爆了网络互助模式，让它的热度迅速升温。

资本的流动就是一个最好的风向标。公开信息显示，2019 年 10 月，壁虎互助完成了来自新浪微博基金等投资的 1 亿元融资；而水滴互助的母公司——水滴公司则在上半年完成了两轮、累计超过 15 亿元的融资。

用户数量方面，除了目前用户数最多的相互宝之外，排名靠前的几个网络互助平台都达到了千万级用户。2019 年是网络互助行业重新出发的一年，经历了前几年探索、试错、规范、调整之后，这个行业在新的监管和市场规则下完成了一次蜕变。

重新出发，新的挑战

如果参考国外的案例，大多数国家的保险行业都走过了一条从"相互化"到"去相互化"到"再相互化"的过程，这是市场需求转变导致的行业起伏。因为不同阶段、不同种类的保险优势不同，所以它们之间总是此消彼长。

在中国市场，网络互助再度崛起的一个重要背景是：它的市场定位和商业路径日渐清晰。

2019年，拼多多、快手、趣头条、水滴公司被媒体称为下沉市场"四大天王"。事实上，如果了解一下互助模式的起源，它本就是生长于最基层的群体中。

以相互宝为例，根据其一周年发布的数据，在它的 1 亿用户中，有 1/3 来自农村和县域，近 6 成用户来自三线及以下城市。而水滴互助此前公布的数据也显示，70% 以上的用户都来自下沉市场。

南开大学卫生经济与医疗保障研究中心曾对 4.2 万名相互宝成员进行了调查，结果显示，10% 的人除了相互宝外没有其他任何保障。如果生病，能承担 30 万元以上医药费的受访者比例，不到 14%。

从 0 到 1 往往是最难的一步，就如当年的余额宝唤醒了大众的理财意识。低门槛、易操作的网络互助也让更多的用户开始接触保险、认知保险。与此同时，移动互联网的发展也使得依托于人际和网络传播的效应不断放大。

再加上近年来，由于人们生活方式、空气质量等因素影响，一些重大疾病的发病概率一直在提高，保险公司传统的精算方法正在失灵。而通常面对难以准确定价的情况时，保险公司的做法往往是"就高不就低"，这也使得很多保险产品变得可望不可即。

这些都是放在网络互助平台面前的市场机遇。

当然，更重要的是，经过前几年的摸索，这些网络互助平台找到了一条更为清晰的商业路径——将网络互助作为聚合流量、获取用户、保险启蒙的超级入口，进而随着用户认知和需求的提升叠加保险等其他相关产品和服务。

例如，水滴互助在2019年5月开始试水长险销售，当月长险规模保费仅600万元。到当年11月，水滴保险商城1个月的长险新单年化保费突破1亿元，短短6个月时间取得了20倍的增长。

身处保险市场爆发的前夜，网络互助和保险公司之间更多的是互为补充的角色。前者为后者打开了新的市场，后者为前者延展了商业空间。

当然，任何一个高速发展中的行业都不可避免地伴随着阵痛。

一方面，行业之内还有太多产品、服务和运营的细节待完善。2019年4月，一位父亲在网上发布消息称，自己年仅2岁的女儿由于意外摔伤做了开颅手术。但是在他申请互助金时，相互宝以女孩在满月时曾患有肝炎，不符合健康告知为理由拒绝了赔付申请。

父亲认为，婴儿肝炎综合征属于婴儿常见病，与成人肝炎不同，且已经痊愈，并没有违背健康告知。伴随着舆论发酵，“婴儿肝炎综合征到底是不是肝炎”也引发了一场广泛的讨论。

最终这位父亲在相互宝“赔审团”[①]进行投票后获得了赔偿。

但相比个例的赔偿争议，此次事件更长远的意义在于，平台更新了相关保障条例，优化了运营规则。对于网络互助行业而言，类似的争议和规则的优化需求在未来很长一段时间都将继续存在。

另一方面，在网络互助与保险等其他业务连接越来越紧密的同时，如何平衡商业化与公益性是横在网络互助平台面前的一道难关。过去的挑战是找不到变现方式，未来的难题则是如何把控变现尺度。

2019年，不少完成了原始积累的网络互助平台开始有了进一步的转型，平台的发展诉求与初期定位之间的矛盾变得尖锐起来。例如，行业里的独角兽水滴公司，旗下有水滴保险商城、水滴互助和水滴筹板块。

其中，2016年7月上线的水滴筹定位是一个“大病筹款平台”。有需求

① 相互宝从所有成员中选出符合资质的部分成员组成的组织，通过投票表决争议案例是否进行赔付。

的人完成注册、填写资料就可以通过平台发起筹款，而平台则根据最终筹款金额获取部分佣金。

这原本也是一个带有公益性质的互助项目，但在商业化压力的驱使下，水滴筹的线下团队开始在医院扫楼。这些所谓的筹款顾问引导患病者发起筹款，并从中分成，甚至还有 KPI 考核要求。

类似的事件频繁发生，在一定程度上伤害了网络互助行业的社会形象，让它们的前景再次变得模糊起来。长远来看，伴随着网络互助用户的增多，平台方还会面临越来越多的新问题。

要将一个体量庞大的平台运营下去，要关切每一个个体的利益和真实感受，要字斟句酌地不断打磨每一项条款，要将它作为一个长期的事业实现社会价值与商业价值的平衡，无论如何都并非易事。

美国学者罗伯特·艾克斯罗德在《对策中的制胜之道——合作的进化》一书中写道：“生存下来的策略一般都是结成人小不等的群。”这是在弱肉强食的世界中生存的不二法则，从另一个角度诠释了“互助计划”的内核，可能也是这种模式得以延续数千年的本质。

基金投顾探路

作为财富管理市场最重要的一个板块，中国的公募基金行业经历了 20 多年的发展，成为覆盖面最广、渗透率最高的大众理财渠道之一。尤其，受 2013 年余额宝的带动，公募业在过去几年里从产品、渠道到理念完成了一次又一次的迭代。

根据中国证券基金业协会的数据，中国公募基金规模在经历 2010、2011 年连续两年下降后，以年均 29% 的速度连续 7 年快速增长，到 2020 年一季度末，公募基金规模已经有 16.64 万亿元。

但与国外市场相比，国内投资者的观念和行为依然倾向于短期的投机，而非长期的投资，因此平台服务的重点也更多在“投”而不在“顾”，这种深层次的差异也加剧了中国财富管理市场“刚兑”难破、产品单一等问题。

2019 年，基金投顾试点开闸，被视为大众理财市场变革的新契机。

从海外市场来看，投资顾问业务的发展与当地的经济发展阶段、大众财富积累、金融深化程度以及法律法规完善等多方面都有着密切的关联。尤其是最后一点，它不仅是投顾业务发展的开始，往往也是财富管理市场腾飞的起点。

截至 2020 年 5 月，已有三批共 18 家公司获得了投顾试点资格。可以预见的是，投顾牌照这条“鲶鱼”搅动的不只是基金销售格局，它对于大众理财方式、财富管理市场都有着深远的影响。

但道阻且长，投顾市场崛起的背后不只是基金公司产品理念和运营方式的改变，也是中国老百姓理财认知和习惯的一次重塑。

“鲶鱼”来了

关于投顾，有一个流传甚广的小故事：高盛的 CEO 发现公司的投顾给很多客户推荐了 Vanguard 的指数基金①，而后者却并没有分给高盛钱，所以试图调整产品线剔除 Vanguard 的产品，但直接被高盛的投资顾问工会给否决了。

这个故事的真实性难以验证，但它却形象地描绘出了美国市场中投顾、客户和基金公司的关系，更折射了投顾存在的本质和价值，即将原本被投资机构分去的利益更多地回到用户手中，真正实现以客户为中心，而产品销售则以顾问为中心。

而在国内市场，这种思路在投顾试点牌照落地之后才初具雏形，根据《关于做好公开募集证券投资基金投资顾问业务试点工作的通知》：

> 基金投资顾问试点机构从事基金投资顾问业务，可以接受客户委托，按照协议约定向其提供基金投资组合策略建议，并直接或者间接获取经济利益。基金投资组合策略建议的标的应当为公募基金产品或经中国证监会认可的同类产品。
>
> 根据与客户协议约定的投资组合策略，试点机构可以代客户做出具体基金投资品种、数量和买卖时机的决策，并代客户执行基金产品申购、赎回、转换等交易申请，开展管理型基金投资顾问服务。

换言之，基金投顾的基本业务模式就是拥有相关资质的机构，接受客户委托，在客户授权的范围内，不仅按照协议约定为客户做出具体的投资建议，还可以代替客户进行基金产品申购、赎回、转换等交易申请。

长久以来，中国公募基金规模过于依赖货币基金，股票型基金规模占比过

①Vanguard 是历史上第一家由美国证券交易委员会特批的由投资者共同拥有的基金公司，因为其中并不涉及第三方股东要求从基金中收取利润，因此成为低成本投资的领导者。

低，导致投资者未能分享资本市场与经济发展带来的成果。零售投资者缺乏专业知识挑选合适的理财产品，并且因为无法克服情绪，从而导致经常出现高买低卖的情况。

银河证券基金研究中心发布的一份报告显示，从2007年到2017年的10年里，公募基金市场整体规模较10年前增加了2.7倍，截至2017年年底，公募基金行业累计分红1.71万亿元，其中偏股型基金年化收益率平均为16.5%，超过同期上证综指平均涨幅8.8个百分点。

但按照持有的基金市值计算，剔除货币基金后，个人投资者持有市值从2.78万亿元减少到1.86万亿元，市值减少超过9000亿元。这无疑是个人投资者对于公募基金投资信心丧失、投资结果不佳的一个侧写。

换言之，基金赚钱，但基民不赚钱。

于用户而言，拥抱投顾是一次扭转局面的机会。面对着市场上的几千支基金不知道如何选择、如何交易时，可以挑选合适的投资顾问来提供专业意见，而不再主要靠基金公司和第三方销售机构的营销来判断购买哪只基金。

过去在“用户—销售—基金公司”的模式下，尽管销售方也会给投资者以建议，但在规模驱动的收益方式下，他们往往很难站在投资者的立场去为其考虑并助其做出最合适的选择。

所以，基金配置权从用户到投顾公司的转移，是基金投顾相较于传统基金销售方式的最大变化。但在这个关键权力的转移背后，不只是基金投资者点击一个授权按钮这么简单，它是整个市场业务逻辑和商业模式的变革。

市场的内生动力从“卖方代理”转向“买方投顾”，被改变的也不只是用户的理财体验、基金的销售渠道，对于基金产品的开发、理财市场的格局同样影响深远。

在“用户—投顾—基金公司”的新模式下，一方面投资人与中介机构利益更加一致，它将分流传统的基金代销客户群体；另一方面，投顾业务实质是通过增值化服务来换取收入，这将势必对相关公司的专业能力和服务能力提出更高的要求。

而从美国市场来看，随着基金投资生态进入良性循环，交易费率低、操作透明的指数基金会更加普及。而各大基金公司因为同质化，“费率战”不可避免，美国的指数基金管理费已经在一年0.2%左右，甚至更低，投资者将得到真正实惠。

开篇提到的Vanguard集团当年就是抓住了投顾模式兴起、基金市场变革的契机，从一家立足于本国本土、管理着 11 只基金的投资管理公司一举成长为全球最大的基金管理公司。

20 世纪 70 年代，美国通货膨胀恶化，货币市场基金崛起，基金投资经理开始关注基金费率的影响，Vanguard 集团则带头发起了无佣金体系，大获成功。而这也带动了一股风潮，大部分的货币市场基金都开始免收销售佣金。

到了 80 年代，美国的资产管理市场开始以投资顾问为中心转型，买方投资顾问收取客户咨询费，转而强调以客户为中心，开始关注起客户的资管费率和最终收益率。

他山之石

为了规范证券投资顾问行为，海外市场普遍制定了专门立法，如美国的《投资顾问法》（1940 年）、日本的《有价证券投资顾问法》（1986 年制定，1998 年修正）等，并辅以其他多层次的规范，形成以专门立法为核心的规范群。

这种规范并不是一次成形的，根据市场发展的状况还进行过补充界定，特别是投资顾问业务，如美国在出台《投资顾问法》之后，于 1970 年的《证券投资者保护法》对经纪人与投资顾问的行为做出了更为严格的约束和界定。

投资顾问的变迁不但受到法律法规出台的影响，还因金融环境变化而改变。20 世纪末，英国“金融大爆炸”引起了全球范围的金融混业经营潮流，各主要发达国家纷纷开始相应的混业经营改革。

美国 1999 年《金融服务现代化法案》将证券、银行、保险三业分离的局面打破，很多私人银行的证券经纪人或客户经理纷纷兼职成为注册投资顾问（Registered Investment Advisor），投顾的业务范围进一步扩展，形成了新的市场格局。

当然，更重要的是，社会财富积累到一定阶段，大众理财需求快速攀升，进而催生了投顾市场的发展。

个人理财业务最早出现在美国，但真正开始快速发展是随着二战后经济的复苏和社会财富的积累，社会大众尤其是富裕阶层需要专业的个人财务策划人员帮助实现自己短期和长期的理财目标。

日本也是经历了 80 年代个人金融资产的增加和金融制度的改革与完善，关于理财和节税等需求开始增加。再加上，随之而来的 90 年代经济泡沫，让更多的人意识到财富管理和长期规划的重要性，进而理财市场也进入到一个黄金期。

按照美国《投资顾问法》的定义，投资顾问是以获取报酬为目的，直接或通过出版物形式提供证券价值分析或买卖证券的投资建议的任何人；或以获取报酬为目的并作为特定商业活动的一部分，发表或提供证券分析意见或报告的任何人。

从数据上来看，家庭居民是美国基金业最大的投资者群体，截至2018年年底，美国注册投资公司大约管理了21%的家庭金融资产，而基金投资顾问是最主要的基金服务提供者之一。

不过，随着资本市场发展，美国投资顾问服务的内涵和主体也几近演变：一是自20世纪六七十年代，适应美国居民财富增长后产生的跨领域投资需求，投资建议服务延伸到理财规划服务范畴；二是2000年以来，对冲基金等私募性集合投资基金的管理人纳入投资顾问监管。

目前，美国证券监管部门将资产管理、投资咨询（投资建议）、理财规划服务的提供方，作为投资顾问进行监管。而这一体系的行程也历经了数十年的演进，伴随着市场环境、用户需求、监管规则、金融创新等的变化。

如何“攻玉”

回到中国市场，从80年代市场化改革至今，中国经济经历了40年的高速发展，居民收入水平、家庭财富积累实现了跨越式的增长，家庭财富管理需求激增。而品类最丰富、投资门槛低、信批最透明的公募基金也因此迎来一波新的增长。

早在2014年，证监会就发布了《关于大力推进证券投资基金行业创新发展的意见》，提出“大力发展证券投资基金，加快推动基金管理公司向现代资产管理机构转型”。

在2019年年底，证监会主席易会满也再次提到，引导更多中长期资金入市的举措之一就是，“以提升资管机构专业能力为依托，增强权益产品吸引力，发展投资顾问服务，推动短期交易性资金向长期配置力量转变”。

截至2020年5月，首批拿到试点资格的5家公募基金公司——华夏基金、南方基金、嘉实基金、中欧基金、易方达基金都已经陆续推出了相关产品。

第二批试点的三家公司——蚂蚁集团、腾安（腾讯旗下）和盈米，蚂蚁抢跑一步，与Vanguard合作的投资顾问产品“帮你投”已经上线。

此外，包括工商银行、招商银行、平安银行在内的3家银行及7家券商成为第三批获此资格的机构。

目前看来，三批试点机构其实各有优势。

公募基金本身有多年的专业积累和团队优势，而且由于本身运营基金，在投资自有基金时有着更大的成本优势。他们大多在合同中已经说明，在投资本公司基金时免收申购、赎回等费率。当然，这也有可能导致产品选择的局限性。

而以蚂蚁、腾安、盈米为代表的第三方基金代销公司，则在线上渠道、流量、客户体验等方面有着更大优势。而且，这类平台在年轻群体中有更大的吸引力。而这些用户往往也是对于理财需求最旺盛、接受新生事物能力较强的群体。

最后是第三批冲进市场的券商与银行，它们与前两者又有不同。如果我们去看海外市场投顾行业的发展变化，会发现其实券商、银行等在投顾行业中，尤其是早期发展阶段建立起了很大的优势。

究其原因，它们拥有大量的线下网点，可以布局社区，在以线下获客和人力服务为主的时期这是很重要的护城河，而且对于高净值客户更具吸引力。

以摩根士丹利为例，其在 2010 年前后第一次财富管理业务崛起时，就采取了主攻高净值人群的策略。因为这类客群在财富管理方面的需求更加多元、收费资产比例也更高，这使得其业务的营收结构优化，平均每个代理人的营业收入和税前净利润都有所上升。

对于中国市场而言，这种模式也极具参考价值。

第三批试点开启后，券商和银行进入市场，线下渠道带来的信任感、对高净值客户的吸引力依然不可忽视，这本身也是它们的优势客群。与此同时，在近两年以 App 为阵地的转型过程中，这类机构也在不断巩固优势，增强线上服务能力。

眼下，中国的基金投顾战场还处于很早期的发展阶段，规模小、产品单一，市场竞争尚未完全展开，但是试点机构们的迅速反应、抢跑趋势已经非常明晰。

毕竟，在一场可能颠覆市场格局的变革降临时，没人敢轻易错过。但接下来的战争，要争夺数以亿计的投资者和万亿元的市场，将是一场从产品、技术到用户体验、长期风险管理能力的考验。

小微金融进击

1931 年，英国政治家麦克米伦第一次系统性地提出了关于小微企业融资困难的理论——“麦克米伦缺口”，即金融机构不愿意按照中小企业的融资条件对其提供资金供给，致使中小企业普遍存在融资约束和融资缺口 。

到如今，这一困扰了全球金融业务近百年的问题，依然没有得出一个完美的答案。而 2020 年伊始，“新冠”疫情的爆发则让破局小微金融的命题变得更为迫切。

就中国而言，中小微企业（含个体工商户）占全部市场主体的比重超过 90%，贡献了全国 80% 以上的就业、70% 以上的发明专利、60% 以上的 GDP 和 50% 以上的税收。这就是所谓的“五六七八九”贡献，对推动国民经济发展至关重要。①

但小微企业抗风险能力弱、存活周期短，以中国为例，当前我国中小企业的平均寿命为 3 年左右，成立 3 年后的小微企业正常营业的约占 1/3；再加上信息获取成本高、风控难度大，金融机构介入的动力长期不足。

事实上，在过去十多年里，以商业银行为代表的持牌机构或其他一些非持牌机构从未停止过向这个世界级难题发起冲击，试图找到一条商业化可持续的小微金融之路。

但在很长一段时间里，小微企业融资难、融资贵的问题都难以得到解决。其根源还是在于大多数小微信贷模式都没能突破那个“不可能三角”——同时实现风险可控、成本可控、规模发展三个目标。

复盘中国小微金融发展（以商业银行为主导）的历程就会发现，小微金融商业化发展的探索之路，也是不断引入信贷技术、优化信贷流程、尝试打破“不可能三角”的过程。

初探商业化

2005 年 4 月，国开行的微小企业贷款工作组远赴欧洲开启了一段针对微贷专业机构的考察之旅。在为期十多天的行程里，工作组调研了德国、保加利亚、马其顿和塞尔维亚等多国的微贷体系。

这次行程是国开行微贷款项目的重要一站，这个于 2004 年启动的内部项目由当时的副行长刘克崮牵头，希望借鉴国际先进经验，通过与世界银行、德国复兴信贷银行等国际机构和地方中小商业银行合作，探索出一条微贷款的商业可持续之路。

① 本文对于小微企业的界定主要源自2007 年银监会在《银行开展小企业授信工作指导意见》中，对小企业授信的界定。银行对单户授信总额500 万元（含）以下和企业资产总额1000 万元（含）以下，或授信总额500 万元（含）以下和企业年销售额3000 万元（含）以下的企业。

当时的国内银行业过于倚重大型企业，业务同质化严重，贷款集中度过高。而大量的小微企业却融资无门，因其风险高、成本高、收益低，商业银行往往都是避之不及。

如果不打破这个局面，小微金融始终要靠政策驱动，这更像公益贷款而非商业行为。究其根本还在于商业银行缺乏识别小微企业风险的能力，难以实现小微贷款的商业可持续。

这次考察的成果很快得以落地，2005 年 11 月，经国开行牵头，德国国际项目咨询公司（以下简称 IPC 公司）进入中国，这是一家专门为银行提供微小企业贷款咨询服务和技术支持的公司。

当时，包括原包商银行、台州银行、九江银行、重庆银行等首批 12 家银行获得了 IPC 提供的无偿技术援助，以及来自国开行、世界银行、德国复兴信贷银行的中长期批发信贷资金。

自 2005 年 12 月合作银行发放第一笔微贷款，到 2011 年 6 月项目执行期结束，这 12 家银行建立起了全新、独立的微贷款业务体系，培养了微贷款专业信贷员超过 1200 人，累计发放微贷款 24 万笔，金额 245 亿元，平均单笔贷款 10 万元，贷款逾期率始终控制在 1% 以下。

虽然该项目初期是由政策驱动，但毫无疑问的是，这个横跨数年的微贷款项目是对中国小微金融商业化发展的第一次试探，它在金融体系内撕开了一道口子，让越来越多的商业银行主动介入到小微业务当中。

当然，当时还有一个重要的背景是，自 2004 年央行放开了贷款利率上限，商业银行市场化竞争提速，大家有了更强烈的业务转型意愿，不管是小微业务，还是零售业务，都迎来了一轮高速成长期。

而以德国 IPC、法国沛丰咨询等为代表的微贷专业机构的出现，则为这些处于转轨期的银行提供了重要的助力。此后数年，中国有至少百余家商业银行引入了这类微贷技术。

简单来说，这套微贷技术就是：通过标准化的人员培训与风控流程来提升小微信贷业务的效率，同时有效地控制成本和风险。其中，对于小微企业“软信息”的采集和分析、对于小微信贷业务的流程再造、对于专业信贷员的培训和管理等等，都是破局小微信贷商业化发展的关键环节。

就在首批合作试点银行落地后不久，2006 年 10 月，银监会也组织了一个考察团前往德国，系统地调研了银行和监管推动小企业金融业务发展的一系列经验，希望从制度建设和政策引导的角度更全面地推动小微金融的发展。

在后续提交的考察报告中，系统地总结了德国等地对于小微企业的划分标准、评级体系、信贷方案，以及建立和完善小企业担保体系、针对高新技术小企业投贷联动等方面的实践，这些都成为中国小微金融体系建设中非常重要的参考。

如果说以上“政策推动、制度完善、银行觉醒”等因素的共同作用下撬开了主流金融体系接纳小微企业的大门，那么，同样在2006年10月，一位孟加拉国老人的访华之旅则点燃了更多草根企业对于小微金融的热情。

2006年10月21日，穆罕默德·尤努斯受邀访华。就在一周前，他（一手创办了格莱珉银行）因“从社会底层推动经济与社会发展”的努力，而获得2006年度诺贝尔和平奖。

在这场于北京举行的“中国—孟加拉国乡村银行小额信贷国际研讨会”上，尤努斯第一次向中国公众介绍了格莱珉模式，他用了一种商业化而非公益性的贷款来帮助孟加拉的贫困人民获得必需的资本。

而更重要的是，格莱珉银行的无抵押小微贷款模式是小微金融发展过程中的一个重要突破，它证明了小微信贷在商业可持续上的可能，这种模式也成为小微信贷的典型范本。

尤努斯的中国行产生了巨大的轰动效应，格莱珉模式更启发了不少试图介入小额信贷领域的中国人。

中国最早的两家P2P网贷平台宜信和拍拍贷的创始人唐宁、张俊都曾多次公开表示其创业深受尤努斯故事的影响，前者甚至在很长一段时间里都被媒体称为尤努斯的中国门徒。

以宜信和拍拍贷的先后创立为标志，在主流金融体系之外，一股生于民间、关注长尾用户的草根金融力量快速崛起。它们试图用一种全新的打法（P2P）进入普惠金融市场，从另一个维度开启了一段曲折而壮阔的新金融之旅。

事实上，同时期在主流金融体系之内，除了本文主要提及的银行业机构之外，包括小贷、担保、村镇银行等持牌机构也在这几年大举进入小微金融等“下沉”市场。

“小微”的爆发

就在多股力量从不同角度、以不同方式进入小微金融领域的同时，一个更庞大的线上市场也开始萌动。

彼时，以阿里巴巴为代表的电商快速崛起，以此为土壤，大量生于互联网时代的小微企业喷薄而出。当时，仅阿里的平台上就聚集了3700万家中小企业。

曾经在银行从业多年的胡晓明看到了电商生态中金融产品缺失的痛点，他对格莱珉模式进行了本土化改造，形成了第一代的中小企业网络联保贷款，即阿里平台上3家小企业组成“联贷联保联合体”，一起申请无抵押的信用贷款。

当然，除了联保模式，更重要的是阿里巴巴平台上积累的商家数据（包括货铺记录、成交记录、产品被浏览记录等）弥补了传统小微信贷业务中企业数据缺失的硬伤，大大提升了风控的效果和效率。

2007年6月，阿里巴巴与建行在杭州西湖国宾馆举行了网络联保贷款产品——e贷通的首次放贷发布，阿里平台上的4家网商获得了120万元的贷款，这也是网络小贷的雏形。

为了这个产品的顺利落地，建行还拟定了一份42万字的《阿里巴巴网络中小企业联保贷款操作规定》，以获得银监会的批准。而这次试水也透露出了一个重要的信号，那就是商业银行和监管部门对于小微信贷业务的支持力度日渐加大。

这种转变在银行业更为明显。

2008年，时任民生银行董事长的董文标提出了“商户进支行、商户进柜台、做强做大零售支行”的口号，开始举全行之力进军小微金融。同一年，招行获银监会批准成立了同业中第一家专营小企业信贷业务的小企业信贷中心。

这两家银行的转向在当时并非孤例。受市场需求的驱动，一大批商业银行都开始告别过去公司业务独大的格局，大力发展非传统公司类业务，包括消费金融和小微金融（初期，部分银行的小微业务仍归属公司条线）。

这一阶段，商业银行的中小微信贷业务从战略到产品、从体制到流程发生了重要的变革。

不仅有一些银行把小微金融提升到了战略高度，还有如民生、招行那样在体制上做大刀阔斧的创新，设立事业部或专营机构，而这对于银行的中小微信贷业务来说是一个重要的突破。

以招行为例，这个小企业信贷专营机构直属于招行总行，采用的是“准子银行、准法人”的经营模式。在业务考核、经营资源调配等方面，实行统一调度、内部独立核算、垂直管理和专业化经营。

更重要的是，在拓展中小微信贷业务时，一些降低运营成本、提升风控效能的方式开始被银行业广泛应用，并在很短的时间内形成了规模效应。例如，通过小商圈和产业链等方式批量获客，通过“信贷工厂”模式实现规模化运营等。

其中，最典型的产品就是民生的商贷通，和它背后的"圈链会"模式。这个产品于2009年2月正式发布，短短一年后，民生的小微贷款规模便突破1000亿元，一度成为小微金融市场的王牌产品。

越来越多参与者加入让小微金融的覆盖面进一步扩大，而更"下沉"的市场开始被挖掘。

折戟小微贷

但不管是城商行、农商行主推的IPC模式，还是股份行试水的"圈链会+信贷工厂"模式，本质上都没能突破小微信贷的"不可能三角"。

就当时的情况来看，银行按照既有的做法很难覆盖风险和经营成本，在商业上难以保证可持续发展。尤其，随着业务大规模上量，这些模式的瑕疵也显露得愈发明显。

先说IPC模式，这种高度依赖"人"的业务模式使得小微贷款业务随着规模的扩大而变得越来越重，信贷员必须频繁地接触已有客户才能保证资产规模与质量的稳定。

但人的精力和管理边界终归是有限的，当人员规模与专业能力难以同步提升，业务扩张也就触摸到了天花板。当时培养一个合格的信贷员并非易事，淘汰率超过50%，而维持一个上千甚至上万人的信贷员团队更是不易。

而一些银行所推崇的"圈链会"方式也同样陷入了争议和瓶颈中。

当时，不少媒体和学者就提出，通过商圈、产业链、协会等方式加载了部分信用给小微企业，进而得以批量推进业务，但一旦遭遇行业危机或经济下行，风险也会集中爆发。

再加上，在展业过程中，对于信贷员过于依赖，其专业能力、道德品质这些"软信息"的准确性都至关重要。虽然，这个模式下的业务流程已经相对规范化、标准化，但很多重要环节还是难以把控操作风险。

一语成谶。后来，不少银行在那几年的中小微业务上栽了跟头。

2013年，民生银行深陷钢贸业危局，"圈链会"模式加速了风险的传导，即便有少数经营正常、没有造假的企业，也因为联保联贷模式被拖入泥潭。而钢贸业只是一个缩影，还有其他不同区域、行业的信贷风险集中暴露。

2013年7月底，招行内部发布通知，将全国三十多家小企业信贷中心进行调整，各分中心机构予以解散，人员回归对应的区域分行，这次试水"两小业务"暗淡收场，同时也引发了招行内部的深刻反思。

如果复盘这一阶段商业银行对于中小微信贷业务的尝试，可以发现，想要打破规模与效率的局限，就必须摆脱以“人”为核心的业务模式，转而寻求一种效率更高、成本更低且更标准化的发展之道。

微贷零售化

招行内部在反思专营中心模式的同时，并没有放弃对“两小”业务的持续探索。

2012 年，招行将 500 万元以下的小微企业贷款划归零售部，存量业务和 500 万元以上的中小企业则继续留在小企业信贷中心。这代表了当时一个重要趋势，那就是对两小业务的进一步细分和“下沉”，小微金融成为一个相对独立的板块。

同年 5 月，招行的小微金融创新产品——生意一卡通上线，把小微金融放在了一张“银行卡”上，招行开始尝试以它所更擅长的“零售”方式来做小微金融业务。

其实，这背后的逻辑并不难理解，因为对于大多数小微企业（包括个体工商户）来说，企业法人（或者店主）是最为核心的一环，把衡量一家企业的风险落到具体某个人的还款意愿和能力的判定上，这在很大程度上提升了风控的效率和效果。

事实上，当时试图采用零售打法进军小微金融领域的银行不只招行一家，同在深圳的平安银行也在 2012 年走上了小微业务“零售化”的快车道，原来专注于消费信贷的明星产品新一贷（部分）转为了经营用途。

略有不同的是，招行是“自上而下”（从中小企业贷款分化出了小微业务），而平安团队则是“自下而上”（从个人消费信贷延伸到了小微领域），将新一贷的范围扩大到广大自雇人群（小微企业主、个体工商户等）的大额信用贷款。

而另外一端，就在银行探索线下小微市场的同时，借助大数据和互联网的力量，基于线上的小微金融生态展现出了更旺盛的生命力，甚至大有后来居上的姿态。

2010 年 4 月 11 日凌晨 1 点 28 分，阿里“牧羊犬项目”的淘宝订单贷悄然发布，这是阿里巴巴集团信用金融部（简称“阿里金融”）成立后的第一款产品，也是当时市场上第一款完全纯线上的信用贷款产品。

借助阿里的生态优势，阿里金融陆续开发出了一系列针对淘宝商户的信用贷款。从用途来看，这些贷款都是用于商家经营，属于小微贷款的范畴；而从金额来看，小至几千元大到几万元的信用贷款大大降低了借贷的门槛，将小微金融进一步“下沉”。

阿里金融将线上场景和金融服务无缝对接，实现了全自动的资产评估、贷款发放、还款流程等，并利用大数据模型将线上客户的经营历史、行为记录、交易数据等相结合，打破了传统小微商户“三表”数据不全、“软信息”采集困难的瓶颈。

自2010年阿里（浙江）小贷成立起，此后几年间，阿里（重庆）小贷、苏宁（重庆）小贷、京东小贷、腾讯财付通小贷等接连落地，一大批头部互联网公司利用自身的数据和技术优势杀入金融服务领域。

一个全新的数字化金融时代正式开启。

数字化变革

有别于银行等持牌金融机构，互联网巨头一开始便聚焦于“长尾”市场，以消费金融和小微金融为主。借助移动互联网爆发的红利、新经济生态的发展，以及大数据、云计算等技术的应用，互联网金融很快便进入井喷之态。

但相较于消费信贷（金额更低、用途更明确），小微信贷面临的挑战要大得多。这一点，从市场参与者的数量和深度就可见一斑。

在互联网金融大行其道的那几年，绝大多数的创业项目和线上巨头都是围绕个人金融领域（消费信贷、投资理财等），鲜少真正涉足小微金融，还有一大批打着普惠金融实则做着高利贷业务的平台层出不穷、搅乱市场。

互联网金融发展初期，比较有代表性的小微信贷产品主要是阿里金融的淘宝系贷款和京东的供应链金融。这两类产品都是基于阿里和京东的电商生态，得以有效地获取和追踪商户数据。

尽管挑战重重，但将数字化手段引入小微金融领域的效果是显而易见的，小微商户的信用得以被重新“量化”。而这些新的做法也给当时的银行和监管都带去了不小的震动，也打开了推进小微金融发展的新思路。

究其本质还是通过利用新的技术，以数字化驱动、智能化管理的模式，取代了传统高度依赖人的方式，解决了对小微企业风险识别能力不足、风险管理成本过高等问题。

但相较于消费金融，小微金融仍难做到完全“去人工化”，针对不同的细分市场，目前在获客、反欺诈等环节依然需要少量人工介入。而从市场分层来看，越是下沉市场，金融科技应用的效果越为明显，数字化、智能化程度越高。

事后来看，这些新兴力量的加入确实产生了“鲶鱼”效应。以微众银行微粒贷为代表的消费信贷产品和以网商银行“310”模式为代表的小微信贷技术，都极大地影响了市场。

这两家互联网银行的产品不仅分别从消费和小微的角度印证和推动了数字化信贷的发展，更重要的是，它们通过开放（金融科技）和连接（不同机构）将其影响快速扩大，也间接推动了助贷模式的发展和金融科技 to B 市场的繁荣。

以网商银行为例，截至 2019 年年末，它已经联合 400 多家金融机构为超过 2087 万小微企业和小微经营者提供了 3 万亿元贷款，户均 3.1 万元，这些小微信贷的数据在互联网技术大范围应用之前难以想象。

如果说上一个阶段，金融科技对于信贷业务的推进主要聚焦在消费信贷，下一个阶段，随着技术应用的成熟、数据的积累，这些红利逐步将过渡到小微信贷领域来释放。

2019 年 3 月，银保监会发布的《关于 2019 年进一步提升小微企业金融服务质效的通知》提到，支持银行进一步加强与互联网大数据的融合，探索全流程线上贷款模式。

而新冠疫情的发生无疑让这种趋势进一步提速了。

一方面，居民出行一度受限，企业生产复苏缓慢，这让原本就生存不易的小微企业更是雪上加霜；另一方面，面对小微企业紧迫的金融需求，金融机构在线下展业受阻的情况下，必然要加紧线上化、数字化发展。

奔腾吧，金融云

1848 年 5 月 12 日，一个名叫萨姆·布兰纳的人来到圣弗兰西斯科城，把手中的瓶子四处向人们展示，大喊着：“金子，金子！这是美洲河里的金子！”

不久之后，加利福尼亚发现黄金的事情，传遍美国，紧接着全世界都沸腾了。成千上万的淘金者蜂拥而至，一个个城镇迅速崛起，掀起了美国西进运动的高潮。

美国的铁路系统由此迎来大跃进，贯穿东西部的大动脉很快形成。在此过程中，美国的钢铁、煤炭、机器制造与食品加工等产业发展起来，铁路建设所需的巨额资金需求还刺激了美国资本市场的形成。

很大程度上，淘金热的大赢家并非淘金者，而是铁路公司。就像前些年的互联网金融热潮，数不清的创业者们结局凄凉，成为科技巨头称霸新世界的铺路石。

铁路之于19世纪美国的意义，正如云服务之于今天的数字中国，它们都扮演着“新基建”的角色。

在云服务领域，金融云是厂商的必争之地，几乎所有的主流科技企业都参与到了这场金融云的大战之中。

而新冠疫情，在加速金融数字化进程的同时，也助推了金融云的全面爆发。

不止于云

云计算（cloud computing）这一概念由Google首席执行官埃里克·施密特（Eric Schmidt）于2006年8月首次提出。过去10多年来，云计算被视为计算机网络领域的一次革命，因为它的出现，社会的工作方式和商业模式也在发生巨大的改变。

基于云计算的技术服务，也就是云服务，一般分为三类：基础设施即服务（IaaS），平台即服务（PaaS）和软件即服务（SaaS）。

不过，今天我们所说的云服务，早就超越了云计算本身，演变为全方位的数字化服务，“上云”也就成了一个意味深长的词。

以阿里云为例，其自称已经逐渐从一家单纯的云基础设施提供商，变成云智能化提供商——从大数据、AI、IoT到协同办公，以及今后软硬件一体化的云平台。

腾讯云的最新官方资料显示，其提供全球领先的云计算、大数据、人工智能等技术产品与服务，以科技能力打造行业解决方案，构建开放共赢的云端生态，推动产业互联网建设，助力各行各业实现数字化升级。

所谓金融云，是指利用云计算的技术优势，将金融业的数据、客户、流程、服务及价值通过数据中心、客户端等技术手段分散到“云”中，达到提高效率、改善体验并降低成本的目的。

在我国，2013年11月，阿里巴巴率先推出金融云服务，为金融机构提供IT资源及互联网运维服务，并提供支付宝的标准接口和沙箱环境。

直到2016年，腾讯与百度先后宣布开放金融云；2017年年末，京东推出金融云。至此，BATJ全部杀进了金融云服务市场。

在政策层面，2015年7月，国务院发布《国务院关于积极推进“互联网+”行动的指导意见》，提出“探索推进互联网金融云服务平台建设”，鼓励探索利用云服务平台开展金融核心业务，促进移动金融在公共服务等领域的规模应用。

根据原银监会 2016 年 7 月发布的《中国银行业信息科技“十三五”发展规划监管指导意见（征求意见稿）》，到“十三五”末期，银行业面向互联网场景的重要信息系统全部迁移至云计算架构平台，其他系统迁移比例不低于 60%。

2018 年 8 月，央行发布了《云计算技术金融应用规范技术架构》《云计算技术金融应用规范安全技术要求》《云计算技术金融应用规范容灾》三项金融行业标准。

正如云服务的泛化一样，在过去几年里，伴随着金融科技 to B 服务的兴起，金融云的概念和内涵不断延伸，成为金融数字化的核心环节。

举例来说，新金融作为阿里云重点聚焦的领域，将向客户提供覆盖底层架构到上层应用的全栈式技术平台方案，其中包括全球金融级云基础设施平台、金融级分布式架构整体技术平台、大数据平台方案、移动端开发平台、移动协同平台等一系列技术。

阿里巴巴集团副总裁刘伟光还提出了“云金融”这一概念。他认为，今天“云计算”的含义早已不是 IaaS+PaaS+SaaS 这些枯燥的 IT 名词，而迭代成为一种全方位的数字化能力。因此云金融不是单纯指金融机构系统搬到公有云，而是重在强调金融机构将利用云的能力和人工智能的技术开展金融服务，和客户建立基于全生产资源、全生产链路数字化的紧密连接和协同。同时将各种资源数字化，形成对各种资源的整合、优化、计算、分析、连接和运营。

目前，金融云已经成为云服务市场发展最快的板块之一，也是各大厂商的必争之地。

根据市场研究机构 IDC 发布的《中国金融云市场（2019 下半年）跟踪》报告，2019 年全年，中国金融云市场规模达到 33.4 亿美元，同比增长 49.6%。

其中，2019 年下半年，金融云基础设施市场规模达到 13.7 亿美元，其中，公有云基础设施部分，阿里巴巴、腾讯、百度、华为和中国电信占据 85.1% 的市场份额；私有云基础设施部分，华为、浪潮、新华三、戴尔和联想占据 78.2% 的市场份额。

同期，金融云解决方案市场规模达到 5.8 亿美元，阿里巴巴、中科软、腾讯、百度、华为、京东数科、宇信科技、文思海辉、南天信息和融信云位居市场前十，共同占据 59.3% 的市场份额。

IDC 报告指出，自 2019 年 8 月央行发布首个金融科技发展规划以来，监管规则体系不断完善，试点范围不断扩大，彻底扫除了金融机构对云计算及相关技术应用的顾虑；另外，地方政府紧跟央行步伐，北京、上海、深圳、重庆等地相关政策密集落地，以“真金白银”助推金融科技产业发展。

爆发之年

云市场的快速发展，是数字化浪潮的必然结果。

2020年爆发的这场新冠疫情，在给人类社会带来前所未有之挑战的同时，也大大加速了数字化进程，云市场由此迎来了跨越式发展的契机。

3月17日，李克强主持召开国务院常务会议，会议指出，要对“互联网+”、平台经济等加大支持，发展数字经济新业态，依托工业互联网促进传统产业加快上线上云，发展线上线下融合的生活服务业，支持发展共享用工平台。

4月7日，国家发展改革委、中央网信办联合印发《关于推进“上云用数赋智”行动 培育新经济发展实施方案》，明确提出了“构建多层联动的产业互联网平台”的工作推进思路，努力推动数字化转型伙伴行动。

在金融方面，政策制定者的态度变得比以往任何时候都要积极，大力推动金融服务的线上化。这种线上化的趋势是不可逆的，哪怕疫情结束仍将继续向前推进，而走到最后几乎都会“上云”。

2月1日，央行、银保监会等联合发布《关于进一步强化金融支持防控新型冠状病毒感染肺炎疫情的通知》，要求金融机构加强全国范围特别是疫情严重地区的线上服务，引导企业和居民通过互联网、手机App等线上方式办理金融业务。

2月15日，银保监会再次下发《关于进一步做好疫情防控金融服务的通知》，要求提高线上金融服务效率：各银行保险机构要积极推广线上业务，强化网络银行、手机银行、小程序等电子渠道服务管理和保障，优化丰富“非接触式服务”渠道，提供安全便捷的“在家”金融服务。

5月2日，银保监会印发《关于推进财产保险业务线上化发展的指导意见》，要求到2022年，车险、农险、意外险、短期健康险、家财险等业务领域线上化率达到80%以上，并且鼓励具备条件的财险公司探索保险服务全流程线上化。

对金融机构而言，在数字化这条路上，再没有犹豫和观望的时间了。要想不被淘汰，必须加快脚步，奋力求变。上云，就是至关重要的一步。

2020年上半年，阿里云与腾讯云的两个超级大单，成为金融云市场爆发的标志性事件。

5月18日，腾讯云宣布，在“银联云”建设项目中，中国银联正式选择了腾讯云。这是在与银联子公司“银联数据”合作建设生态云后，腾讯云与中国银联又一次的合作升级。从银联早前公示的信息来看，“银联云”项目金额达到3.86亿元。

此次腾讯云将结合金融行业安全合规的要求以及银联业务发展需要，搭建出多地多中心金融云架构，助力银联构建从IaaS到PaaS的上百项云计算产品能力，以及与公有云场景一致的安全管理和运营运维能力，满足银联对高可用、高性能、高安全、高扩展、高可管理等方面的需求。

没过多久，腾讯云创下的纪录就被打破了。6月1日，中华保险集团与阿里巴巴集团在北京签署全面合作协议，阿里云将为中华保险集团旗下中华财险构建新一代全分布式保险核心系统。双方在核心系统层面的合作，开启了保险行业数字化创新的先河；合作金额近7亿元，也成为国内金融云领域迄今为止的第一大单。

中华财险新的全分布式核心系统，将采用阿里云全套专有云平台、数据中台、业务中台与金融科技产品，并创新性地引入金融云公共平台；整个方案包含“飞天”云计算操作系统、分布式中间件体系SOFAStack、分布式数据库平台OceanBase、金融数据智能平台、金融核心套件bPaaS、保险专家服务、mPaaS移动开发平台、金融钉钉等一系列产品技术与服务。

可以看到,从政策层面的宽松,到业务合作的火热,金融云进入了奔腾时刻。

AT大战

公开资料显示，目前阿里云位居中国金融云市场第一，累计服务上万家金融客户，覆盖60%保险企业、50%证券公司以及数百家银行客户。

至于腾讯云，其服务了超万家金融领域客户，包括150多家银行、数十家保险及证券公司、70%的持牌消费金融公司和80%的新筹保险公司。

不仅仅是金融云，围绕整个云市场的竞争，是继移动支付之后，阿里与腾讯的又一次史诗级的较量。

起步更早的阿里云，已经在云市场取得了领先优势。阿里巴巴财报显示，2020年一季度，阿里云业务收入17.25亿美元，同比增长58%；2020财年（2019Q2—2020Q1），阿里云业务收入56.51亿美元，同比增长62%。

根据Gartner及Canalys的数据统计，2019年阿里云在亚太市场份额为28%，接近亚马逊与微软的总和，其中以46.4%的市场份额位居中国第一。

相形之下，去年，腾讯云营收超170亿元，虽然与阿里云差距依然明显，但是并非遥不可及。过去3年，腾讯云全球市场份额排名从全球18位跃升至全球第5位。

对阿里而言，to B服务一直是强项，也是阿里数字经济体的命脉，阿里云输不起。于腾讯来说，从消费互联网转向产业互联网，云服务这一仗非赢不可。

因此，云之战，也是互联网下半场——产业互联网时代的关键一战。

为了巩固竞争优势，4月20日，阿里云宣布，未来3年将投入2000亿元，用于云操作系统、服务器、芯片、网络等重大核心技术研发攻坚和面向未来的数据中心建设。阿里云的数据中心和服务器规模将扩大到现在的3倍，有望成为全球最大的云基础设施之一。

针对金融云，阿里系还启动了组织架构上的调整。去年年末，原蚂蚁金服的金融科技开放业务板块和原阿里云的金融云业务部，正式合并为新金融事业部。今年6月8日，蚂蚁将自研数据库产品OceanBase独立进行公司化运作，成立由蚂蚁100%控股的数据库公司北京奥星贝斯科技，并由蚂蚁集团CEO胡晓明担任董事长。

作为后发者，腾讯亦表现出了破釜沉舟的决心。5月26日，腾讯云与智慧产业事业群总裁汤道生对外宣布，腾讯未来5年将投入5000亿元，用于新基建的进一步布局。这5000亿元将会被投入云计算、人工智能、区块链、服务器、大型数据中心等重点领域。

腾讯2020年一季度财报显示，其资本开支为61.51亿元，同比增长36.51%，其中大部分资金用于服务器的采购以及支持云业务（如腾讯会议等）的运行。腾讯管理层表示，虽然短期疫情影响了云业务的交付以及客户的拓展，但是公司会继续加大云业务的投入，并预计云计算将在线下行业以及公共部门加速普及。

这场战役的结果，会像移动支付那样以两极格局结束吗？或许这是腾讯乐于见到的结果，却是阿里难以承受之重。

在太平洋对岸，美国的科技巨头也围绕云服务展开了激烈争夺。

2020年一季度，亚马逊、微软、谷歌云业务收入同比分别增长32.78%、27.28%和52.16%；同期，亚马逊、微软、谷歌一季度资本开支同比分别增长99.49%、46.86%和29.47%，主要投向支撑云业务发展的基础设施。

后记：致一场伟大的“叛逆”

一

这篇后记，我一直拖到了最后截稿日。迟迟难以落笔是因为这几个月里，行业几乎每隔几天就会出现新的动向、传出新的消息。这让作为行业记录者的我感到既兴奋、又纠结。

一方面，庆幸自己作为媒体人得以见证如此精彩纷呈的行业变迁。另一方面又留下了一些遗憾，很难将这些新的动向尽数呈现在本书中。

尤其11月，不管是蚂蚁集团突然暂缓上市，还是金融科技面临的监管风暴，都充分体现了金融创新的过程是曲折而艰辛的。而金融监管也在不断探索，试图寻找那个最佳的平衡点。

信息技术早已渗透到社会生活的方方面面，深刻地改变了经济社会与各个产业的运行逻辑和既有结构。金融科技的发展与科技创新和商业进化深度融合，很难割裂来看，而这也给金融监管带来了极大的挑战。

未来，这种矛盾又复杂的局面可能还将延续很长一段时间。金融与科技、金融监管与金融科技、金融机构与科技公司……不同的规则、体系、文化之间仍在不断磨合。

罗伯特·席勒在《金融与好的社会》中写到，回顾经济发展的历史，我们的社会取得今天这样的繁荣和文明，是不断调整金融体系操作技术的结果，是金融理论激发创新的结果，也是根据人类本性不断革新的结果。

在完成本书初稿后，对行业影响颇大的《商业银行互联网贷款管理暂行办法》、《金融控股公司监督管理试行办法》、《网络小额贷款业务管理暂行办法（征求意见稿）》等先后落地，它们进一步明晰了新金融未来的发展路径。

尽管这只是一个开始，但共识已经形成：金融科技的应用与发展并未改变金融的本质，未来一切金融活动都要纳入监管。

今天，我们很难以单一的维度来评判这个行业，以及过去十年里所发生的一切。这场“伟大的叛逆”发生于科技革命与现代金融的交叉口，不管它叫什么名字——互联网金融、科技金融、金融科技，技术进步不休，金融创新不灭。

新金融是社会数字化变革带来的红利，也是时代赋予的机遇。

二

说到我与新金融的缘分，可能要追溯到刚工作不久的时候。

2011年，我当时的领导柏亮在第一财经日报上策划了一个新的栏目——“金融前沿”，每周一个版，希望给那些不够“主流”的新闻选题留一些空间。作为主要的撰稿者之一，我开始关注网络小贷、移动支付、P2P……

但那个时候，这些机构和话题都太过小众、冷门，所谓的“创新”也不过是浩瀚星空中的一点微光，很难引起市场的持续关注。如果当时有人告诉我，这点微光日后会呈星火燎原之势，照亮一个崭新的世界，我一定不会相信。

后来的故事大家都知道了。2013年，余额宝横空出世，搅动了沉寂已久的金融市场。随后，一大批“新物种”闪亮登场，大家从震惊、质疑，到观望、接纳，期间经历了漫长的博弈。

可能很少有一个行业，会在那么短的时间里经历如此跌宕起伏的命运。而那些被裹挟进这时代洪流的个体更是如此，可能前一秒还在风口之上，转眼间便重重跌落。

而我有幸见证了这个行业演进的过程，亲历了它的爆发与狂热，以及突如其来的崩塌与整肃。

2017年，我离开了供职7年的第一财经，开始全职经营自己的公众号——馨金融。迈出这一步的想法很简单，我希望更专注地记录新金融行业正在发生的一切。当时，这个市场很热闹、很精彩、但也很混乱，我想花更多的时间来看清楚。

去年9月的一天，一个强烈地念头推动着我打了一通电话给一财的老同事董云峰，邀请他与我一起写一本书以记录过去几年新金融行业所发生的故事。“如果我们现在不记录下来，很多事就不会再有人记得了。”我在电话里对他说。

董云峰是我前同事、好朋友，他也经营着自己的公众号——新金融琅琊榜，同样关注新金融行业。这些年，我们保持着密切的交流，对于行业的诸多看法和观点也颇为一致。所以，关于写书的提议，我们一拍即合。

但这个写作的过程并不容易。发展至今，新金融这一概念已经不是几家机构或几种模式可以概括，若看本质——科技之于金融、金融之于商业的改变一直在发生，时间跨度大，涉及范围广，要用有限的字数梳理清楚是个巨大的挑战。

最后，我们不得不做了大量的取舍。在纵向上以时间为轴，横向上则选取了不同时间节点上相对重要的事件。很多细分行业，典型如移动支付，它的发展贯穿了整个新金融行业的变迁，碍于篇幅我们只选取了它爆发初期的三年。

还有 P2P 一章，太多故事没办法一一呈现。短短几年间，这个行业从巅峰时的数千家公司到逐渐归零，整个过程充满了魔幻色彩。投机者、违规者终究难逃法律制裁，但令人扼腕的是，一些充满理想主义情怀的创业者也随之落寞离场。

此外，还有很多优秀的公司和案例没能展开呈现，比如，从创立之初便选择纯线上模式的消费金融公司——招联消费金融、背靠中国最大本地生活平台的美团金服、在 AI 技术上深耕多年的 360 数科等，它们都在金融科技领域做出了自己的特色和风格。

我们深知，在浩瀚的时间长河中，一本书可以记录的只是一个片段、一个切面。所以，在书中特别增加了引子、前夜和后记三个章节，试图从不同的视角，不同的时代来拆解新金融这个命题。

每个时代都有属于自己那个阶段的“新金融”，就如本书开篇所写，一代人努力缔造的新金融传奇，终究会成为下一代人习以为常的环境。这是每一代人必须接受的残酷，也是每一代人不竭创新的动力。

相信在未来很长一段时间里，科技与金融的融合会持续加深，我们将越来越难去定义“新金融”。但可以确定的是，跳脱出技术的层面，新的金融、好的金融应该是推动社会变的更好、更平等，让更多人的金融需求得到满足。

我想，这是衡量“新金融”的准绳，在不同的时代亦是如此。

三

2020 年，百年一遇的疫情席卷全球，威胁着整个人类的生命健康、生活秩序和经济活动。直到此刻，我们依然不能摆脱口罩下的生活。不断反复的病毒提醒着人们，生命的脆弱与无奈。

这段经历注定将成为我们这代人不可磨灭的记忆，它可能会在很大程度上改变人们的习惯、需求、选择，而这些深层次的变化又会进一步影响商业和经济。

但希望如英国首相丘吉尔所说，“不要浪费危机提供给我们的机遇”。

感谢过去十年中国新经济和新金融的发展，电商、物流、外卖、支付……构建起了线上线下、四通八达的商业世界。当社会几乎休克的状态下，人们可以维持生活和工作的正常运转。

在这段特殊时期，新金融的价值也进一步释放，它走向了“抗疫”的第一线，在纾困小微企业、推动消费复苏方面发挥了极其重要的作用。相信在未来很长一段时间里，非接触、数字化都将是金融变革的主旋律。

也因为疫情的原因，本书大量的采访和沟通不得不转到线上，这给写作增添了不少难度。

感谢本书的联合作者董云峰，不管是我刚入行做记者时，还是后来做公号、写书，他都给了我非常多的支持和指导。感谢我的搭档赵伊蕾，她在本书写作的过程中做了大量资料整理和编辑的工作。

感谢蓝狮子出版社执行主编陶英琪、编辑韦伟。2016 年 1 月陶主编通过邮件联系到我，问我是否有兴趣写一本关于新金融行业的书。随后几年里，我们保持着密切的联系，多次就这个话题进行探讨。

感谢我的前东家——第一财经日报，在一财的七年里，我做过记者、开过专栏，还在第一财经电视“兼职”做了两年主持人。非常庆幸，自己一毕业便进入到这样一个包容、开放的平台。

还要特别感谢万建华先生。在中国金融业里，他是少有的履历横跨银行、证券、支付，以及监管等多领域的人之一，同时，他还参与创办了招商银行、中国银联、招商证券、长城证券、通联支付等多家金融企业，亲历了不同时代“新金融”的创设与发展。

万建华先生于 2013 年出版的《金融 e 时代》一书极大地影响了我对新金融的认知和理解，时至今日，书中的诸多观点也毫不过时。他能够为本书做序，我深感荣幸。

感谢余维佳先生、柏亮先生、马瑞瑞女士等前辈、同事，他们在我人生的很多重要时点给予了无私的帮助和支持。更重要的是，他们正直、善良、坚韧的品格一直引导我成为更好的人。

最后，感谢我的父母和伴侣，他们始终是我最坚强的后盾。

洪偌馨

2020 年 10 月 28 日

图书在版编目（CIP）数据

伟大的“叛逆”：中国新金融变革史 / 洪偌馨，董云峰著. -- 杭州 : 浙江大学出版社, 2021.1

ISBN 978-7-308-20714-0

Ⅰ. ①伟… Ⅱ. ①洪… ②董… Ⅲ. ①金融改革—研究—中国 Ⅳ. ①F832.1

中国版本图书馆CIP数据核字（2020）第206948号

伟大的“叛逆”：中国新金融变革史

洪偌馨　董云峰　著

策　　划　杭州蓝狮子文化创意股份有限公司
责任编辑　曲　静
责任校对　杨　茜　张　睿
出版发行　浙江大学出版社
（杭州天目山路148号　邮政编码：310007）
（网址：http://www.zjupress.com）
排　　版　浙江时代出版服务有限公司
印　　刷　浙江印刷集团有限公司
开　　本　880mm × 1230mm　1/32
印　　张　9.625
字　　数　335千
版 印 次　2021年1月第1版　2021年1月第1次印刷
书　　号　ISBN 978-7-308-20714-0
定　　价　68.00元

浙江大学出版社市场运营中心联系方式：（0571）88925591；http://zjdxcbs.tmall.com